BRUNO JONAS
Vollhorst

BRUNO JONAS

VOLLHORST

Der Erfolgstyp in Politik,
Kultur und Gesellschaft

Piper München Berlin Zürich

Mehr über unsere Autoren und Bücher:
www.piper.de

ISBN 978-3-492-05685-4
2. Auflage 2015
© Piper Verlag GmbH, München 2015
Gesetzt aus der Minion Pro
Satz: Kösel Media GmbH, Krugzell
Druck und Bindung: CPI books GmbH, Leck
Printed in Germany

Der kategorische Imperativ des Vollhorst

»Handle immer so, dass du von allen,
denen du Schaden zufügst,
Anerkennung bekommst.«

Inhalt

Einweisung   11

Die neue Küche   13

Der Vollhorst   16

Horstln   24

Volldoktor   32

Vollhorst an die Macht   37

Gerecht ist, was mir nützt   43

Der Vollwilly   49

Menschenrechte beim Frühstück   51

Old School   52

Dekonstruiert euch   58

Es gendert   62

Reaktionär   64

Schlaflos in Haidhausen   74

Verträgliche Haltung   82

Krisenparty   85

Vollhorst Schulz – unser Mann in Brüssel   90

Ganz großes Kino   96

Irgendwas mit Bildung   101

Bildung für alle   107

Herr Professorin Dr. Dr. mult. Vollhorst   109

Das Problem sind die anderen   113

Föderalissimus   116

UM – der unbekannte Mitarbeiter   120

Paradiesische Zustände   124

Angebot ohne Nachfrage   126

Himmlische Korruption   131

Kreative Verluste   134

Volksabfälle   139

Vom Überhorst zum Vollhorst   142

Ich weiß nicht, dass ich nichts weiß   146

Darf der das?   150

Volksbefragung   151

Berufsziel: Vollhorst   154

Jetzt aber mal ehrlich   158

Raumschiff Tagesschau   162

Luftmassen   167

Dazugehören   169

Eukaryontik   172

Das angepasste Arschloch   179

Horst lässt fragen   183

Krude Ängste   189

Toleranz   199

Aufrechte Linke   201

Dixie-Wahlkabine   204

Christine und der Dreifachmörder   209

Skandal macht Spaß   212

Dr. Pflege   215

Fanpost   219

Da lacht der Horst   225

Dämmert's schon?   229

Bund, Länder und Gemeinden   233

Die Veräppelung des Vollhorsts   238

Ein Horst passt immer   243

Im Namen der Vernunft   248

Dialog mit Vollpfosten   251

Je suis Charlie   254

Der deutsche Gedenkhorst   257

Der Eid des Vollhorst   264

Einweisung

Als mein Verleger das Angebot an mich herantrug (das nenne ich mal gutes Deutsch!), ein Buch zum Vollhorst zu verfassen, musste ich zu meinem Erstaunen länger überlegen, und sagte schließlich zu, nachdem er mir einen erklecklichen Vorschuss in Aussicht stellte. Ich habe mich natürlich schon gefragt, ob ich jetzt komplett übergeschnappt bin? Wieso will ich über den Vollhorst schreiben? Warum kein sinnvolles Buch? Warum suche ich mir nicht ein Thema, das die Menschheit braucht und in ihrer Entwicklung vorwärtsbringt? Freigabe von Haschisch für grüne Mandatsträger, Drogenkonsum im Bundestag? Oder: Atomkraft – sollten wir nicht wieder einsteigen? Können wir auf die SPD verzichten? Darf dem Veganer etwas wurst sein? Katholische Theologie – links und rechts der Donau. Thunfisch essen, bevor er ausstirbt: Das alternative Kochbuch für Artenschützer. Schadet tief Luft holen? Pulmologie im Alltag. Oder: Ich weiß, was ich hab: Hautausschlag selbst gemacht. Korbflechten – eine Alternative zur Laktoseunverträglichkeit –, das wären Bücher, die auf Leser warten.

Wer ein so gewaltiges Vorhaben wie die Erkundung des Vollhorsts in all seinen Dimensionen angeht, muss sich als Kenner der Materie ausweisen können. Ich kann mich ausweisen, aber warum sollte ich das tun, mir gefällt es hier sehr gut. – Übrigens: Die freiwillige Ausweisung aus Bayern ist möglich, aber wer ist schon so blöd und weist sich selber aus Bayern aus?

Auch eine Einweisung, sei es nun nach Bayern oder, was wesentlich wahrscheinlicher ist, in eine der zahlreichen Anstalten in Bayern ist immer möglich. Ich selbst kann mehrere freiwillige Einweisungen in eine öffentlich rechtliche Anstalt am Rande Münchens in Freimann ohne große gesundheitliche Schäden vorweisen. Ohne viel Aufhebens davon zu machen, hat mich der Bayerische Rundfunk trotzdem immer wieder entlassen, nachdem hochqualifizierte und selbstverständlich auch unabhängige Gutachter zu dem Schluss kamen, ich sei nicht gemeingefährlich. Am Tag der Entlassung wurde mir versichert, ich könnte mich jederzeit wieder melden, »wenn was wär«.

Und weil in letzter Zeit nichts mehr war, brauche ich mich jetzt auch nicht mehr so oft zu melden. Einmal die Woche muss ich mich im Hörfunk einfinden. Das ist aber nicht so wild. Ich werde nur kurz in einen schallgedämpften Raum gebeten, um abgehört zu werden. Ich mache ein paar tiefe Lungenzüge, sage ein paar Sätze, die sofort begutachtet werden, und meistens darf ich dann wieder gehen. Das ist alles. Ich leide zwar ab und zu noch ein bisschen an der Bildschirmkrankheit, aber es ist nicht mehr so schlimm, wie es schon einmal war. Es befällt mich manchmal noch eine kleine Übelkeit, und dann habe ich das Gefühl, ich muss kotzen, aber das vergeht so schnell, wie es kommt.

Und ausgerechnet zu dem Zeitpunkt, als es mir gesundheitlich wieder besser ging und ich mich stark genug fühlte, um neue Herausforderungen zu meistern, kam dieses Angebot ins Haus, in einem Buch den Vollhorst zu würdigen. Der Verleger Marcel Hartges lud mich zum Essen ein. Das ist so üblich in Verlagskreisen, dass man mit den Autoren zum Essen geht. Wahrscheinlich stammt diese Gepflogenheit aus einer Zeit, als die Autoren noch am Hungertuch nagten. Immer wird in Verlagskreisen zum Essen gegangen. Mittags, abends, wahrscheinlich auch schon morgens.

Wir haben also auch gegessen und noch mehr getrunken. Flaschenweise Wein. Ich kann mich nur nicht mehr daran erinnern, welchen Wein wir zu unserem Nachteil getrunken haben. Dabei wurde mein Widerstand gegen das Buch immer schwächer, bis ich schließlich aufgab. Danach jedenfalls war klar, dass ich ein Buch schreiben würde. Die Verträge wurden mir zugeschickt und seitdem hat mich der Vollhorst fest im Griff.

Die neue Küche

Am Tag, nachdem ich zugesagt hatte, den Vollhorst zu schreiben, fragte ich Rosi, wer denn so ganz spontan, ohne langes Überlegen, für sie ein typischer Vollhorst sei. Da muss ich gar nicht lange überlegen, du bist einer, sagte sie. Ich muss gestehen, diese Antwort überraschte mich dann doch ein wenig. Ich hatte spontan mit Seehofer gerechnet. Wieso ich?, fragte ich nach. Sie darauf: Ich sag bloß: neue Küche!

Zur Erklärung: Wir kriegen eine neue Küche und freuen uns schon sehr darauf. Es gibt auch schon einen Liefertermin, den wir aber noch nicht kennen. Ich vermute, dass sie im Frühjahr 2025 geliefert wird. Wenn alles nach Plan läuft, was nach den bisherigen Erfahrungen eher nicht der Fall sein wird. Es handelt sich nämlich um ein exklusives Küchenmodell, das sehr selten bestellt wird. Es ist das Modell Jonas, benannt nach dem großen Propheten Jonas, seinerzeit ein berühmter Koch. Er betrieb ein kleines Restaurant in Ninive, das er »Zum Wal« nannte. Angeblich war er einmal von einem Wal verschluckt worden und seitdem galt er als ausgewiesener Walkenner. Keiner bereitete Wal besser zu als er. Und weil ich denselben Namen trage wie der biblische Jonas, zog mich das Küchenmodell Jonas schon beim ersten Anblick in den Bann. Es musste einfach eine Jonas-Küche sein. Was anderes kommt mir nicht ins Haus! Es ist eine Küche, wie sie schöner und besser nicht sein könnte. Es fehlt an nichts. Es gibt eine Küchenzeile, Oberschränke, Unterschränke und einen freistehenden Herdblock. Der ist mir persönlich sehr wichtig. Ich bin ein ausgesprochener Herdblockfan. Egal, ob Gas oder Induktion, in jedem Fall muss der Herd freistehen. Ich fordere schon seit Jahren: Freiheit für den Herd.

Um ehrlich zu sein, haben wir diese Küche noch nicht bestellt. Die Frage, die wir noch klären müssen, ist, ob diese Küche in unsere Wohnung passt. Es gibt bei ihr einen Herdblock, der uns sehr gut gefällt, aber von den Ausmaßen her nicht ganz passt. Ich möchte auf ihn aber nicht verzichten, weil es nicht nur sehr modern ist, einen Herdblock in der Mitte einer Küche zu platzieren, sondern obendrein auch sehr schön und sehr praktisch. Ästhetisch ist der freistehende Herdblock eine Augenweide. Meine Frau hat dazu eine andere Meinung. Sie glaubt, der Platz dafür würde nicht ausreichen. Sie will sich eher den Gegebenheiten fügen als ich. Sie nennt es Realismus. Ich nenne es Opportunismus! Und Feigheit! Kapitulation vor den Umständen! Das kann es doch nicht sein. Man muss auch mal den eigenen Horizont überschreiten und über sich hinauswachsen. Über sich vielleicht, räumt meine Frau ein. Aber nicht über die vorgegebenen Raumgrenzen. Ich füge mich ungern. Habe mich immer nur schwer mit etwas abfinden können. Meine Frau hält mich für stur. Sie mag diese Unbeugsamkeit stur nennen, ich sage, man muss das Unmögliche fordern, sonst bleibt alles beim Alten.

Die Idee zu einer neuen Küche kam von ihr. Sie äußerte ihre Unzufriedenheit mit der alten. Sie könne sie nicht mehr sehen. Seit 23 Jahren bewege sie sich nun in dieser Leichtküche, die nun allmählich aus dem Leim gehe. Ich war sofort einverstanden, eine neue Küche anzuschaffen. Aber welche?

Ich habe neben dem Herdblock weitere Wünsche: Zum Beispiel möchte ich nicht auf einen Dampfgarer verzichten. Außerdem bestehe ich auf einer Wärmeschublade. Meine Frau behauptet, sie brauche gar keinen Dampfgarer. Ein Leben ohne Dampfgarer kann ich mir nicht mehr vorstellen. Sie habe bisher ohne Dampfgarer überlebt und glaube, auch in Zukunft ohne Dampfgarer glücklich und zufrieden leben zu können. Ich habe meiner Frau mehrmals versichert, dass ich eine Küche ohne Dampfgarer und Wärmeschublade nicht akzeptiere. Du kochst doch sowieso kaum, behauptet meine Frau, warum bestehst du dann auf dem Dampfgarer? Ich werde täglich kochen, wenn Wärmeschublade und Dampfgarer vorhanden sind. Das könne sie nicht glauben, sagt meine Frau. Sie gibt zu, dass ich den Beweis nur antreten kann, wenn Dampfgarer und Wärmeschublade in unserer Küche installiert sind.

Die Küche passt nicht, meint Rosi. Ich sage, wir können auch mal eine Wand versetzen. Neben der Küche befindet sich unser Schlafzimmer. Ich meine, wir sollten einen Trend setzen und eine kombinierte Schlafküche anstreben mit Dampfgarer und Wärmeschublade. Ich schlafe nicht im Küchendunst!, ruft meine Frau. Wieso?, kontere ich. Der Dunstabzug befindet sich in meiner Schlafküche direkt über dem Bett, so dass immer eine leichte frische Brise weht. Das fördert den Schlaf.

Meine Frau darauf kühn: Wenn wir schon Wände einreißen, dann könnten wir auch gleich die Mauer zum Bad rausnehmen, da du sowieso immer öfter nachts mal raus musst. Gute Idee, stimme ich ihr zu. Das ist wirklich innovativ. Kochen, Schlafen und Entsorgen in einer Wohnlandschaft zu integrieren, das ist der Trend der Zukunft. Meine Frau schüttelt den Kopf. Es geht nicht, sagt sie. Alles geht, wenn man will. Nein, die Räume passen nicht zu unseren Vorstellungen. – Dann gibt es nur eines, wir ziehen aus und suchen uns eine Wohnung, die unseren Vorstellungen von Kochen und Schlafen entspricht. Sie schaut mich an, als wäre ich grade zum Islam übergetreten. Du willst ausziehen, weil die Küche, die du dir vorstellst, nicht in die Wohnung passt? – Ja, ich wollte eh schon ausziehen, weil ich mit unseren Wohnverhältnissen schon lange hadere.

Stimmt! Jetzt erinnere mich, was sie darauf gesagt hatte: Du hast sie doch nicht mehr alle. Umziehen wegen Herdblock, Wärmeschublade und Dampfgarer. Dunstabzugshaube über dem Bett! Ich glaub, ich spinn. Du machst dich grad komplett zum Vollhorst!

Der Vollhorst

Ich soll der Prototyp eines Vollhorstes sein? Meine Frau hält mich für einen Vollhorst? Jahrelang habe ich gerätselt, was sie wohl bewogen hat, mir das Jawort zu geben. Jetzt weiß ich es. Na ja, sie hat da ein wenig überreagiert. Das war zu spontan, ein bisschen nachdenken würde ihr auch mal guttun, ich glaube nicht, dass ich mir jetzt deshalb wirklich Sorgen machen muss. Nein, das war unüberlegt. Ich werde sie bei der nächsten Gelegenheit höflich auffordern, diese Äußerung zurückzunehmen. Ich und ein Vollhorst! Sie müsste mich eigentlich besser kennen.

Ihre Definition war eindeutig ungenau, und der naheliegende Vollhorst Seehofer alleine, das war mir schnell klar, wird keine 200 Seiten füllen, mit dem bin ich spätestens nach 20 Seiten fertig. Selbst wenn er einen sehr vielschichtigen Charakter hätte, was wir zu seinen Gunsten ja mal annehmen können, dann wäre nach 30 Seiten, höchstens nach 33 Seiten mit Grußwort, mit Pro- und Epilog, Danksagung und Würdigung in einem 20 Verserl umfassenden Hymnus alles über ihn zu Papier gebracht. Freilich wäre es möglich, den Seehofer zu einem 500 Seiten Heldenepos aufzublasen, zu einer Horstysee, in der sein gesamtes Wirken in Bayern, Deutschland, Europa und der Welt besungen wird. Ich vermute, dass an diesem epochalen Meisterwerk eh schon einer dransitzt, damit für alle Zeiten festgehalten ist, was für ein großartiger Mensch, Politiker und Horst er war.

Nein, mein Ansatz musste ein anderer sein. Ich wollte dem Horst auf keinen Fall gerecht werden. Das kann sowieso niemand. Ich wollte ihn ernst nehmen. Das schon. Aber nicht nur. Wer sich dem Horst nur mit Ernst nähert, wird ihm sicher nicht gerecht. Einem Horst sollte man immer auch mit einer gewissen Portion Humor entgegentreten. Andernfalls ist er schwer auszuhalten. Ich wollte auch die Chance nutzen, ihn in die Pfanne zu hauen.

Ich hatte nicht die Absicht, eine staubtrockene Abhandlung zu schreiben. Die Gefahr ist bei mir ohnehin gering, weil ich polemische Gedankengänge immer einer sauberen Logik vorziehe. Dieses »Gescheit-Daherreden« löst bei mir immer Unbehagen aus, weil man nichts dagegen sagen kann. Das schlüssige Aneinanderreihen von Argumenten erstickt jede Debatte im Keim. Außer, man ist in der Lage, den Argumenten nicht zu folgen. Das verlangt höchste Konzentration. Und wer will sich das heutzutage noch antun? Dagegen bietet das »Dumm-Daherreden« immer die Möglichkeit für ein weiterführendes Gespräch. Mir war eigentlich von Anfang an klar, dass wir mit Horst Seehofer einen Idealtypus des modernen Politikers vor uns haben, der in dieser Reinheit in freier Wildbahn selten anzutreffen ist, aber sich gerade deshalb hervorragend eignet, um politisches Handeln in der Postdemokratie zu beschreiben. Dabei geht es mir nicht um eine objektive Beschreibung des Vollhorsts in Kultur, Politik und Gesellschaft. Es gibt ja nichts Langweiligeres als Objektivität. Darum werde ich in verzerrender Überzeichnung jeden Anschein von Objektivität nach Möglichkeit vermeiden. Ich habe den festen Vorsatz, höchst subjektiv vorzugehen. Falls der Leser an Objektivität interessiert sein sollte, so wird er bei mir nicht fündig werden. Er kann sich diese, wenn er sie unbedingt braucht, gern bei anderen Autoren besorgen, beziehungsweise versuchen, aus meinen Übertreibungen eine Wahrheit herauszufiltern. Um es kurz zu machen. Wahrheit gibt es bei mir nicht. Manchmal biete ich eine an, aber das ist dann auch nur eine von vielen. Wahrheit kann nur vom richtigen Standpunkt aus erkannt werden, welches aber der richtige ist, erkennt nur der, der die Wahrheit hat. Ich habe sie nicht.

Im Gegensatz zum Vollhorst, der immer den richtigen Standpunkt einnimmt und deshalb glaubt, im Besitz der Wahrheit zu sein. Da er in der Lage ist, den Standpunkt zu wechseln, wie es ihm in den Kram passt, ändert sich damit auch immer die Wahrheit. Dafür ist der Vollhorst bekannt, und dafür wird er geliebt. Der Wahrheitsendverbraucher wird von ihm ständig mit neuen Wahrheitsangeboten versorgt. (Konzertsaal in München? Ja. Versprochen! Dazu stehe ich! Und einen Tag später: Konzertsaal? Nein. Hab ich auch immer gesagt.) Ein Forscher, der es mit einem solch wendigen Untersuchungsgegenstand zu tun hat, muss flexibel und anpassungsfreudig reagieren können. Das ist für mich kein Problem. Auch ich bin in der Lage, meine Meinung von einer Minute auf die andere komplett zu ändern.

Ich bin ein überzeugter Vertreter der kritischen Theorie. Ich komme gern vom Allgemeinen zum Besonderen und schließe von der Conclusio auf die Prämissen. Wundern Sie sich jetzt bitte nicht! Mir ist auch nicht ganz klar, was damit gemeint ist. Ich weiß nur, das Besondere im Allgemeinen aufzuspüren und umgekehrt, das Allgemeine im Besonderen festzumachen, dafür bietet der Vollhorst alle Möglichkeiten. Sie merken schon, ich bin gerade dabei, vom Hundertsten ins Tausendste zu kommen. Allerdings sollte man nie vom Tausendsten aus Rückschlüsse auf das Hundertste ziehen. Ich allerdings mache das schon, um zu überprüfen, ob ich wirklich falsch liege. Ich strebe nach Gewissheit. Denn auch das Falsche ist wahr. Diese Wahrheit gilt nicht nur in Bayern.

Nach reiflicher Überlegung entschloss ich mich zu einer induktiven Vorgehensweise, das heißt, ich wollte von typischen Einzelfällen zu einer übergreifenden Definition des Vollhorsts gelangen, die ich immer in enger Abgleichung mit dem politischen Ideal-Horst halten wollte. Freilich würde ich auch Abweichungen von dieser Methode akzeptieren, um die Forschungsperspektive nicht zu verengen und um nicht der Gefahr zu erliegen, wichtige Aspekte am Wegesrand liegen zu lassen.

Ich begab mich daher im Internet zunächst auf die Suche nach Herkunft und Bedeutung des Namens Horst.

Über Google stieß ich auf Wikipedia, und dort teilte man mir mit, dass Horst hergeleitet wird von Hengst oder Gestrüpp. Gut, der Zusammenhang erschloss sich mir nicht auf Anhieb, aber okay. Ich nahm den Hinweis zur Kenntnis. Der Horst ist also ein Hengst. Aha. Doch nicht jeder Hengst ist ein Horst. Die Frage, ob Seehofer ein Hengst ist, verbietet sich. Beim Hengst denken wir vielleicht an Pegasus und Fury, oder auch nicht, vielleicht denken wir an Winnetous Iltschi, auf dem der edle Wilde mit seinem Blutsbruder in den Weiten der Prärie für Frieden und Gerechtigkeit kämpft. Mitunter denken wir auch an Rennpferde von edlem Geblüt oder an Springer, die vor keinem Oxer scheuen. Und wir denken an stolze reinrassige Pferde, die Rittern, Königen und Kaisern dienten: an Ben Hur und seine stolzen Hengste Altair, Antares, Rigel und Aldebaran, die im Circus Maximus in Jerusalem den Tribun Messala – auch ein Vollhorst, wie er im Buche steht – das Fürchten lehrten. Welche Verbindung der Hengst mit dem Gestrüpp eingeht, weiß ich nicht, aber ich kann mir durchaus vorstellen, dass ein Hengst/Horst auch mal im Gestrüpp/Wald steht und nicht weiterweiß.

Es gibt berühmte Horste, die mit Fug und Recht von sich behaupten, ein echter Horst zu sein: Horst Schimanski, Horst Heldt, Horst Lichter, Horst Köhler, da ist erst mal nichts dran auszusetzen, die heißen einfach so. Jetzt könnte einer fragen: Horst! Wie kommst du denn zu diesem Namen? Was haben sich deine Eltern dabei gedacht? Mit dem gleichen Recht könnte ich allerdings fragen, wer gibt seinem Kind den Vornamen Bruno? Bären heißen Bruno. Und die leben gefährlich. Vor allem wenn es sich um »gemeine Schadbären« handelt, die sich aus Italien kommend im bayerischen Voralpenland herumtreiben, und nachdem sie unschädlich gemacht wurden, ausgestopft im bayerischen Naturkundemuseum landen. Aber niemand tauft sein Kind Bruno, um an den Schadbären Bruno zu erinnern. Obwohl man auch das nicht ausschließen kann. Und der Horst treibt sich auch in Bayern herum und richtet mitunter auch Schaden an, und trotzdem kommt niemand auf die Idee, ihn abzuknallen und ausstopfen zu lassen.

Der Horst ist auch kein Gestrüpp. Wer würde seinen Sohn »Gestrüpp« nennen oder »undurchdringliches Gebüsch«? Unsinn! Der Horst ist ein Hengst. Er steht für Zeugungskraft, für Potenz, für Wildheit, ein Horst lässt sich nur widerwillig Zügel anlegen. Er ist immer schwer zu zähmen, und ganz zahm wird er nie sein können, der Horst. So dachte man in alten Zeiten vom Horst.

Dieser kraftstrotzenden Natur, die man ursprünglich mit dem Horst verband, steht heute im alltäglichen Sprachgebrauch eine beinah entgegengesetzte Bedeutung gegenüber. Der »semantische Hof«, der sich auftut, wenn wir es mit einem Horst zu tun bekommen, wurde um einige Bedeutungskomponenten erweitert. Mit einem Horst verbinden wir heute selten nur unbezähmbare Wildheit und kämpferische Kraft, sondern immer öfter unbeschränkte Einfalt und Dummheit. Wir nennen heute einen Horst, wenn wir ihn nicht gleich Vollpfosten nennen wollen, vor allem, wenn er sich aufführt wie einer.

Aber nicht jeder Horst nutzt alle seine Möglichkeiten. Wann also wird aus einem stinknormalen Horst ein Horst? Seehofer zum Beispiel hat den Horst von seinen Eltern verpasst bekommen, das können wir ihm schwer vorwerfen, da war er machtlos, aber dass er sich schon des Öfteren zum Horst gemacht hat, darauf kann nur er allein stolz sein.

Oder, anderes Beispiel, Horst Schröder, der lange den Tarnnamen Gerhard trug, er hat sich nach seiner Zeit als Bundeskanzler als Horst geoutet.

Vielleicht erinnert sich auch noch jemand an die große Führungspersönlichkeit Georg Schmid, der als Schüttelschorsch in die Annalen der bayerischen Geschichte eingegangen ist. Er ist so was von eingegangen, wie sonst nur wollene Pullover, die den 90-Grad-Waschgang durchlaufen haben. Man hat ihn auf ein Format reduziert, das für CSU-Größen gar nicht vorgesehen ist. Er hat seine Frau als Mitarbeiterin in seinem Wirkungsbereich angestellt, auf Staatskosten. Ein Vorgang, der mit den bayerischen Gesetzen in Einklang stand, moralisch aber dem Wähler nicht zu vermitteln war. Als es rauskam, hat er zwar sofort versucht, alles wiedergutzumachen, und das Geld zurückbezahlt, gleichzeitig aber dokumentiert, dass er sich sehr wohl darüber im Klaren war, dass sein Vorgehen ein »Gschmackl« hatte und ein Vergehen war. Er handelte also wider besseres Wissen, nur zu seinem eigenen Vorteil. Solange das niemand wusste, hatte er kein Problem damit, erst als es öffentlich wurde, machte er sich zum Horst.

Und da haben wir ihn, den kleinen, aber feinen Unterschied: Horst heißt man, zum Horst macht man sich.

Und wie wird der Horst zum Vollhorst? Bei einem normalen Bundesbürger, der sich zum Horst macht, würden wir sagen, er hat sich dumm benommen, vielleicht auch nur ungeschickt verhalten, ist blöd gelaufen. Das passiert, das ist normal. Vom Betroffenen wird dann erwartet, dass er sich für sein Benehmen schämt und Einsicht zeigt. Das sind die Horste. Und der Vollhorst? Der Vollhorst ist davon überzeugt, das Richtige zu tun, selbst wenn er sich zum Deppen macht.

Es gibt Deppen, die können einfach nicht gescheit werden, weil sie glauben, von Haus aus gescheit zu sein. Die eigene Klugheit verhindert die Erleuchtung. Der gescheite Depp ist dabei noch ärmer dran als der depperte Depp. Der depperte Depp merkt ja nicht, wie blöd er ist. Der gescheite Depp aber glaubt, er sei klug. Und das ist die eigentliche Tragik, mit der ein Vollhorst leben muss.

Was also muss ein Vollhorst vollbringen, um sich dieses Titels würdig zu erweisen? Welche Eigenschaften und Verhaltensweisen zeichnen ihn aus? Vielleicht hilft hier einer unserer berühmtesten Philosophen weiter. Georg Wilhelm Friedrich Hegel. Hegel könnte einen Vollhorst vor Augen gehabt haben, als er die Negation der Negation dachte. Denn der Vollhorst ist immer auch bereit, für das Gegenteil zu stehen.

Nehmen wir unseren großen Vorsitzenden Horst Seehofer. Beispiel Energiewende. Er war selbstverständlich ein glühender Vertreter erneuerbarer Energien. Nach dem sofortigen Atomausstieg – da aufgrund ständig drohender Erdbeben ein zweites Fukushima in Bayern offenbar unmittelbar bevorstand – stellte er sich an die Spitze der Windenergiebefürworter. Als allerdings der Widerstand der bayerischen Bevölkerung gegen die Stromtrassenführung wuchs, stellte sich Seehofer an die Spitze des Widerstands und versprach, dass es keine neuen Trassen in Bayern geben werde. Bei den letzten Umfragen stand die CSU dann nahe bei 50 % der Stimmen.

»Heute hier morgen dort, bin kaum da, muss ich fort«, sang einst der Barde Hannes Wader. Dem Vollhorst geht es genauso. Im Kopf ist er kaum da, muss er schon wieder fort zum nächsten geistigen Ort. Der Vollhorst ist beweglich und steht für Flexibilität. Er lebt im Sowohl-als-auch. Er ist auf allen Seiten zu Hause. Er versteht einfach alles. Vor allem sich selber. Es kann auch vorkommen, dass er sich nicht versteht, das versteht er dann aber auch wieder. Moment, meine Frau fragt dazwischen: Macht ihn das zum Vollhorst? Ist er nicht vielmehr ein ganz normaler Opportunist? Darüber muss ich noch mal nachdenken!

Okay, vielleicht ist Christian Wulff ein besseres Beispiel. Er hat sich in Bettina verliebt und dem Chefredakteur der Bildzeitung mitgeteilt, dass der Rubikon überschritten sei. Mit ihm wird man immer die totale Selbstdemontage eines Mannes verbinden, der vom Ministerpräsidenten zum Bundespräsidenten aufstieg und kläglich an einer Spesenrechnung von 780 Euro scheiterte. Ob schuldhaft oder nicht, spielt dabei keine Rolle, er hat sich in den Augen der Öffentlichkeit zum Deppen gemacht. Er entspricht somit voll und ganz meiner Vorstellung von einem Vollhorst.

Horstln

In der Fußballersprache schreibt man einem besonders talentierten Spieler die Eigenschaft zu, ein Spiel lesen zu können, was so viel heißt wie: Er ist in der Lage, ein System analytisch zu erfassen und damit sich und die Mannschaft unter den gegebenen Bedingungen darauf einzustellen. Lothar Matthäus ist hier zu nennen, der übrigens auf ein beachtliches Vollhorstpotenzial zurückgreifen kann.

Man könnte sagen: Was der Matthäus für den Fußball ist, das ist der Vollhorst in der Politik.

Ob auf oder neben dem Platz: Ein Spiel nur zu lesen,

reicht nicht aus, erfolgreiche Kommunikation ist das A und O. Der Vollhorst ist ein Kommunikationsgenie. Ein spiegelneuronaler Tangotänzer, der immer zum Wiegeschritt mit dem anderen bereit ist.

Um sich einen nachhaltigen Ruf als echter Vollhorst zu erwerben, sind neben Anpassungsfähigkeit und Flexibilität auch Charisma, Ausstrahlung und Charme wichtig. Doch zum perfekten Vollhorst fehlt noch etwas Entscheidendes. Etwas, das ihn zutiefst menschlich erscheinen lässt, irgendwie normal, der Wähler soll denken, schau, er ist privilegiert, das schon, aber er ist doch einer von uns geblieben. Er macht auch seine Fehler. Er ist ein Vollhorst wie du und ich.

Der Vollhorst will keinesfalls abgehoben erscheinen. Er strebt nach Authentizität. Er strickt an seiner beeindruckenden Biografie. Sehr gern hört der Wähler, wenn er aus einfachen Verhältnissen kommt. Von ganz unten! Die Mutter musste putzen gehen, das macht sich immer gut. Und: Immer hat es am Geld gefehlt. Das wird der Öffentlichkeit gerne unter die Nase gerieben.

Nehmen wir unseren Ex-Kanzler Schröder: Bei *Wetten dass…?* fährt der nach verlorener Wette eine alte Dame persönlich mit dem Auto nach Hause. Mensch, wer hätte das gedacht, der Kanzler, boahhh, der Schröder im Brioni-Anzug bringt eine alte Frau im VW nach Hause, ein Kavalier der alten Schule! Privat fährt der auch nur Golf! Und in einem Reiheneckhaus wohnt er. Soo bescheiden!

Und Tiere sollten eine Rolle spielen. Der Vollhorst liebt Tiere. Tiere sind ihm ein Anliegen. Er streichelt jeden Hund, der ihn anschnuppert. So etwas sieht der Wähler gern. Deshalb lässt sich der Vollhorst gern mit Tieren sehen und bestellt den Fotografen in den Zoo. Politiker mit Eisbärbaby. Ach guck, der Wowi mit Eisbärchen. Süüüüß! Schau, der ist tierlieb.

Politiker spielen gern den Normalo, was nicht leicht ist, weil kein Politiker normal ist, sonst wäre er nämlich nicht Politiker. Übergewicht zum Beispiel ist normal in Deutschland. Gabriel bringt diesbezüglich einiges auf die Waage. Hier überzeugt er auf der ganzen Linie. Er repräsentiert die Normalität des Übergewichtigen optimal. Gabriel hat Gewicht, aber es nutzt ihm und seiner Partei nicht viel. Offensichtlich hat eine Mehrheit der Deutschen mit Übergewicht zu kämpfen, und doch finden den Sigmar viele nicht so toll. Warum bloß? Vielleicht liegt es auch daran, dass er nicht authentisch rüberkommt? Ich erinnere mich an eine ziemlich dumme Geschichte, die durch die Medien geisterte. Gabriel war Umweltminister der Regierung Schröder und wollte seinen Wählern demonstrieren, wie moderne Mobilität in diesem Lande unter Rot-Grün funktioniert. Der Umweltminister Gabriel reiste mit der Bahn und ließ seinen Dienstwagen neben der Bahnlinie herfahren. Und einige Bürger schüttelten darüber den Kopf und fragten sich, was der Gabriel wohl für ein Horst ist. Und hat's ihm geschadet? Er ist dann noch weiter nach oben gefallen und SPD-Vorsitzender und Wirtschaftsminister geworden.

In den USA gibt es auch sehr viel Übergewicht, aber im Amt des Präsidenten kann man sich einen fetten, übergewichtigen Ami nicht vorstellen. Der Präsident muss immer topfit erscheinen. Darum joggt der Obama jede Gangway rauf und runter, wie ein Dauerläufer.

In Bayern wird zwar auch viel gelaufen, noch beliebter ist allerdings das Laufenlassen. Bayerische Politiker müssen in erster Linie »was vertragen«, weil »sonst sogn die Leut am Ende noch, der trinkt ja nix. Mag der koa Bier?«

Für einen bayerischen Politiker ist es deshalb enorm wichtig, ein paar Bilder in Bierzelten zu produzieren, auf denen er eine Maß stemmt. Der bayerische Ministerpräsident Beckstein verkündete, dass er sich nach einem Oktoberfestbesuch mit zwei Maß intus noch selbst hinters Steuer setzen würde. Dafür gab es Applaus. Vom Verband der Brauereiwirtschaft. Typisch bayerische Authentizität!

Der Vollhorst ist außerdem immer vor Ort, wenn die Medien da sind. Er lässt sich gern ablichten bei Spatenstichen, wo sich Politiker als Bauarbeiter mit Schutzhelm inszenieren. Das mag der Wähler. Es fehlt dann nur noch die Überschrift »Held der Arbeit«. Und noch überzeugender wirkt der Horst beim Durchschneiden von bunten Bändern bei der Freigabe eines eben fertiggestellten Autobahnabschnitts.

Da er nicht alles selber erledigen kann, schickt er auch mal einen Minister raus, der etwas freigibt. Es gibt sogar Innenminister, die sich nicht entblöden, im Beisein der Medien eine öffentliche Toilettenanlage freizugeben. Das Bild, wo führende Vertreter des Volkes in einer Reihe nebeneinander stehend Wasser lassen, vermisse ich allerdings noch. Dabei würde das wirklich Normalität demonstrieren.

Der Kanzlerkandidat Steinbrück, den sie in seiner Partei auch »Schmidt-Schnäuzchen« nennen, wollte als witziger, ironiebegabter Politiker punkten. Er zeigte den Stinkefinger im Magazin der SZ und wurde falsch verstanden. Ironie setzt sprachliche Fähigkeiten voraus, über die nicht jeder in diesem Land verfügt. Wir haben es gern direkt. Da hat Schmidt-Schäuzchen nicht aufgepasst. Manches

27

hätte er besser für sich behalten. Seine Vortragshonorare zum Beispiel. Er war auf einem wirklich guten Weg zum Vollhorst, allerdings hat er sich nicht konsequent genug vervollhorsten lassen. Als er auf dem Bundesparteitag der SPD einen letzten Versuch startete und gut sichtbar weinte, in der Hoffnung, sich doch noch einen Ruf als kompletter Vollhorst zu erarbeiten, hat das aber nichts mehr gebracht. Da haben viele ganz kühl darauf reagiert und gesagt, wir wollen keine Heulsuse im Kanzleramt. Wie du's machst, ist es falsch.

Und weil der Trend zum sensiblen Mann geht, inszeniert sich mancher auch in der Heldenpose des Alltags – als Babysitter. Wieder war es Gabriel, der mitteilen ließ, dass er bei seinem Töchterchen persönlich die Windeln wechselt. Und eine Babypause hat er auch verkündet. Von einem ganzen Monat. Da hat das Wahlvolk gelächelt. Ein Bild dazu wurde leider nicht veröffentlicht. Gabriel mit Kinderwagen beim Spazierengehen in Goslar. Schau, der Gabriel schiebt selber den Kinderwagen! Toll!

Politiker wollen gerne normal rüberkommen und machen sich dafür zum Affen. Und warum? Nur wegen uns, den Wählern. Wir sollen glauben, dass sie auch *nur* Menschen sind, die den Alltag bewältigen müssen, wie wir alle. Von wegen.

Aber viele fallen darauf rein! Weil sie – auch das gibt es – die falsche Rolle spielen. Manchen fehlt einfach das schauspielerische Talent zur überzeugenden Darstellung. Ich erinnere mich, dass Hannelore Kraft im bayerischen Landtagswahlkampf Christian Ude im bayerischen Dirndl unterstützte. Verlogener geht es nicht mehr. Die Kraft der Bilder! Die Hannelore Kraft wollte ins Bild passen. Sie wollte sich auffällig in die bayerische Szenerie einfügen, in der Hoffnung, aus dem Rahmen zu fallen, was ihr mühelos gelang. Sie spekulierte auf Sympathien beim Wähler im bayerischen Identitätskostüm. Sie spielte die Gretl, die den Kasperl Ude trifft. Dazu missbrauchte sie ein Dirndl. Sie gab die Bäuerin im Festtagsgewand, um sich beim bayerischen Wähler ranzuwanzen: »Fesch ist sie, die Kraft, die weiß, was sich gehört, die bekennt sich zu Bayern.« Das war die Idee. Bestimmt hat ihr ein Spindoctor, ein Wahlmanager gesagt, Hannelore, in München musst du die Rumplhanni spielen, oder noch besser die Geierwally, und schon zwängte sich die Frau von Rhein und Ruhr ins Dirndl, die Ärmste.

Ich muss noch mal auf den Kanzlerdarsteller Schröder zurückkommen. Er stattete dem libyschen Diktator Gaddafi einen Staatsbesuch ab und saß Zigarre rauchend mit ihm im Beduinenzelt. Die Botschaft für uns: Unser deutscher Kanzler hat keine Angst vor bösen Menschen. Er ist mutig und selbstbewusst und bietet auch dem schlimmsten Teufel die Stirn. Danach, als Schröder Gaddafi die Meinung gegeigt hatte, vermute ich, durften wir daheim am Fernseher dabei sein, wie unser Kanzler Schröder eine Ölquelle in der Wüste aufdrehte. Schröder, der Aufdreher. Die Botschaft: Gerd dreht am ganz großen Rad. Für uns, für Deutschland! Während seiner ganzen Kanzlerschaft hat er gern was gedreht.

Unser bayerischer Vollhorst, der Seehofer, lässt ebenfalls keine Wünsche offen. Er kommt dem Ideal schon sehr nahe. Man gab ihm schon den Beinamen »the Bavarian Kennedy«, wegen seines unwiderstehlichen Charmes. Die Frauen mögen ihn, er wirkt sehr anziehend. Viele Frauen erblicken ihn und sind hingerissen. Er spielt immer ein bisschen den Spitzbuben, den kleinen Jungen, der am liebsten im Keller mit seiner elektrischen Eisenbahn spielt. Er ist ein Spieler. Er weiß, was sich gehört.

Er lässt sich auch einmal mit einer Herde Schafe fotografieren. Hut mit breiter Krempe auf dem Kopf, den weiten Lodenumhang schützend um die Schultern gelegt, den Hirtenstab in der Rechten, steht er auf der Weide. Horst, der gute Hirte! Ein Bild, wie geschaffen für einen Heiligen, den man sich im Schlafzimmer übers Bett hängt. Das Bild soll uns in Bayern sagen, der Horst hat seine Herde im Blick und er wird alles in seiner Macht Stehende tun, um weiterhin unser Hirte bleiben zu können. Die Botschaft ist eindeutig. Die Schafe – also wir – können ruhig weitergrasen auf der saftigen Weide, er passt auf uns auf und sorgt für jedes einzelne Schaf. Und einmal im Jahr werden wir kräftig geschoren. Alles, was wir tun müssen: für uns und für ihn und für Bayern beten, dass es so bleibt, wie es ist: Herr, bleibe bei uns, denn es will Abend werden. Auch in der Nacht passt der Horst auf, dass nichts Unrechtes geschieht. Wer betrügt, fliegt, Tag und Nacht, Bayern ist das Paradies auf Erden. Ja, der Horst ist, was die politische Ikonografie angeht, ein Meister der Selbstinszenierung.

Vielleicht hat er sich das bei Helmut Kohl abgeschaut, der sich während seines Urlaubs am Wolfgangsee gern auf einer Weide mit Rindviechern ablichten hat lassen. Ich habe mir damals schon immer gedacht, der kommt prima mit Rindviechern zurecht, der muss ein Gespür für den Wähler haben.

Genau wie unser Horst Seehofer. Er agiert oft aus dem Bauch heraus und macht trotzdem vieles richtig. Weil er weiß, was sich gehört in Bayern, und instinktiv das Rrrrrrichtige zum rrrrrrichtigen Zeitpunkt sagt.

Als das Versandhaus Quelle pleiteging, schwang er sich zum Retter auf. Er eilte nach Fürth und sprach mit der betroffenen Belegschaft. Horst hielt die schützende

Hand über die ganze Region. Gegen alle Widerstände. Es war ja wieder einmal Wahlkampf in Bayern. In solchen Zeiten reagiert der Horst besonders sensibel. Wie jeder weiß, war seine zugesagte Hilfe nicht wirkungslos. Das bayerische Amt für Daten und Statistik, das in München angesiedelt ist, zieht nach Franken um, »als Ausgleich« für die Quelle-Pleite, um in Fürth den »Kaufkraftverlust« auszugleichen. Kosten für den Steuerzahler: ungefähr 40 Millionen Euro.

Mit dem Geld anderer kann er großzügig umgehen, der bayerische Horst. Da wächst er sich aus zum Vollhorst und alle jubeln ihm zu. Vor allem die Beamten, die von München nach Franken umziehen dürfen, konnten sich über Horsts Coup vor Freude kaum auf den Beinen halten.

Das Richtige ist immer dann besonders richtig, wenn es eine Mehrheit für richtig erachtet. Natürlich kann es deshalb auch mal richtig sein, das Falsche zu tun. Richtig kann auch sein, für eine Minderheit eine Mehrheit zu bekommen, wenn die Minderheit die Menschen so manipulieren kann, dass eine Mehrheit zustande kommt. Konsens muss hergestellt werden.

Der Vollhorst sehnt sich nach Akzeptanz, er will ankommen. Er appelliert an die Vernunft und den gesunden Menschenverstand. Der gesunde Menschenverstand ist sein bevorzugter Denkmodus. Er nimmt die Mehrheitsmeinung in sich auf und stellt sie als Produkt des gesunden Menschenverstandes dar. Der Vollhorst ist ein Meinungsgeber. Ein Meinungsspender, der wie ein öffentlicher Seifenspender fungiert. Jeder darf sich kostenlos bedienen bei der Mainstreamseife, im sicheren Wissen, das Zeug macht einen sauberen Kopf. Das Bad in der Menge, mit dem leicht schäumenden Badezusatz ›gesunder Men-

schenverstand‹ beruhigt die Nerven und entfaltet seine
belebende Wirkung auf den Vollhorst und sein Volk.

Volldoktor

»Was erlaube Jonas?«, kann man frei nach Giovanni Trap-
patoni, dem italienischen Fußballlehrer und ehemaligen
Trainer des FC Bayern München, fragen. Was nimmt der
sich raus, dieser Jonas, was glaubt er überhaupt, wer er
ist, dass er meint, er könnte sich über den großen Vorsitzenden der CSU erheben und sich irgendwie zum Vollhorst verbreiten? Beziehungsweise: Haben Sie überhaupt
Abitur? Fragte einst Franz-Josef Strauß, der große bayerische Staatslenker und ehemalige Ministerpräsident von
Bayern, einen frechen Menschen, der glaubte, ihn dumm
fragen zu müssen. Zunächst: Ich habe Abitur, und zwar
ein bayerisches. Nur, um hier für klare Verhältnisse zu
sorgen.
    Das ist lange her, die Zeiten haben sich geändert, heute
darf jeder dumm fragen, ob mit oder ohne Abitur, und die
dumme Frage erfreut sich überall größter Beliebtheit.
Warum auch nicht? Übrigens auch eine dumme Frage!
Obwohl man auch immer wieder hört, dass es dumme
Fragen gar nicht gäbe, sondern nur dumme Antworten.
Das ist sicher richtig, zumal man auch auf kluge Fragen
dumme Antworten geben kann. Gerade in der Politik ist
das eine höchst bedeutende rhetorische Form, die zur
kommunikativen Grundausstattung eines jeden Politikers
gehört, die man auf dem politischen Parkett beherrschen
muss, sonst läuft man Gefahr, als Simpel, Tölpel oder
naiver Einfaltspinsel gebrandmarkt zu werden. Freilich

braucht man auch solche Leute in der Politik, weil es – ich sag es mal auf Bayerisch – ohne Deppen nicht geht.

Wenn sich einer einem solch bedeutenden, postdemokratischen Phänomen wie dem Vollhorst annimmt, dann muss er sich schon ausweisen können als Kenner der politischen Szene, als qualifizierter Fachmann, besser noch als Experte für das Vollhorstwesen. Sicher kann jeder etwas zum Vollhorst beitragen, klar, jeder kann eine Meinung haben, aber besser ist es schon, wenn einer mit Kompetenz aufwarten kann. Und die ist bei mir, soweit ich das überblicken kann, gegeben. Mir ist wichtig, darauf hinzuweisen, dass ich nicht promoviert wurde. Weder ehrenhalber noch aus wissenschaftlichen Gründen. Ich gebe zu, kurz mit dem Gedanken gespielt zu haben, mir einen Doktortitel zu kaufen, habe davon aber wieder Abstand genommen, weil sie mir alle zu billig waren. Zum Teil werden diese Doktortitel ja verramscht. Das ist wirklich eine traurige Tatsache. Ich bin aber weit davon entfernt, die Promotion an sich zu verunglimpfen. Es gibt Doktorarbeiten, die es wirklich in sich haben und die ich deshalb auf keinen Fall lesen möchte. Ich habe mir sagen lassen, dass es sehr gehaltvolle Arbeiten gibt, die ein wirklicher Gewinn für die Menschheit sind. Ich greife eine heraus, nicht dass Sie glauben, ich würde hier irgendwie fahrlässig Unsinn erzählen. Da kennen Sie mich aber schlecht. Ich lege auch Wert auf Fakten. Nicht immer, weil Fakten nicht alles sind, sie können auch mal täuschen – wenn wir an die Bilanz der Bayerischen Landesbank denken. Also, vieles ist auch Spekulation, aber das meiste davon ist doch reine Fiktion! Das will ich an dieser Stelle einmal festgehalten haben. Nicht dass mir nachher einer kommt und behauptet, er hätte es nicht gewusst. Jeder, der will, kann es hier schwarz auf weiß lesen.

Ein Beispiel, was Kompetenz auch bedeuten kann, ist die Arbeit von Dr. Markus Söder. Übrigens ein enger Mitarbeiter und Freund von Horst Seehofer. Nicht nur Parteifreund, nein, das möchte ich hier noch einmal betonen, ich habe den Verdacht, so wie die zwei miteinander umgehen, dass es sich bei den beiden um dicke Freunde handeln muss. Sie machen Späße, geben sich witzig und plaudern gern über den jeweils anderen in der Öffentlichkeit Geschichten aus. Das klingt manchmal sogar gehässig, ist aber immer nett gemeint. Und es macht auch nichts, das zeigt nur, dass sie sich mögen und Humor haben. Dr. Söder kam deshalb sogar schon als Seehofers Nachfolger ins Gerede. Seehofer dementierte zwar umgehend, dass der Markus ihn in naher Zukunft ersetzen könnte, aber irgendwas bleibt ja immer hängen. Und selbstverständlich kann der Söder auch Ministerpräsident. Keine Frage. Man traut ihm viel zu. Eigentlich alles. Vielleicht liegt das auch an der Doktorarbeit, die er schon vor einigen Jahren verfasst hat. Der Horst selber ist nicht promoviert, schätzt aber, wie man hört, Leute, die trotz Promotion ein Ministerium leiten können – das ist vielleicht auch interessant.

Zu Söders Arbeit: Sie trägt den Titel »Entwicklungen der bayerischen Kommunalgesetzgebung im rechtsrheinischen Bayern in den Jahren 1812 – 1816«. Jetzt mal ehrlich: Wer von uns hätte sich dieses Themas angenommen? Kommunalgesetzgebung im rechtsrheinischen Bayern? Dazu braucht man doch Leidenschaft, auch Leidensbereitschaft, vermutlich auch eine gewisse Vorliebe fürs Abgestandene, fürs Trockene, fürs Gedörrte, fürs Staubige. Oder etwa nicht? Da hätten wir doch alle, oder zumindest sehr viele von uns gesagt, ohne mich, wen interessiert das? Aber der Söder hat sich da reingehängt. Und das macht den Unterschied. Weil er wissen wollte, wie die Kommunalgesetzgebung in den Jahren 1812 bis 1816 im rechtsrheinischen Bayern vonstatten gegangen ist. Seine Kommilitonen werden die Stirn gerunzelt haben, werden skeptisch geschaut und ihn bewundert haben ob des Mutes, sich eines solchen Gegenstandes anzunehmen. Und heute wissen wir, wie es bei der Kommunalgesetzgebung im rechtsrheinischen Bayern zugegangen ist. Weil der Markus Söder dieser Aufgabe nicht ausgewichen ist.

In solchen Angelegenheiten zeigt sich der Charakter. Und das ist bis heute so geblieben. Söder übernimmt Aufgaben, die niemand erledigen will. Umweltminister war er schon, weil es auch keiner machen wollte, jetzt ist er Finanzminister in Bayern, ebenfalls kein Job, um den man sich reißen muss, mit dem ganzen Landesbankdebakel, aber Söder ist ins kalte Wasser gesprungen und hat zu schwimmen begonnen, einige haben die Daumen gedrückt, er möge untergehen, aber er planschte sich vorwärts, drehte sich im Kreis und spähte zum Ufer, wo der Horst aufmunternd winkte. Und auch wenn der Horst ihn mit Komplimenten überschüttet, ihn einen Schmutzl nennt, dann tropft das am Markus ab. Ich will damit sagen, dass er mit allen Wassern gewaschen ist. Aber das trifft es nicht ganz. Da fehlt noch etwas. Söder ist darüber hinaus auch noch ein Teflontyp; er ist abstoßend. Aufgaben, die sich keiner zutraut, packt er an, auch wenn er keine Ahnung hat von den Politikfeldern. Egal – in kürzester Zeit ist er drin. Die Ahnung erarbeitet er sich, er schafft sie sich drauf.

Und wenn ich mich mit einem vergleichen müsste, kompetenzmäßig, hinsichtlich meiner eigenen Vollhorstkompetenz, dann kommt nur Söder in Frage. Söder verfügt genau wie ich über eine Flexi-Kompetenz.

Darunter ist eine flexible Kompetenz zu verstehen, die

sich wie von selbst von einer nicht näher bestimmbaren Kernkompetenz aus auf weitestgehend unbekannte Felder erstrecken kann. Persönlichkeiten mit Flexi-Kompetenz sind in der Lage, überall mitreden zu können, weil sie von allem eine blasse Ahnung haben. Ihr Wissen reicht vom Philosophischen bis ins Theologische, vom Naturwissenschaftlichen bis ins Psychologische, vom Theoretischen bis ins Praktische, vom Gastronomischen bis ins Akustische. Solch diffuse Kompetenzen kann man in allen gesellschaftlichen Bereichen nutzen. Man trifft sie vor allem in den Medien, hier vor allem in den Talkshows, und in der Wirtschaft, wo sie sich als »Berater« andienen und mit Klugschiss unentbehrlich machen. Verfügt einer über eine Flexi-Kompetenz, so kann er die Eigenschaften biegsam und elastisch für sich und sein Handeln beanspruchen.

Besteht dagegen jemand auf einem eng abgesteckten Kompetenzbereich, so müssen wir von einer zwanghaften Beschränkung auf erlerntes Können schließen. Das kommt in der Politik so gut wie nie vor. Viel öfter treffen wir dort Leute, die überall mitreden können. Früher gab es für solche Multikompetenzen den treffenden Ausdruck des Gschaftlhubers. Man bezeichnete damit Persönlichkeiten, die auf Grund intensiver Auseinandersetzung mit Kreuzworträtseln eine Universalkompetenz erworben hatten. Auf Bayerisch könnte man sagen: Der kann ois und nix.

Dennoch ist nicht jeder Charakter für die Flexi-Kompetenz geeignet. Voraussetzung ist die uneingeschränkte Bereitschaft zur Oberflächlichkeit. Unabdingbar ist eine starke rhetorische Begabung, sonst ist die ständig geforderte Bewältigung der immer gleichen Satzbausteine in immer wieder anderer Zusammensetzung nicht zu schaffen. Die gesamte Bandbreite der Flexi-Kompetenz gipfelt in einer Kompetenz-Kompetenz, die flexibel die verschiedenen Kompetenzschichten je nach Bedarf mehr oder weniger dominant aktivieren kann. Auf diesem Gebiet ist Söder momentan der unangefochtene Großmeister.

Ich bin zwar nicht so nah dran am Vollhorst wie Söder. Das ist richtig. Söder trifft ihn täglich am Kabinettstisch und auf den Gängen der Staatskanzlei. Aber so eine Nähe kann auch gefährlich sein. Ein Franke wie Söder ist da sicher leidensbereiter, weil der Franke seit Menschengedenken von Oberbayern unterdrückt wird, von daher ist er es gewohnt.

Vor dieser Gefahr bin ich gefeit. Ich als Niederbayer bin bei Weitem nicht so leicht zu unterdrücken wie der Franke. Das Repressionspotenzial, also die Bereitschaft, unterdrückt zu werden, ist bei einem Niederbayern eher unterentwickelt. Seine Bereitschaft hingegen, aufzumucken und aufzustehen, um sich etwas nicht gefallen zu lassen, ist groß. Das »sich etwas gefallen lassen« gehört nicht zu seinen hervorstechendsten Eigenschaften. Der Niederbayer lässt sich schon etwas gefallen, aber nur wenn es ihm gefällt.

Vollhorst an die Macht

Ich sitze in meinem Arbeitszimmer an meinem Schreibtisch und stiere ein bisschen vor mich hin. Leerer Blick ins Ungefähre. Es ist nicht viel los heute. Es ist einer dieser Tage, die sich besonders eignen, um auf irgendetwas zu warten. Auf einen Anruf oder eine Idee, meinetwegen auch auf Schnee oder sonst etwas, womit man die Zeit rumbringen könnte. Ich habe nicht einmal eine Vorstellung davon, auf was ich warten könnte. Ich sitze hier an meinem Schreibtisch, um an diesem Buch zu arbeiten, ich will auch, merke aber, dass ich mich im Wartemodus befinde.

Warten ist für mich immer sehr angenehm. Ich bin immer froh, wenn ich irgendwo warten darf. Das ist für mich ein Zeitgeschenk. Wartezeit ist für mich Zeit, mit der ich nicht gerechnet habe, also ein Zeitgewinn. Erfahre ich im Radio von einem Stau, setze ich mich ins Auto und fahr hin, weil ich weiß, da geht es nicht weiter. Ich bin immer auf der Suche nach Situationen, in denen es nicht weitergeht. Das nimmt Druck raus, das macht gelassen, und ich werde dann immer sehr ruhig, weil ich weiß, im Stau hat es keinen Sinn, sich darüber aufzuregen, deshalb geht's auch nicht weiter, ich genieße den Stillstand, ich habe dann das Gefühl, dass mein Leben langsamer vergeht. Wunderbar!

Gerade wenn man Termindruck verspürt, wie bei dieser Buchabgabe, wenn eine bestimmte Arbeit zu einem Termin fertiggestellt sein soll oder sogar muss, und wenn ich dann noch irgendwo warten darf, dann ist das ein großes Glück. Ich soll ja das Manuskript für den Vollhorst noch vor Weihnachten fertig haben. Das ist die Idee. Realistisch ist aber eher das Gegenteil. Das Gegenteil von vor Weihnachten? Was schreibe ich denn da? Das Gegenteil von vor Weihnachten gibt es nicht, oder? Nach Weihnachten? Vor Ostern! So etwas Ähnliches könnte das Gegenteil von vor Weihnachten sein. Auf dem Zeitstrahl gibt es keine Gegenteile. Da gibt es nur eine Richtung. Vor und nach Weihnachten. Wobei nach Weihnachten auch schon wieder vor Weihnachten sein kann. Was bringt's? Wir haben vor Weihnachten. Und das Fest rückt unaufhaltsam näher.

38

Das ist der Zustand, in dem ich mich momentan befinde. Also irgendwo zwischen Ideal und Wirklichkeit. Ich weiß auch gar nicht, warum das so ist. Vielleicht, weil ich in den letzten Wochen sehr viele Zeitgeschenke mit Wartesituationen mit sehr vielen Zeitgewinnen vom Schicksal zugewiesen bekommen habe, so dass ich keinen Grund zur Klage habe. Ich warte nun darauf, in welche Richtung ich mich bewegen soll. Schwanke zwischen Realismus und Idealismus. Also Abgabe des Manuskripts vor Weihnachten oder nach Weihnachten? Schwierige Lage? – Ich neige dazu, einen Schritt in die richtige Richtung zu machen, indem ich mich für Ideen öffne. Ich bin auf Empfang. Ich brauche eine zündende Idee – diese lässt leider auf sich warten.

»Ihr naht euch wieder, schwankende Gestalten! Die früh sich einst dem trüben Blick gezeigt«, dichtete Kollege Goethe einst in der Zueignung seiner Tragödie Faust. Schwankende Gestalten? Trüber Blick? Ich weiß nicht, was der Johann getrunken hat. Was mich angeht, ist es für Alkohol noch zu früh am Tage! Was einige vielleicht nicht wissen, Johann Wolfgang war nicht nur als Dichter und Denker aktiv, sondern auch in der Landespolitik. Er war Minister in Sachsen. Zunächst für Wegebau, also so was wie der Dobrindt, eine Maut allerdings hat auch er nicht zuwege gebracht. Danach wurde Goethe auch Kriegs- und Finanzminister. Dabei hat er sich ja auch noch um die Farbenlehre verdient gemacht, dazu mit Botanik, Geologie und Mineralogie beschäftigt. Na ja, er war eben ein Genie, dem man alles zutrauen konnte.

Insofern kommt er der Vorstellung eines idealen Politikers recht nahe. Im alten Griechenland, da, wo der alte Grieche lebte und dachte, wo die Wiege der abendländischen Kultur stand, damals vor vielen, vielen Jahren, so um 400 vor Christi Geburt, hatte der Philosoph Platon eine Idee vom idealen Staat. Da war alles ideal dran, an diesem Staatswesen, durch und durch so was von ideal, dass wir heute noch darüber nachdenken. Ganz kurz: Die Herrschaften, die über das Volk herrschen und die Staatsgeschäfte führen, müssen über alles Bescheid wissen. Sie müssen in Physik, Chemie, Biologie, Mathematik und Philosophie auf dem letzten Stand sein, sie müssen auf allen Wissensgebieten beschlagen sein. Also nicht nur wie Merkel in Physik. Oder Andrea Nahles in Germanistik. Oder Seehofer in –? Moment mal, was hat der noch mal für ein Wissensgebiet abgeschlossen? Ist der nicht Verwaltungsangestellter im mittleren Dienst? Komisch, das ist mir gerade entfallen.

Also: Umfassend gebildete Politiker fordert dieser Platon, so dass sie einen Zustand von Weisheit erlangt haben.

Die gibt es heute wie Sand am Meer. Die findet man in allen Parteien. Vor allem aber in der CSU, der CDU, der SPD, der Linken, bei den Grünen, die haben die Weisesten von allen. Nur Experten, so weit das Auge reicht.

Platon wollte die Herrschaft der Weisen und die Diktatur der Vernunft. Da kann keiner was dagegen haben, denn die Vernunft, die kann ja nur gut sein. Allerdings gibt es auch immer Deppen, die nicht wissen, was vernünftig ist. Die sollten dann, wenn es nach dem alten Platon geht, nicht an die Macht kommen.

Logisch, dass im idealen Staat des Philosophen Platon das Volk nichts zu melden hatte. Denn im Volk finden wir überwiegend Doofe. Im alten Griechenland haben sie damals auch schon empirische Erhebungen gemacht – ein antikes ZDF-Politbarometer sozusagen – und dabei kam raus, dass es in keinem anderen Bereich mehr Vollpfosten gibt als im Volk.

Platon drückt es vornehmer aus. Er sagt in etwa, dass das Volk aufgrund mangelnder Fähigkeiten nicht zur politischen Entscheidung zugelassen werden kann. Die meisten Menschen befinden sich laut Platon in einem Zustand der Beschränktheit, den man nur als vollkommen verblendet bezeichnen kann. Er erklärt diese Beschränktheit des Volkes mit seinem Höhlengleichnis. Übrigens die erste Power-Point-Präsentation des Abendlandes. Das meiste passiert hinter ihrem Rücken und man zeigt ihnen nur in schemenhaften Umrissen, wie es wirklich zugeht in der Welt. In unseren Tagen würde man, um diese Beschränktheit und Verblendung des Volkes deutlich zu machen, auf das Fernsehen verweisen müssen. Die Leute sitzen vor dem viereckigen Kasten und glauben, die Welt so zu sehen, wie sie tatsächlich ist. Etwas raffinierter als im Höhlengleichnis funktioniert die Verblendung des Volkes durch die Medien zwar schon, das muss ich zugeben. Das Vorgaukeln von Tatsachen funktioniert prima. Das Ergebnis ist aber das gleiche wie in Platons Höhle. Die Leute werden für dumm verkauft.

Also, den idealen Politiker, den gibt es nur im Ideal. Der ideale Politiker ist weise. Und gut, also der Idee des Guten verpflichtet. Dieser Wunsch entspricht exakt dem Bild, das der alte Platon in seiner Staatstheorie entworfen hat. Jedem das Seine. Und mir alles.

In Platons Staat hatte jeder seine Fähigkeiten und wurde gemäß seiner Talente fürs Gemeinwohl eingesetzt. Da gab es Wächter, Handwerker, Sklaven. Die waren selbstverständlich rechtlos. Die hatten nichts zu melden. So war das im idealen Staat, weil es der herrschenden Vernunft entsprach. Und der ideale Politiker war Philosoph, der den ganzen Tag nur nachgedacht hat, wie alle am glücklichsten leben im idealen Staat. Diese Philosophen haben ganz schön zu tun gehabt. Was die so weggedacht haben von Sonnenaufgang bis Sonnenuntergang. Tagelang nur denken, immer nur denken. Die haben dann am Abend überlegt, was denken wir morgen? Dann kam beispielsweise der Vorschlag: Morgen denken wir mal über das Gute nach oder über die Freundschaft oder über den Tod, das Jenseits, die Götter, die haben sich was vorgenommen und dann darüber nachgedacht. Dieses Denken erledigen heute Think Tanks.

Der Philosoph ist frei von Eitelkeit, weil er weise ist, er weiß alles, soweit man es wissen kann, sitzt in der Höhle und überlegt, was er sieht, er weiß, was gerecht ist, weil er immer am Guten orientiert ist, er kennt darum das Böse und lässt es weg, weil es nicht gut ist, und er steht auf kleine Jungs. Nur im alten Griechenland, weil man dort die Knabenliebe idealisiert hatte. Vermutlich war auch das vernünftig! Das war damals Standard. Das nur nebenbei. War halt eine andere Kultur! Reste davon haben allerdings bis in die Gegenwart überlebt.

Von Platons Ideal ausgehend, lässt sich der ideale Politiker definieren als einer, der immer die richtige Entscheidung trifft, schlüssig argumentieren kann, alle ideologischen Scheuklappen beiseitelässt und in jeder Beziehung unbestechlich ist.

In Wirklichkeit gibt es den natürlich nicht. Wenn er irgendwo vorkäme, dann würden sie ihn sofort um die Ecke bringen, weil der unerträglich wäre. Das wäre der Gutmensch, der immer alles richtig macht. Solche Typen sind automatisch extrem unbeliebt. Der würde keine Stimme kriegen. Was willste mit so einem anfangen? Mit dem kannst du nicht koalieren, weil er immer recht hat.

Gerecht ist, was mir nützt

Vielleicht liege ich falsch, aber ich habe den Eindruck, dass wir es inzwischen immer öfter mit Politikern zu tun haben, deren wichtigstes Anliegen ihre eigene Wiederwahl zu sein scheint. Persönliche Machtsicherung als oberste Maxime politischen Handelns ist gang und gäbe. Natürlich würden sie das nie offen zugeben. Nein! So viel Wahrhaftigkeit können wir nicht erwarten. Wir dürfen unsere Politiker nicht überfordern. Sie werden ihre egoistischen ganz persönlichen Motivationen weit von sich weisen. Nur für die anderen behaupten sie, da zu sein. Der Altruismus ist der entscheidende Impuls, der sie antreibt. Jaaaa, natürlich! Wer daran zweifelt, liegt falsch.

Es muss sich demnach um eine besondere Spezies von Menschen, die nur für andere da sein wollen, handeln. Um das zu bestätigen, werden unsere Politiker also ihre Selbstlosigkeit, ihren Gestaltungswillen betonen, ihr Engagement für das Gemeinwesen und dergleichen mehr in den Vordergrund stellen. Sie würden sich ja schließlich »einsetzen für die Menschen im Lande«. Jaja, ist schon recht.

Wie gesagt, der gegenteilige Eindruck hat sich bei mir in den letzten Jahren verfestigt. Muss ja nicht stimmen. Und jetzt höre ich schon den Einwand: Jonas, wie kannst du nur so gemein sein? Du solltest nicht von dir auf andere schließen. Was hast du bloß für eine schlechte Meinung von deinen Mitmenschen! Mit bösartigen Unterstellungen ist nichts gewonnen. Du solltest froh sein, dass es überhaupt noch Menschen gibt, die in die Politik gehen. Dankbarkeit wäre eher angebracht als polemische Satire. Kannst du mit nichts und niemandem zufrieden sein? Wir leben schließlich in einem freiheitlichen Rechtsstaat. Weiß ich. Typisch Satiriker, immer übertreiben, immer auf die Kacke hauen, immer nur meckern! Ist das nicht sehr billig? Sag mal, Jonas, siehst du nicht, was diese Politiker leisten? Sag mal, was für eine Vorstellung hast du eigentlich von Politik? Wie wünschst du dir denn den idealen Politiker? Sag doch mal!

Der ideale Politiker denkt in der Gegenwart über die Auswirkungen seiner Politik nach, die in der Zukunft Vergangenheit geworden sein werden. Verantwortlich ist er natürlich auch, wenn er vor lauter Terminen gar nicht mehr zum Nachdenken kommt. In absehbarer Zeit wird er sich in die Pension verabschieden. »Die nachfolgenden Generationen« aber, denen immer »seine ganze Sorge« galt, werden weiter unter seinen Entscheidungen zu leiden haben. Darum kann er leicht von Verantwortung für die Zukunft reden, wenn er in der Zukunft nie die Verantwortung dafür übernehmen muss, was er in seiner aktiven Zeit angerichtet hat. Denn auch ihm ist das Hemd näher als die Hose, die unter seinem wohlgenährten Bäuchlein am Gürtel hängt, den er kaum noch enger schnallen kann. Aber mit dem Gürtel-enger-Schnallen kennt er sich aus und mit den Verhältnissen auch, über die wir alle leben.

Unsere verantwortungsvollen Politiker werden nicht müde, uns vor der drohenden Altersarmut zu warnen, vor der Überalterung der Gesellschaft, vor der Kinderarmut und vor den kaum finanzierbaren Leistungen der Pflegeversicherung in »der dementen Republik«. Doch »die Weichen, die sie stellen«, um die Sozialsysteme »zukunftsfest« zu machen, führen auf Strecken, die längst stillgelegt worden sind. Mein Gott, ich rede schon wie ein Politiker! Aber nicht nur die Strecken wurden stillgelegt, wir auch.

Die Stilllegung des Volkes ist schon weit fortgeschritten. Auch die gehört zum politischen Geschäft.

Politik, was ist das? Jeder hat darauf eine Antwort. Ein schmutziges Geschäft, ruft einer abfällig! Intrigen, Verlogenheiten, Korruption! Das ist nicht ganz von der Hand zu weisen. Aber wir wollen nicht nur über die schwarzen Schafe sprechen. Die gibt es überall. Richtig, in der CSU gibt es auch ehrliche Männer und Frauen. Wobei ich dazu neige, mehr ehrliche Frauen als Männer anzunehmen. Obwohl auch die strategischen Fähigkeiten von Frauen nicht ganz ohne sind. Diese Abwägung bringt uns nicht viel weiter. Einigen wir uns darauf, dass es in allen Parteien von jeder Sorte mehr als genug gibt. Die Ehrlichen sind in der Mehrheit! Sowieso! Alle fühlen sich dem Gemeinwohl verpflichtet. Jaja, ist schon recht.

Politik ist das habgierige, oft inkompetente Getue von Verantwortungsträgern, die von einem eigensinnigen Volk aus lauter Individualisten demokratisch gewählt werden wollen.

Politik ist zu einem abgehobenen Bereich verkommen, zu dem keine besonderen Qualifikationen nötig sind. Von wegen Elite! Wirkliche Elite trifft man in der Politik kaum. Und trotzdem fühlt sich jeder, der ein politisches Mandat ergattert hat, sobald er gewählt ist, einer Elite zugehörig, die mit den Geschicken des Landes zu tun hat. Jeder kann in die Politik gehen und dort sein Glück versuchen, vor allem wenn es zu sonst nichts gereicht hat. Frau Andrea Nahles beispielsweise hat Germanistik studiert. Sie hat nie einen anderen Beruf als den der Politikerin ausgeübt. Kann man da wirklich von einem Beruf sprechen? Bei Katja Kipping von der Linken lief es ähnlich. Sie hat auch eine Geisteswissenschaft studiert und wechselte nahtlos in die Politik. Der Taxifahrer Joschka Fischer

45

konnte wenigstens auf Erfahrungen im Frankfurter Straßenkampf zurückgreifen, als er Außenminister wurde. Eine Ausbildung hatte der auch nicht. Immer mehr Politiker können auf ein Hochschulstudium verweisen, das sie ganz selbstverständlich ohne Umwege befähigt, leitende Positionen in der Politik einzunehmen. Daneben sitzen jede Menge Beamte in den Parlamenten, unter denen sich wiederum viele Lehrer finden, die Politik als Unterricht begreifen und ihre Belehrungen einem ganzen Volk angedeihen lassen.

Politik muss sein! Und sie soll sich am Ideal der Gerechtigkeit ausrichten. Da niemand genau sagen kann, was das ist, kann jeder sagen, was er darunter versteht. Gerecht ist, was mir nützt! Für dieses hehre Ideal lässt sich immer eine Mehrheit organisieren. Es ist erreicht, wenn allen nützt, was mir nützt. Frieden, Freiheit, Bildung, Wohnen, Leben und was man sonst noch so gerne hat. Da aber das Ziel immer hoch gesteckt ist und schon deshalb nie zu erreichen, muss man sich auf dem Weg dorthin auch einmal mit Kompromissen zufriedengeben. Mit einem kleinen Frieden, mit einer nicht ganz so großen Freiheit und einer »sozialen« Gerechtigkeit, die uns schon irgendwie sozial vorkommt, aber noch ziemlich weit entfernt ist von dem, »was wir uns vorgenommen haben«. »Dennoch können wir auf das Erreichte stolz sein!« Das können sie. Und das sind sie auch. Was in der Politik allerdings immer erreicht wird, ist die Selbstgerechtigkeit! Und das ist ja schon mal was, wenn wenigstens die Ritter vom »Orden der sozial Gerechten« mit sich zufrieden sind.

Also, so wie es hier zugeht, in dieser freiheitlichen Demokratie, gibt es Leute, die gerne Macht ausüben über andere. Aber der Unterschied zur Diktatur besteht darin, dass in der Demokratie das Volk der Souverän ist. Für einen Sonntag lang, bis die Wahllokale schließen. Am Wahlsonntag geht die Macht vom Volk aus. Das Volk gibt den Politikern durch demokratische Wahlen die Macht und bittet sie um kräftiges Durchregieren, weil das Volk gern regiert wird. Deshalb kommt es nach der Wahl zur Machtergreifung. Selbstverständlich auf demokratischem Wege. Die Politiker sagen danach Danke. Sie bedanken sich bei ihren Wählern für das Vertrauen, das sie ihnen entgegengebracht haben, das ihnen die Macht für die nächsten Jahre sichert. »Und jetzt machen wir das, was wir versprochen haben«, sagen die Politiker, »wir regieren euch ordentlich durch!«

Der Bundestag, das Parlament ist wieder schön vollgewählt worden, alle Sitze sind verteilt, aber die Mehrheitsverhältnisse untereinander müssen noch geklärt werden. CDU/CSU, SPD, Grüne, Linke und was sonst noch glaubt, kompetent zu sein, um die Staatsgeschäfte erledigen zu können, machen untereinander aus, wer Regierung spielt und wer Opposition. Sie nehmen Gespräche auf. »Es wird erst mal sondiert«, verkünden sie staatsmännisch. Ob es genügend Gemeinsamkeiten gibt. Und dann wird eine Koalition verabredet und koaliert, und dann wird regiert, das heißt, sie lassen uns nach ihrer Pfeife tanzen. Da werden allerlei Gesetze gemacht und verabschiedet. Und weil sie es nie allen recht machen können, machen sie es denen recht, denen sie es recht machen können. Und den anderen sagen sie, es ginge nicht anders, aber es sei für alle das Beste. Demokratie heißt eben auch Zumutung. In vier Jahren klopfen die demokratischen Politiker wieder an beim Wähler und bitten um das Vertrauen für die nächste Machtergreifung. Sie versprechen Gerechtigkeit, Freiheit und selbstverständlich Frieden. Das hört der Wähler gern.

Und Außenpolitik wird auch versprochen, Innenpolitik, Wirtschaftspolitik, aber auch ordentliche Finanzen! Das freut die Wähler sehr und sie dackeln wieder zur Wahlurne, um sich mit einem Kreuzerl zu entmächtigen. So läuft das. Und zwischendurch sagt einer, dass wir stolz sein können auf unseren demokratischen Laden. Und wer nicht mitspielen mag und nicht zur Wahl geht, der wird beschimpft als mieser Staatsbürger, der das bitter erkämpfte Wahlrecht einfach nicht achtet.

In diesem demokratischen Spiel gibt es festgelegte Regeln, nach denen die politischen Figuren handeln müssen. Und der Vollhorst ist in diesem Spiel einer der erfolgreichsten Player, weil er auf Konsens spielt. Immer ist sein Ziel die größtmögliche Zustimmung. In diesem Sinne ist der VH der ideale Politiker. Horst Seehofer sprach einmal von der Koalition mit dem Volk, die er immer bei allen Themen anstrebe. Jaja, das Volk! Alle Politiker orientieren sich am Volk, sichern sich ab beim Volk.

Vielleicht gibt es bei den Grünen solche Politiker, die dem Ideal sehr nahe kommen. Dort sind die Grenzen zur Religion fließend. Als bei Stuttgart 21 die Gegner in einer Volksabstimmung unterlegen sind, wurde von einem Journalisten eine Frau interviewt, wie sie nun mit dieser demokratischen Entscheidung für den neuen Bahnhof umgehen würde? Und sie antwortete in tiefstem Schwäbisch: »Es geht nicht um Mehrheiten!« Heißt: auf die Demokratie ist geschissen! »Es geht um Mineralwasserquellen, um den Juchtenkäfer und um Bäume.« Das war die Stimme des Schöpfers. Es geht um Lebensgrundlagen, und da kann es keine Mehrheiten dafür oder dagegen geben. Da kann es nur die Vernunft der Schöpfung geben. Wenn nämlich der Herr beim Schöpfungsakt abstimmen hätte lassen, da wäre er heute noch nicht fertig. Wenn

Politik zur Religion wird, hört sich die Demokratie auf.
Da wird es dann schon »a bisserle« extrem!

Der Vollwilly

Es gab vor vielen Jahren in diesem Land tatsächlich Politiker, die für eine Idee, ein Politikkonzept geworben haben. Als ein dafür besonders geeignetes Beispiel könnte man Willy Brandt nennen, der mit seiner Ostpolitik, dem »Wandel durch Annäherung« in Erinnerung geblieben ist.

Willy Brandt versprach, mehr Demokratie wagen zu wollen. Der Schuss ging nach hinten los, weil es am Ende nicht mehr, sondern weniger Demokratie war. Die Regelanfrage beim Verfassungsschutz für Staatsbedienstete führte zum Radikalenerlass. Aber es zählte ja auch damals schon der gute Wille. Und der war gegeben. Willy haben wir damals alle toll gefunden. Nicht alle, es gab auch vornehme Staatsbürger, die ihn nicht mochten, die ihn sogar einen Vaterlandsverräter nannten. Ja, es gab in diesem Land schon immer auch Leute, die eine ganz eigene Sicht auf die Ereignisse hatten. Also, Willy hat die Ostpolitik auf den Weg gebracht. Er hat mit den Kommunisten nicht nur gesprochen, er hat mit ihnen Verträge ausgehandelt. Mit diesem Bahr zusammen, den viele auch für einen Vaterlandsverräter hielten. »Die verkaufen Deutschland!« Das hab ich immer wieder gehört. Aber der Willy hat für seine Politik geworben. Gegen alle Widerstände. Auch auf die Gefahr hin, nicht mehr gewählt zu werden. Er hat es riskiert.

Diesen Typ Politiker, der sich hinstellt und für eine

Politik wirbt, mit Argumenten, den gibt es nicht mehr. Heute ist es umgekehrt. Erfolgreiche Politiker werben nur für sich und fragen den Wähler, was soll ich euch versprechen, damit ihr mich wählt, damit ich an der Macht bleiben kann. Denn sonst kommen die anderen an die Macht. Sie behaupten zwar immer, der Wechsel sei das Normale in der Demokratie, aber nur wenn sie verloren haben. Ansonsten ist der Wechsel nicht erwünscht.

Aber ich will nicht unfair sein: Ein Politiker, der für ein Konzept geworben und es auch umgesetzt hat, fällt mir doch noch ein: Gerhard Schröder, der sich große Verdienste erworben hat ums Vaterland. Daran zweifelt kaum einer. Er hat die Deutschland-AG fit gemacht für den internationalen Wettbewerb, indem er »verkrustete Strukturen in der deutschen Wirtschaft« aufbrach. Er hat die Zusammenlegung der Arbeitslosen mit den Sozialhilfeempfängern erwirkt, seitdem fühlen sich die Sozialhilfeempfänger viel besser. Sie fühlen sich aufgewertet in ihrem Status, weil sie auf Augenhöhe mit den Arbeitslosen Hartz IV beantragen können. Eine großartige Leistung der rot-grünen Regierung unter Gerhard Schröder. Darum gehört Schröder für mich in eine Reihe mit den großen Sozialreformern der Menschheitsgeschichte. Mit Graf Lambsdorff, Graf Solms und dem Grafen von Monte Christo. Und noch einen sollten wir keinesfalls vergessen, Carsten Maschmeyer, den anderen großen Sozialreformer aus Niedersachsen. Aber Schröder überragt sie alle. Neben den größten Erfolgen und Verdiensten Schröders muss man auch auf die Neuordnung der Armut verweisen. Hartz IV ist ein Jahrhundertwerk. Und wie hat es ihm das Volk gedankt? – Zunächst verlor seine SPD eine Landtagswahl nach der anderen und schließlich er selbst die Bundestagswahl – und vorbei war es mit der Ära Schröder.

Für mich steht Schröder auf einer Ebene mit einem anderen großen Menschenfreund: Wladimir Putin. Wie schön, dass die beiden auch noch befreundet sind. Aus Sicht der Armen sind die beiden von ihrem Wirken her unübertroffen. Ihre Erfolge sprechen für sich. Wir können uns glücklich schätzen, in einer Zeit zu leben, in der Männer wie Schröder und Putin Millionen Schicksale bestimmen.

Menschenrechte beim Frühstück

Sagt meine Frau heute beim Zeitunglesen, was meinst, wen des interessiert, dass die Margarete Bause beim Ai Wei Wei war? Ja, hab ich gesagt, die Bause halt, die interessiert das schon sehr, weil sie sooo mutig war und zum Ai Wei Wei gefahren ist. Den Ai Wei Wei? – Ja gut, wahrscheinlich sogar sicherlich, aber... – Der hat die Bause gar nicht gekannt. Sie haben ihm bestimmt gesagt, dass sie auch für die Menschenrechte kämpft in einem Land, das Bayern heißt.

Vielleicht hat sie dem Ai Wei Wei von den unerträglichen Zuständen in Bayern berichtet. Nein, also Herr Ai Wei Wei, ich sag es Ihnen, wir haben Verhältnisse, nein, zum Davonlaufen! Was die Meinungsfreiheit angeht – da mag ich gar nicht anfangen... Und dann dieser Diktator Seehofer!

Der Horst hat sich geärgert, dass sie beim Ai Wei Wei war. Der Seehofer hätte natürlich auch gern ein Foto mit ihm gemacht. Jetzt schaut's so aus, als wär er bloß auf der Chinesischen Mauer umeinandergerannt, der alte Egoist, während sich die Bause in China um die Menschenrechte gekümmert hat, und er, der Horst, vor den Machthabern gekuscht hat, damit er seine bayerische Vertretung in Shenzhen eröffnen kann.

Bin gespannt, was er sich jetzt einfallen lässt. Vielleicht lädt er den Papst nach Bayern ein, damit der eine Rede im Landtag hält, wo er den bayerischen Abgeordneten die Leviten liest. Das wär schon mal nötig. So wie es die Europa-Abgeordneten auch gebraucht haben. Wie hat er denen ins Gewissen reingeredet, unser Franziskus, wie vor ihm noch keiner. Er hat ihnen geraten, dass sie mal den Himmel betrachten sollen und Ideale verfolgen sollen. Egoistische Lebensstile und hemmungslosen Konsum hat er angeprangert, da haben sie geschaut, unsere Europa-Abgeordneten, weil sie ja bisher gar nicht gemerkt haben, was sie für gottlose Gesellen sind. So eine Rede wäre auch für die bayerischen Abgeordneten ein schönes Erlebnis. Und wenn der Papst keine Zeit hat, kommt der Biermann und liest ein hochpolitisches gesellschaftskritisches Gedicht vor. Ich hab gehört, dass er eine Parlamentstournee plant. Aber nur, wenn die Linke drinhockt.

Old School

Wir sitzen also am Küchentisch und frühstücken. Das heißt, ich frühstücke. Na ja, genau genommen nehme ich nur noch geistige Nahrung zu mir und nippe ab und zu an meinem Kaffee, während ich mich über die SZ beuge. Meine Frau hält ihr Smartphone hoch vor ihr Gesicht und streichelt immer wieder darüber. Ich frage mich, womit sie beschäftigt ist. Sie ist voll konzentriert. Sie bemerkt gar nicht, dass ich sie beobachte. Ich habe keine Ahnung, ob ich sie in diesem Zustand ansprechen kann. Vielleicht etwas Wichtiges? Etwas ganz Wichtiges? Irgendein Spiel? Candy Crush? Könnte auch eine morgendliche Konzentrationsübung sein. Oder sie surft durch irgendwelche Wissensgebiete. Vielleicht medizinische Studien? Das wäre plausibel, denn sie ist Medizinerin. Erst kürzlich las sie eine dieser Studien über die Wirksamkeit von dunkler Schokolade mit mindestens 85 % Kakaogehalt auf die menschliche Physis. Schützt vor Arterienverkalkung! Senkt das Herzinfarktrisiko um über 80 %! Seitdem liegt bei uns immer eine Tafel mit hohem Kakaogehalt in der Nähe. Diese Frühstücksstunde ist die lehrreichste Zeit des Tages. Vorhin ist mir ein Hosenknopf geplatzt. Ob hier ein Zusammenhang besteht? Bei Gelegenheit muss ich mal nachfragen, ob es dazu auch neueste Studien gibt.

Ich habe zwar auch ein iPhone, aber ich bin, was das morgendliche Informationsbedürfnis angeht, »very old school«. Das sagt man so. Man sagt nicht zurückgeblieben oder einfach alt, nein, wenn man jemandem höflich beibringen will, dass er nicht mehr ganz auf der Höhe der Zeit ist, nicht mehr »up to date«, dann darf man ihm mitteilen, dass er »old school« ist. Ich bin so was von »old school«! Man könnte fast schon behaupten, dass ich »very old school« bin. So sehr, dass ich, wenn das so weitergeht, bald unter Artenschutz gestellt werde.

Ich lese nämlich noch Zeitung, also die aus Papier. Natürlich immer zuerst den Lokalteil der SZ, damit ich weiß, was in meiner Stadt los ist. Dass wir nun einen dritten Konzertsaal kriegen, steht fest, nur nicht, wo. Erfreulich, oder? Konzertsäle sind wichtig. Die Münchner SPD hat eine neue Vorsitzende. Ob ich das wissen muss, bezweifle ich. Bei Neufahrn querte eine Wildschweinrotte die Autobahn ...

Neben meinen Zeitungen lese ich auch noch Bücher, also richtige Bücher mit vielen Seiten aus Papier zwischen zwei Buchdeckeln. Ich könnte mir vorstellen, dass irgendwann die Zeit kommt, wo man sich lächerlich macht, wenn man Bücher in herkömmlicher Form zur Hand nimmt, um darin zu lesen, statt im E-Reader. Ich habe keinen E-Reader. Wie? Du hast keinen E-Reader?, hat mich jemand neulich mit weit aufgerissenen Augen gefragt. Aber ein Kindle, gell? Ich musste daraufhin zugeben: Nö, hab ich auch nicht. Ich fühlte mich ein bisschen wie ein Aussätziger.

Aber wer weiß, vielleicht bekomme ich demnächst einen geschenkt. Und dann habe ich einen E-Reader und trage immer eine Bibliothek mit über 3000 Büchern mit mir herum. Das muss ein tolles Gefühl sein. Goethe, Schiller, Thomas Mann, immer alles lesebereit. Book to go!

Ich blättere um. Die Zeitung raschelt. Ich habe einen Artikel entdeckt, der mich neugierig macht. Es geht um Sexualkundeunterricht. Sex sells, schießt es mir durch den Kopf. Ich hatte während meiner Schulzeit kaum Sexualkundeunterricht. Ich musste mir alles selber erarbeiten. Zu meiner Zeit setzte man auf die individuelle Erkundungsbereitschaft der Jugend. Der katholische Religionslehrer nahm sich zwar des Themas an, aber, wie soll ich sagen, er war bemüht, es brachte nicht viel, er inspirierte uns auch mehr zu eigenständigem Forschen, anstatt uns wirklich aufzuklären. Er wollte mit uns in die Sauna gehen, um gemeinsam zu schwitzen. Jahre später stellte sich heraus, dass er »in der Jugendarbeit tätig war«, als Präfekt in einem katholischen Seminar. Und er soll liebend gern mit den Buben zum Duschen gegangen sein, um sie auf gewisse Bereiche des adoleszenten Körpers hinzuweisen, die einer, besser gesagt, *seiner* besonderen Aufmerksamkeit bedürften und deshalb besonders intensiv gereinigt werden mussten. Er hatte sich den Ruf eines besonders geschickten Vorhautwäschers erworben, der seine Kenntnisse bereitwillig an die Jugend weitergab. Ihm anvertraute Jungen aus seinem Seminar schwärmen heute noch davon. Solche Erfahrungen blieben mir und vielen anderen katholischen Buben vorenthalten. Wir mussten mit dem damals üblichen Sexualkundeunterricht vorlieb nehmen. Eine im Vergleich dazu matte Angelegenheit.

In Biologie wurde sehr sachlich über Samen- und Eizellen informiert. Es wurde immer sehr still in der Klasse, wenn wir in Sexualkunde unterrichtet wurden. Und irgendwie machte sich das Gefühl breit, dass der Lehrer bei der Vorbereitung auf den Unterricht auch viel Neues erfahren hatte. Was er erzählte, schien für ihn genauso neu und ungewohnt wie für uns. Es war lustig, wie er betont sachlich über Hoden, Penis und Schamlippen sprach. Es wurde gekichert.

Es wundert mich, ehrlich gesagt, nicht, dass ich bei dem Thema der SZ hängen geblieben bin. Vielleicht kann ich noch was lernen? Die Überschrift macht schon mal Lust aufs Weiterlesen: »Was Sie noch nie über Sex wissen wollten«. Eine Anspielung auf Woody Allen.

»Toleranz ist eine Tugend, doch was die Sexualpädagogik Schulkindern zumutet, um ihren Horizont über das traditionelle Familienbild hinaus zu erweitern, nimmt bizarre Züge an.« Steht da. In der Süddeutschen Zeitung!

Bizarre Züge!, wiederhole ich halblaut im nachfragenden Ton.

Meine Frau wird auf mich aufmerksam: Wer hat bizarre Züge?

Ich: Der Sexualkundeunterricht! Sie darauf: Ich dachte schon, du meinst mich!

Ich lese hier gerade einen sehr interessanten Artikel. Es geht um den neuen Sexualkundeunterricht. Ich habe den starken Verdacht, dass ich da einem Vollhorst auf der Spur bin. Ich vertiefe mich in den Sexualkundeartikel. Ich lese, dass Kinder vor der Geschlechtsreife, also im Alter von 10, 11 Jahren »in einer Übung« den »Puff für alle« konzipieren sollen. Ein Bordell in der Großstadt soll modernisiert werden. Das ist die Aufgabenstellung? Haarsträubende Ideen haben diese Leute, denke ich, die den neuen Sexualkundeunterricht entwerfen. Es liest sich wie eine Anleitung zur professionellen Zuhälterei. Vielleicht soll das Berufsbild des Zuhälters oder des Bordellbetreibers endlich aus seinem Schattendasein in die Normalität entlassen werden? Bordellbetreiber haben kein sehr gutes Image, vielleicht haben sie sogar Nachwuchssorgen im Erotikgewerbe? Vielleicht sollen Jugendliche auch ein Praktikum im Puff absolvieren? Für diese fortschrittlichen Pädagogen ist das bestimmt nicht so abwegig, wie ich denke. Solche Gedanken gehen mir durch den Kopf, als ich weiterlese.

»Jugendliche brauchen bei dieser Übung die Ermunterung, Sexualität sehr vielseitig zu denken.« Das ist jetzt gar nicht mal so abwegig. Denke ich. Einerseits. Andererseits, müssen Kinder vor der Geschlechtsreife schon mit diesem Thema in Berührung kommen?

Ein ganz schlimmer Verdacht beschleicht mich. Ich spüre bei mir Widerstände gegen die Vorschläge zum neuen Sexualkundeunterricht. Bin ich rückständig? Eventuell sogar reaktionär? Konservativ? Eben »very old school«? – Was ist bloß los mit mir? Ich war doch immer für die Emanzipation und für den Fortschritt! Habe ich nicht überall und ständig »repressive Mechanismen der Gesellschaft« angeprangert?

Selbstverständlich ist dieser neue Sexualkundeunterricht von Wissenschaftlern, von Professoren entwickelt worden und nicht etwa von Puffbetreibern in der Herbertstraße auf St. Pauli. Von Wissenschaftlern, die politisch auf der richtigen Seite stehen, oder?

Es ist ein Buch auf dem Markt, »Sexualpädagogik der Vielfalt«, im Beltz/Juventa Verlag erschienen, von Elisabeth Tuidier und anderen. Ein Standardwerk! Berichtet der Autor des Artikels. Jetzt aber Vorsicht, Jonas! Denk bloß nicht in die falsche Richtung! Frau Tuidier leitet das Fachgebiet »Soziologie der Diversität« an der Universität Kassel, erfahre ich. Kassel Wilhelmshöhe kenne ich. Das ist da, wo der ICE hält und man sich fragt, warum es nicht weitergeht. An der Universität Kassel denken sie sich diese Übungen für den Sexualkundeunterricht aus, vermutlich damit unsere Kinder sexuell befreit aufwachsen. Wer hätte jemals gedacht, dass sich in Kassel die Avantgarde der sexuellen Befreiung formiert? Darum geht es nämlich, um »sexuelle Befreiung«! Befreiung von was? – Von der Unterdrückung durch Sexualität mit Sexualität? Klingt bescheuert, ist aber so. Wahrscheinlich. Vielleicht geht es auch um einen neuen Menschen, der sexuell vielseitig orientiert ist und nicht etwa nur einseitig heterosexuell? – Ich habe ohnehin seit einiger Zeit immer öfter den Eindruck, dass heterosexuell ausgerichtete Menschen ein bisschen pervers sind. Es ist nicht normal, dass ein Mann und eine Frau zusammen sexuell aktiv sind. Das ist keine befreite Sexualität. Das ist rückständig, reaktionär, »old school«!

Denn in einer »virtuellen Übung« schlagen Frau Tuidier und ihre Fachkollegen vor, sollen die Kinder »Gegenstände für die Parteien eines Mietshauses ersteigern«, die natürlich alle sexuell möglichst vielseitig aktiv werden wollen. Da wohnen also »eine alleinerziehende Mutter, ein schwules Paar, ein lesbisches Paar mit zwei kleinen Kindern, eine betreute Wohngemeinschaft mit Behinderten, zwei Frauen mit Downsyndrom, ein Mann im Rollstuhl und eine Spätaussiedlerin aus Kasachstan«. Wieso Kasachstan? Warum nicht Turkmenistan? Und fehlt da nicht noch jemand? Ist das wirklich das gesamte Spektrum? Ich vermisse eine dunkelhäutige, lesbische Zwergin und einen bisexuellen Albino mit Migrationshintergrund! Schade finde ich auch, dass weder Konvertiten, also evangelische Muslime oder jüdische Buddhisten, noch gleichgeschlechtlich Wiederverheiratete und transsexuell Operierte in diesem virtuellen Haus wohnen. Da schwächelt das Konzept von Frau Tuidier.

Was ich hingegen ganz normal finde und positiv anmerken möchte, ist, dass in diesem Haus keine Familie mit Vater, Mutter und Kindern wohnt. Von der ganzen Logik dieses Denkens aus betrachtet, passen die da einfach nicht rein.

Dekonstruiert euch

Was ist das für ein Denken? Es handelt sich, jetzt mal wissenschaftlich ausgedrückt, um den Ansatz der Dekonstruktion, einer »dekonstruktivistischen« Sexualpädagogik. Das bedarf einer Erklärung. Was ist Dekonstruktion? Ich muss jetzt ein bisschen klugscheißern, gschaftlhubern, wie wir in Bayern sagen, hoffe, mich aber klar auszudrücken. Also: Diese Wissenschaftler, die mit Dekonstruktion die Zusammenhänge in der Welt erhellen wollen, gehen davon aus, dass der Mensch »konstruiert«. Also, die Welt ist ein menschliches Konstrukt. Nichts ist wirklich äh – wirklich! Das, was wir Wirklichkeit nennen, haben wir uns konstruiert und darauf verständigt, dass es sich dabei um die Wirklichkeit handelt. Dahinter steckt die Vermutung, dass in Wirklichkeit die sogenannte Wirklichkeit ganz anders ist, als wir sie uns vorstellen.

Auch das Geschlecht wird von den Anhängern der Dekonstruktion als Konstrukt gesehen. Es gibt also nicht Männer und Frauen, sondern nur konstruierte Männer und Frauen, die mehr oder weniger willkürlich dazu genötigt wurden, als Männer oder Frauen zu leben. Dahinter steckt der Gedanke, dass es ein Geschlecht gar nicht gibt, sondern nur Männer und Frauen, die aus irgendwelchen Gründen in eine Geschlechtsidentität gedrängt wurden. Irgendwelche Repressionen waren am Werk; gesellschaftliche Unterdrückungsmechanismen, die dazu geführt haben, dass es Männer gibt, die glauben, sie seien Männer, und Frauen, die nicht daran zweifeln, Frauen zu sein. Dabei wurden sie der Option, anders sein zu können, beraubt. Und diese heimtückischen Strukturen müssen dekonstruiert werden. Es gibt keine Geschlechter, sondern nur Menschen. Das ist die Botschaft.

Aha. Jetzt haben wir's! Auf diese Erkenntnis muss im Schulunterricht vor der Geschlechtsreife hingearbeitet werden, um zu verhindern, dass es zu früh zu einer festen Geschlechtsidentität kommt. Wenn also ein Mädchen zu Beginn der Pubertät merkt, da wächst ein Busen, und der Bub an sich hinunterschaut und zwischen seinen Beinen einen Penis und Hoden entdeckt, dann soll der Lehrer tröstend eingreifen und die jungen Menschen mit dem Satz beruhigen: Denkt euch nichts, die Natur macht nur Vorschläge!

Identitäten können so, wie sie angenommen werden,

auch gewechselt oder abgelegt werden. Heißt, Hauptsache
Mensch! Wart's ab, heißt das für den Menschen in der
Pubertät. Möglicherweise bist du schwul, oder lesbisch,
oder beides, aber überleg's dir gut, bisexuell ist auch eine
Option, eventuell bist du gaaaanz anders. Nur hetero? Ich
weiß nicht! Überleg dir das gut, ob das auf Dauer wirklich ausreicht. Deshalb diese Übungen im Sexualkundeunterricht. Die Lehrer sollen bewusst mit »Veruneindeu-
tigungen und Verwirrung« arbeiten. Pädagogisch ist das
raffiniert! Jungen sollen von ihren ersten sexuellen Erfahrungen berichten, vom ersten Mal Analverkehr zum Beispiel. Mit elf! Mädchen sollen vom Einführen eines Tam-
pons erzählen. Und dann fragt der Lehrer: »Ist es möglich,
dass deine Heterosexualität von einer neurotischen Angst
Menschen gleichen Geschlechts kommt?« Was sagst du
da, wenn du grade elf Jahre alt bist? Oder: »Ist es möglich,
dass deine Heterosexualität nur eine Phase ist und dass du
diese Phase überwinden wirst?«

Diese Fragen hat mir nie jemand gestellt! Ich überlege,
ob ich mich schuldig fühlen soll, weil ich auf Frauen stehe.
Möglicherweise ist das aber ein Hinweis darauf, dass ich
pervers bin – und der Verdacht, ich könnte homophob
veranlagt sein, ist damit in der Welt. Ich glaube, ich mag
fistfucking nicht. Das könnte aber daran liegen, dass ich
es noch nicht ausprobiert habe. Sex soll Spaß machen.
Propagieren die Vertreter der neuen Sexualkunde. Egal,
in welcher Form. Und unabhängig von Beziehungen. Gelegentlich hört man davon, dass in einer Notaufnahme
ein Mann darum bittet, die Ärzte mögen ihm doch bitte
die Coladose aus dem Dickdarm holen, »auf die er sich
aus Versehen gehockt hat«. Frauen werden mit Colafla-
schen in der Vagina in die ärztliche Notaufnahme gebracht, und auch sie können schwer erklären, wie das pas-

sieren konnte. Sachen gibt's! Und diese Beispiele gehören, wie man von notärztlicher Seite hört, noch zu den eher harmloseren Vorkommnissen.

Um was geht es eigentlich bei dieser Geschichte? Um Vielfalt natürlich. Und um Spaß am Sex. Die Kernfamilie soll »entnaturalisiert« werden, sagt Uwe Sielert. Wer ist das denn? Er ist Sozialpädagoge und wirkt als solcher an der Uni in Kiel. Und der Uwe aus Kiel fordert nicht nur die »Entnaturalisierung der Familie«, sondern auch: »die Heterosexualität und die Generativität« müsse entnaturalisiert werden. Ich frage mich allen Ernstes, wer die Familie naturalisiert hat. Wer hat dieses Verbrechen begangen? Also, wenn ich es richtig verstehe, ist die Natur die eigentliche Verursacherin dieses Gender-Schlamassels. Die Trennung der Geschlechter in Mann und Frau, in samenproduzierende Lebewesen und Eizellen hervorbringende Lebewesen sollte möglichst schnell rückgängig gemacht werden. Der neue Mensch ist weder eine Frau noch ein Mann. Das Einzige, was man sagen kann, er ist unheimlich geil und will Sex, immer wieder Sex! Entnaturalisierten Sex natürlich. Denn dass ein Mann und eine Frau heterosexuell einander zugetan sind, das ist eine Möglichkeit von vielen, eine ungewöhnliche Variante! Eine Laune der Natur, aber deshalb noch lange nicht natürlich. Heterosexuelle Orientierung darf auf keinen Fall als normal angesehen werden. Die Zeugung von Kindern darf nicht länger die Angelegenheit von Mann und Frau sein. Samen und Eizellen sollten frei zugänglich sein. Warum sollte das Zeugen von Nachwuchs auf heterosexuelle Paare beschränkt sein? Der Normalfall ist das nicht. Die Natur braucht dazu nicht Männer und Frauen, sondern nur Samen- und Eizellen. Die Zeugung eines Menschen muss von der Geschlechtsidentität einzelner

Personen getrennt betrachtet werden. Das ist die Forderung, um die es im Kern der ganzen Genderbewegung geht. Entnaturalisierung bedeutet, Familie ist pervers, entspricht nicht der Natur des Menschen. Jetzt hab ich's kapiert!

Es gendert

Ich muss die letzten Sätze laut vor mich hingesprochen haben. Meine Frau hat ihr iPhone sinken lassen und scheint mich schon einige Zeit sorgenvoll beobachtet zu haben.

Geht's dir nicht gut?, fragt sie.

Ich: Rosi, es tut mir leid, dass ich dir das jetzt so unverblümt mitteilen muss, aber ich habe den Eindruck, dass wir beide, als Ehepaar, als Mann und Frau, nicht nur »old school« sind, sondern ziemlich pervers.

Ja, sagt sie. Den Artikel über Gender hab ich schon gelesen. Und ich hab mich im Internet gerade mal über diese Genderideologie schlau gemacht. Und dann liest sie mir vor: Eine Frau Dale O'Leary hat ein Buch geschrieben: The Gender Agenda – und da verkündet sie, was sie vorhaben. Frau O'Leary glaubt, dass es weniger Menschen auf dieser Welt geben sollte und mehr sexuelle Vergnügungen.

Da ist erst mal nichts dagegen zu sagen!, werfe ich ein.

Sie darauf: Wart's ab: »Es braucht die Abschaffung der Unterschiede zwischen Männern und Frauen.«

Ich rufe: Bin ich strikt dagegen! Ich mag gerade die Unterschiede von Männern und Frauen!

Rosi: Sie will auch weniger Kinder und fordert freien

Zugang zu Verhütungsmitteln. Abtreibung für alle!, fordert sie und »Förderung homosexuellen Verhaltens«.

Ich: Dazu bin ich nicht geeignet. Bei mir bringt diese Förderung nichts.

Rosi: Und jetzt wird's unangenehm. Sie fordert die Abschaffung der Elternrechte über ihre Kinder.

Rosi überfliegt jetzt die Gender Agenda und hebt nur das Wichtigste hervor: »Alle, die sich dagegen aussprechen, Religionen, die nicht mitmachen, müssen der Lächerlichkeit preisgegeben werden.«

Ich: Das wird die Muslime freuen!

Damit die Gender-Ideologie zum Mainstream mit totalitärem Anspruch wird, ist sie in »wunderbare Worte wie Gleichheit, Rechte, Familie, reproduktive Gesundheit und Fairness verpackt«, zitiert Rosi aus einem Artikel der FAZ, den sie im Internet gegoogelt hat.

Ich sage, die bringen mich noch so weit, dass ich wieder in die katholische Kirche eintrete.

Rosi: Da fällt mir ein, bei der letzten Bischofssynode wollten die Bischöfe auf die Schwulen zugehen.

Ja, sage ich. Da werden es einige von ihnen gar nicht mal so weit gehabt haben.

Darauf sagt Rosi: Da tust du denen jetzt aber Unrecht. Gender ist, wenn du mich fragst, eindeutig weiblich dominiert. Gender ist eine Domäne des Feminismus geworden. Da haben Männer überhaupt nichts zu suchen. Da gibt's, um auf dein Buch zu kommen, vorwiegend nur Vollhorstinnen. Da wäre es doch jetzt mal richtig gut, wenn die Männer darauf hinweisen würden, dass diese Genderleute ein totalitäres Regime errichten wollen.

Kann ich als Mann nicht! Weil Mann hat Angst davor, als Reaktionär abgestempelt zu werden.

Rosi murmelt undeutlich: Scheiße. Dann wirst du wohl

damit leben müssen, ein Reaktionär zu sein. Sie stellt kühl fest: Der fortschrittliche Zeitgeist wird dich als rückständig stigmatisieren.

Ich bin nicht rückständig. Sage ich ruhig. Ich bin höchstens »old school« und ziemlich stur, wenn es darum geht, meine Meinung zu sagen.

Reaktionär

Es sieht also ganz danach aus, dass ich in Kürze ein Reaktionär sein werde. Angefangen hat es damit, dass ich immer öfter nicht mehr meiner Meinung war. Betrachte ich die geistige Strecke, die ich hinter mir habe, die Weltanschauungen, die ich einmal vor langer Zeit begeistert in mich aufgenommen habe, von denen ich mich inzwischen wieder befreien konnte, die ich aber in der Rückschau immer noch selbstkritisch hinterfragen muss, dann komme ich von ganz weit her, vom äußersten linken Rand. Denke ich daran zurück, bin ich mir selber unheimlich. Schon als Schüler habe ich Ho Chi Minh gehuldigt. Mao gehörte ebenso zu meinen Idolen wie Che Guevara. Eine Zeit lang sah ich sogar aus wie er. Ich war schon so was von links, dass ich selber schon überlegt habe, ob das noch links ist oder schon außerhalb jeglicher Orientierung. Ich war ein Querulant, tröste ich mich manchmal.

Querulant, das trifft meinen Geisteszustand am besten. Ich bin gern dagegen. Ohne eine Begründung dafür zu liefern. In einem ersten Reflex regt sich bei mir immer Ablehnung und Widerstand. Das ist einfach so. Mein Standardsatz als Ausdruck einer ersten Reaktion auf die

Meinung eines anderen war immer: Finde ich erst mal gar nicht gut! Das hat Spaß gemacht. Egal, was war, meine Reaktion war immer gleich: Demokratie als Staatsform? Finde ich erst mal gar nicht gut. Gerechtigkeit? Finde ich erst einmal gar nicht so gut. Freiheit? Find ich erst einmal gar nicht gut! Und so ging das immer weiter.

Mein momentaner Status ist Kabarettist. Und da nicken einige wissend, fragen ganz, ganz schnell nach. Kabarettist? Aha, ein Linker? Oder doch Sozi? Am Ende sogar ein Grüner? Oder doch nur ein erfolgreicher Empörungskünstler? Gelegentlich werde ich interviewt zum Zustand des Kabaretts und der »verändernden« Wirkung, die Kabarettisten gewöhnlich in der Gesellschaft haben. Zeugs, das eigentlich niemanden mehr interessiert, man aber immer wieder gefragt wird. Da sollte man als Kabarettist gelassen antworten. Meistens gelingt es mir ganz gut.

Kabarett war früher immer links, beginnt mein Gesprächspartner das Interview. Toller Einstieg, denke ich. Solche Allgemeinplätze liebe ich. Kabarett, früher, links. Ist das heute auch noch so?, fragt mich ein sehr kritischer Journalist, der behauptet, frei zu sein, weil er für mehrere Zeitungen tätig sei, also frei arbeite. Das frei betont er. Er sei ganz frei.

Und da antworte ich mit einem Satzbaustein, den ich immer im Repertoire habe: »Das Kabarett hat lange Zeit in diesem Land den Eindruck erweckt, es sei eine satirische Verlängerung der deutschen Sozialdemokratie, sozusagen die SPD mit satirischen Mitteln. Ein Kabarettist sollte unabhängig von Parteien agieren können. Wer das satirische Formprinzip auf Parteipolitik verkürzt, beschränkt sich selbst und wirkt immer ein wenig borniert.«

Ich merke an seinem Gesichtsausdruck, dass ihm diese

Antwort nicht gefällt. Dazu kommt, sage ich, dass man heute ja gar nicht mehr so genau sagen kann, was SPD und was CDU ist – die CDU ist ja häufig die bessere SPD. Und Gerechtigkeit haben sie alle im Angebot.

Und dann schleicht sich der Schlauberger an und fragt kritisch: Das macht die Sache gerade für einen Kabarettisten aber ungeheuer schwierig, oder?

Vorsicht, denke ich, er will dich manipulieren, du sollst ihm auf den Leim gehen. Und ich antworte schon wieder querulierend: Überhaupt nicht. Das Stoffangebot ist immens. Der Kabarettist braucht keine Partei, an der er sich reiben kann. Ich brauch' auch keinen Franz Josef Strauß als Feindbild. Die satirische Schreibweise wurde schon im Altertum gepflegt. (Schöner Satzbaustein, oder?) Sokrates, mit seinem Satz »Ich weiß, dass ich nichts weiß«, gehört zu den großen Ironikern des Abendlandes. Oder Diogenes, der in seiner Tonne hockt und Alexander den Großen respektlos auffordert, er möge ihm aus der Sonne gehen: war auch ein großer Kabarettist. Und damals gab es die SPD noch nicht – und die CDU auch nicht, soviel ich weiß. Man müsste heutzutage am Kanzleramt eine Tonne beziehen und denen wie der berühmte Diogenes einen Haufen vor die Tür setzen.

Und der Schlauberger fragt schon wieder hinterfotzig nach. Er will einfach seine Meinung bestätigt haben. Er will nicht wirklich etwas erfahren, er will sich bestätigen lassen, beziehungsweise ich soll bestätigen, was er glaubt. Er möchte von mir den Pilgerstempel. Aber wir befinden uns nicht auf dem Jakobsweg!

Also muss Kabarett nicht links sein?, fragt er mich mit einem ernsten Gesichtsausdruck. Wie in einem Verhör.

Und was antworte ich da, als routinierter Querulant? Genau: Mich interessiert diese parteipolitische Einteilung nach links und nach rechts ehrlich gesagt weniger – und für gutes Kabarett funktioniert sie gleich gar nicht.

Er schaut mich kritisch an. So einfach ist die Welt nicht mehr, dass man sie in links und rechts, in Gut und Böse einteilen kann, schiebe ich nach. Ich finde es amüsant, wie die Parteien versuchen, Profil zu gewinnen, wie sie einander abgrenzen, wo sie sich längst einig sind.

Aber er kann es nicht lassen: Würden Sie sich als Linken bezeichnen?

So eine originelle Frage! Jetzt macht er sich zum Horst. Denke ich.

Parteipolitische Bekenntnisse sind meine Sache nicht, sage ich möglichst sachlich. Und merke mit diebischer Freude, dass er nicht weiß, dass es sich dabei um ein Zitat von Hans Magnus Enzensberger handelt. Ich sag es ihm auch nicht. Danke, Hans Magnus!

Warum diese Linken bloß immer glauben, jeder müsste mit ihnen bei jeder sich bietenden Gelegenheit in den gleichen Laufstall steigen. Und jetzt wird er fast zudringlich, er will eine Antwort, die zu seinem Denken passt.

Waren Sie es früher? Und ich soll jetzt Ja sagen. Könnte ich auch. Will aber nicht und sage: Früher war ich alles Mögliche. Auch links. Sicher war ich früher für manche Linke zu wenig links und für andere zu konservativ, weil nicht links genug. Ein Lehrer meinte mal, ich sei ein langhaariger Querulant. Das mit den Haaren hat sich von selbst erledigt. Als Student war ich Marxist, werfe ich ihm hin und lache höhnisch. Dummerweise war ich auch einmal Maoist. Hat aber Gott sei Dank nicht lange angehalten. Danach war ich eine Zeit lang Revisionist. Das war auch nicht leicht. Und irgendwann hab ich gemerkt, dass ich Kabarettist bin, und ab da ging's mir besser. Und in letzter Zeit werde ich immer wieder gefragt, ob ich links bin. Ich sage gern, was ich denke, was oft ein Nachteil ist. Ich suche meinen Nachteil. So ist das mit der Meinungsfreiheit. Ich fühle mich den Werten verpflichtet, die im Grundgesetz formuliert sind. Sie können mich also einen Verfassungspatrioten nennen, wenn es Ihnen weiterhilft. Früher hätte ich so eine Antwort als konservativ identifiziert.

Ich frage mich, wie ich reagieren werde, wenn mich zum ersten Mal einer oder eine als Reaktionär beschimpft. Ich weiß nicht, ob ich nicht automatisch in den Niederbayernmodus umschalte und ihn oder sie frage, ob ihm beziehungsweise ihr vielleicht was nicht passt?

Keiner will reaktionär sein. »Reaktionär«, wie das schon klingt! Widerlich! Das ist das Letzte! Das sind Leute, die rückwärtsgewandt und rückschrittlich denken. Diese Menschen können die Zeichen der Zeit nicht erkennen. Reaktionäre wollen am Althergebrachten festhalten. Mit denen will keiner was zu tun haben. Die Zeichen der Zeit? Was sind denn die Zeichen der Zeit? Laubbläser, E-Books, alleinerziehende Mütter, social freezing, also tiefgefrorene Samen- und Eizellen, sie müssen richtig gedeutet werden, die Zeichen der Zeit.

Reaktionäre können einfach nicht mit der Zeit gehen und klammern sich fest am Überkommenen. Und wissen Sie, was vollkommen überkommen ist? Die Familie!

Die Familie ist nicht mehr zeitgemäß. Neue Formen des Zusammenlebens bestimmen die Gesellschaft. Familie im klassischen Sinn, also mit Vater, Mutter und Kindern, is over. Diese traditionelle Form der Familie ist komplett überholt. Das wird immer klarer. Dieses Familienmodell basiert auf der Diktatur der Heterosexualität. Sie haben richtig gelesen, es herrscht eine Hetero-Diktatur, unter der alle zu leiden haben. Auch die angeblich Heterosexuellen. Ich bin übrigens auch hetero. Ich oute mich jetzt mal. Ich stehe auf Frauen. Das habe ich mit Lesben gemeinsam.

Neulich war ich auf einer Geburtstagsparty in Amsterdam. Ein Freund feierte seinen sechzigsten Geburtstag. Dort kam ich mit einer Professorin ins Gespräch, und die hat mir sehr eindringlich klargemacht, und das Erstaunliche war, sie kam fast ohne Argumente aus, dass die Heterosexuellen alle anderen Sexualitäten dominieren. Nur weil sie in der Mehrheit sind und immer so tun, als wären sie in der Konstellation Mann/Frau allein für die Fortpflanzung zuständig. Dabei wäre es heute durchaus möglich, dass sich auch zwei Männer oder zwei Frauen fortpflanzen könnten. Mein Einwand, sie bräuchten dazu einen Partner von der jeweils entgegengeschlechtlichen Seite, wurde höhnisch belächelt. Samen- und Eizellen seien heutzutage unabhängig vom Spender verfügbar. Das heterosexuelle Zeugungsmonopol sei gefallen. Diese Festung sei gestürmt. Ich sollte mal darüber nachdenken, ob ich weiter an dieser heterosexuellen Repression festhalten wolle.

Seit dieser Party fühle ich mich nicht mehr so sicher in meiner heterosexuellen Disposition. Ich stehe immer noch auf Frauen, ja, aber bisher war mir nicht klar, welches Leid ich damit über die Menschheit bringe.

Wie konnte es passieren, dass diese heterosexuelle Diktatur so lange Zeit mehr oder weniger verborgen blieb? Haben immer alle nur weggeschaut? Wie lange gibt es auf diesem Planeten vernunftbegabte Primaten, Hominiden, also Menschen? Forscher vermuten: seit 65 Millionen Jahren. So lange ist dieser Heterowahn keinem aufgefallen. Das ist ein Skandal.

Ich vermute, dass ich durch die Hetero-Diktatur so verblendet bin, dass ich nichts mehr verstehe. Ich bin das

Opfer, das nicht merkt, wie schlimm es zugerichtet wurde und sich auch noch wohl dabei fühlt.

Ich wünsche mir eine Gehirnwäsche, die mich von meinen geistigen Eintrübungen befreit, von meiner durch die repressive Hetero-Gesellschaft aufoktroyierten Sicht, es sei ganz normal, sich als Mann oder Frau zu fühlen, damit ich endlich aufgeklärt und emanzipiert als neuer Mensch ohne geschlechtliche Identität durchs Leben gehen kann.

Normalität gibt es nicht! Weil die Natur nicht normal ist! Woher nimmt die Natur das Recht, zwei Geschlechter zu bestimmen? Es ist eine Unverschämtheit der Natur! Dagegen müssen wir uns wehren.

Jetzt hab ich es kapiert! Aber ich kann es nicht glauben.

Darum bin ich reaktionär. Zumal die Bewegung auf dem Vormarsch ist. In den öffentlichen Institutionen, an den Hochschulen und selbstverständlich auch in der EU-Kommission. Es gendert inzwischen flächendeckend. Es gibt für mich überall eine Gelegenheit, als Reaktionär erkannt zu werden.

Als wir einst durch die Savanne gelaufen sind in kleinen Gruppen, hatten wir vermutlich andere Probleme zu lösen, als darüber nachzudenken, ob das Geschlecht eine zufällige, aber ziemlich »gewaltsame Zuschreibung« der Gesellschaft ist. So ändern sich die Zeiten.

Und weil ich nun schon mal dabei bin, kann ich jetzt auch gleich noch weitermachen mit meinen reaktionären Ansichten. Da geht das in einem Aufwasch. Natürlich muss man konsequenterweise möglichst früh in die kindliche Erziehung eingreifen, um Fehlentwicklungen auf dem Weg zum neuen Gender-Menschen von Anfang an zu vermeiden. Deshalb möchten die Gendertheoretiker schon in der frühkindlichen Phase ansetzen und Zugriff auf das Kind haben. Schule ist vielleicht schon zu spät. Da könnte es ja schon im Kindergarten zu unerwünschten Dispositionen gekommen sein. Besser Krabbelgruppe! Gleich nach der Geburt! Noch besser. Oder schon im Uterus! Das wäre das Optimale. Aber so weit sind wir noch nicht.

Wir wissen, dass die frühen Hominiden-Gesellschaften total reaktionär eingestellt waren, bezüglich Aufzucht und Kindererziehung. Die Neugeborenen blieben bei der Mutter und in der Familie, um dort die frühkindlichen Phasen zu durchleben. Die ersten Menschen hatten ja von der symbiotischen Phase keine Ahnung. Da wurde einfach nicht darauf geachtet. In dieser symbiotischen Phase erlebt sich das Kind noch nicht als eigenständiger, von der Mutter losgelöster Mensch. Vielmehr erlebt sich das neugeborene Baby nach wie vor als eins mit der Mutter. Es kann noch nicht unterscheiden zwischen sich und der Mutter. Es glaubt, sich in einer Einheit zu befinden. Und deshalb müssen die ersten Trennungserfahrungen möglichst früh gemacht werden. Die Trennung als existentielle Grunderfahrung kann nicht früh genug eingeübt werden. Trennungen wird der Mensch ein Leben lang erfahren und deshalb ist eine frühe Trennungserfahrung so wichtig.

Außerdem weiß man heute, wenn Kinder in den prägenden Phasen der ersten drei Lebensjahre bei den Eltern verbleiben, dass die Eltern dann den größten Einfluss auf sie ausüben und die elterlichen Prägungen auf das Kind übergehen. Es kommen auf diese Weise die gleichen Deppen raus wie die Alten. Das will man vermeiden. Deshalb ist eine frühe Trennung nur von Vorteil.

Das Kind sollte von Anfang an in professionelle Erziehungshände gelangen.

Das Kind ist heute wissenschaftlich ausgeforscht und

niemand kann von Eltern verlangen, dass sie dauernd die letzten Erkenntnisse der Erziehungswissenschaften beherzigen, um sie bei ihrem Nachwuchs anzuwenden. Wie soll das gehen? Die Eltern haben doch gar keine Zeit dazu. Zumal ja beide Eltern sowohl in der Wirtschaft wie auch staatlicherseits gebraucht werden. Nur, wenn beide Eltern in den Arbeitsprozess integriert sind, kommt das dringend benötigte Geld in die sozialstaatlichen Kassen.

Vorbild für eine gute Erziehung war die Wochenkrippe im real existierenden Sozialismus. Dort konnten die Eltern guten Gewissens ihre Kinder abgeben, weil sie sicher sein konnten, dass dort alles dafür getan wurde, dass junge, gute sozialistische Menschen heranwachsen. Die Eltern konnten das Kind am Montagmorgen abgeben und wenn sie am Freitag aus irgendeinem Grunde keine Zeit hatten, den kleinen Racker abzuholen, haben sie ihn übers Wochenende dagelassen und erst übernächste Woche abgeholt, weil sie wussten, dass er gut aufgehoben ist bei den sozialistischen Erziehern. Leider wurde diese gute Einrichtung der DDR nach der Vereinigung nicht übernommen. Dennoch wurden mit der flächendeckenden Versorgung des Landes mit Kinderkrippen richtige Wege eingeschlagen. Hoffentlich werden dann auch die passenden Gendererzieher angestellt und nicht irgendwelche rückständigen, reaktionären Kindergartenbetreuerinnen.

Aber man sollte auch amerikanische Studien zur Kleinkindentwicklung im Auge behalten. In den USA hat man die Krabbelgruppen untersucht. Eine Langzeitstudie hat ergeben, dass bereits Krabbler um die Gunst der ersten Beziehungsperson buhlen, also um die Zuwendung der Tagesmutter konkurrieren. Dabei hat man bei den Kleinen erste Burn-outs feststellen können. Das ist erfreulich. Mit der Burn-out-Erfahrung kann man nicht früh genug beginnen. Denn im späteren Leben kommt diese Erfahrung immer wieder auf den Erfolgsmenschen zu.

Trennung und Burn-out sind die beiden wichtigsten Erlebnisse, die Kinder möglichst früh erleben sollten, um eine gewisse Routine zu entwickeln. Wenn dazu dem Kleinkind noch eine optimale Genderorientierung gegeben wird, kann eigentlich im Leben nichts mehr schiefgehen. Außer die Eltern wehren sich dagegen, weil sie aus irgendwelchen Gründen reaktionär eingestellt sind. Doch warum sollten sie das tun. Eltern wollen immer nur das Beste, oder?

Der Psychologe Hans-Joachim Maaz wurde in der SZ interviewt. In dem Gespräch sprach er sich gegen die Verkrippung der Kleinkinder während der prägenden Phasen aus. Prompt fragte die Journalistin, ob diese Haltung nicht reaktionär sei. Und Maaz antwortete: Wie kann die Sorge um das Kind reaktionär sein? – Eine gute Frage. Wenn man die Kleinkinder fragen könnte, wie würden sie ihre Verkrippung beurteilen?

Reaktionär ist eine politische Vokabel, die immer abwertend gebraucht wird, ein Wort, mit dem gesellschaftliche Zustände als nicht mehr zeitgemäß beurteilt werden, von klugen Leuten, die wissen, wo's lang geht, weil sie in einer Partei politisch engagiert sind und die oft selber kinderlos geblieben sind. Das ist jetzt vermutlich von mir ganz, ganz, ganz polemisch, einfach so hingeschrieben, es entspricht aber meiner Erfahrung. Kleinkinder wissen normalerweise nicht, wo's langgeht. Das liegt daran, dass sie ohne Parteibuch auf die Welt kommen und keine Ahnung haben, was für sie das Richtige ist, und schon gar nicht wissen, was zeitgemäß ist. Die wollen eigentlich nur gefüttert und gestreichelt werden. Auch meine ganz persönliche Erfahrung mit unseren Kindern.

Es gibt aber entwicklungspsychologische Erkenntnisse, die in der parteipolitischen Debatte keine Rolle spielen dürfen, weil sie stören. Die Entwicklungspsychologen sagen, dass durch Störungen in der frühkindlichen Entwicklung, in der für das Grundvertrauen entscheidenden Phase, der »Mutter-Kind-Symbiose«, die Bindungsfähigkeit des Menschen Schaden nimmt.

So ein Satz klingt reaktionär, was? Hab ich mich zum Horst gemacht?

Mich würde interessieren, ob es einen Zusammenhang gibt von sozialistischer Wochenkrippenversorgung und rechtsradikalen Neonazis auf dem Gebiet der ehemaligen DDR? Kann das mal einer erforschen?

Schlaflos in Haidhausen

Es ist mitten in der Nacht. Da bin ich sicher. Ich will gar nicht auf die Uhr schauen. Hab höchstens drei Stunden geschlafen. Höchstens! Immerhin. Ich muss sofort weiterschlafen, sonst ist der morgige Tag auch dahin.

Habe gestern Geburtstag gehabt. Komischer Tag. Je älter ich werde, desto komischer wird die Sache. Der Zahn der Zeit nagt unaufhaltsam. Ich ertappe mich beim Lesen von Todesanzeigen. Und seit Tagen suche ich nach einer CD von *The Who*. My Generation, die am 3. Dezember 1965 erschien, an meinem 13. Geburtstag. »I hope I will die, before I get old, talkin' 'bout my generation.« Den idealen Termin dazu hab ich wohl verpasst. Oder auch nicht, je nachdem wie man es nimmt. Ich fühl mich nämlich noch ungeheuer jung. Man ist nämlich immer nur so alt, wie man sich fühlt. Diese Sätze werden nicht besser, je öfter man sie gesagt kriegt. Ich muss an solchen Tagen »aus gegebenem Anlass« immer viel trinken. Die Gefahr der Austrocknung ist im Alter hoch. Sekt, Wein, Bier und dummerweise zum Abschluss auch noch ein Schnäpschen. Zur Verdauung. Ist natürlich vollkommener Quatsch. Schnaps hilft überhaupt nicht beim Verdauen, aber »zum Abschluss«, nach dem guten Essen … ach was soll's, ich habe es ganz einfach übertrieben. Zu viel gegessen und zu viel Alkohol in mich hineingeschüttet. Ich werde einfach nicht klüger. Das viele Essen ist wahrscheinlich auch der Grund, warum ich nicht schlafen kann. Die Leber an Salbei! Die Dorade vom Grill! Die Zuppa Romana. Und was war noch mal die Vorspeise? Thunfisch! Soll man gar nicht essen, weil der ja am Aussterben ist. Aber der auf meinem Teller war schon tot. Außerdem habe ich mir vorgenommen, ihn so lange zu verzehren, bis er ausgestorben ist. Danach ist es nämlich zu spät. Politisch ist das sicher nicht korrekt. Aber seitdem ich ins Greisenalter (ja, bei den alten Römern begann mit dem Überschreiten der Sechzig der senex, der Greis) eingetreten bin, nimmt die Freude an solchen Äußerungen zu.

Iste nur ganze kleine Portion!, hat Franko gesagt und gelacht. Von wegen. Der Teller war voll. Drei Stück Thunfisch, Rucola-Salat, Avocado … Es mundete ganz ausgezeichnet. Danach war ich satt. Es war nur der Anfang. Der nächste Gang war »auch ganze kleine Portion« und dann kamen noch zwei Gänge »mit ganze kleine Portione«. Aber an so einem Tag, meinem Geburtstag, muss man auch leiden können. Der freie Wille zählt nicht. Man kann sich nicht verweigern. Nee, da muss man essen, was auf den Tisch kommt. Es sind »eh nur ganze kleine Portione«. Etwas abzulehnen, wäre extrem unhöflich. Wo er sich doch so viel Mühe gegeben hat, der Franko. War wirklich alles ganz hervorragend. Nur zu viel.

Stell dich nicht so an, sage ich mir, du bist müde, also schlaf! Aber ich schlafe nicht. Warum eigentlich nicht? Es ist stockfinster, es ist Schlafenszeit, also was ist los? Irgendjemand, vermute ich, im limbischen System, da, wo die Gefühle hergestellt werden, hat etwas dagegen. Der Mensch ist nicht frei. Sicher sind meine Hormone schuld. Immer sind die Hormone ausschlaggebend für die Stimmung. In meinem Alter ist das kein Wunder. Mit 62 muss man mit hormonellen Schwankungen rechnen. Solche Gedanken quälen mich, als ich wach liege und in die Dunkelheit hineinlausche.

In meiner Geburtstagspost fand ich ein Glückwunschschreiben der Sparkasse Bodenwerder. Ich hatte dort mal einen Auftritt anlässlich der Verleihung des Münchhausenpreises an mich, und nun gratuliert mir der Vorsitzende der Sparkasse Thomas Greiff an meinem 62. Geburtstag zu meinem 64. Geburtstag. Wahrscheinlich hat er mit Zinsen gerechnet.

Ein Witz! Banker sind immer witzig. Zinsgespräche, es gibt zurzeit nichts, was noch komischer ist. Obwohl: Thomas Middelhoff? Sitzt der immer noch in U-Haft? Auch sehr komisch. Aber ist ein anderes Thema.

Ich stöbere anlässlich solcher Tage gelegentlich bei Schriftstellern rum, ob ihnen etwas Weises zum Thema eingefallen ist, zum Alter und zum Älterwerden Kollege Mark Twain meinte, dass in jedem alten Mann ein kleiner Junge stecke, der sich frage, wie das alles habe geschehen können. Ich weiß es gerade auch nicht. Und ich habe auch keine Lust, darüber nachzudenken, denn ich muss schlafen. Verdammt noch mal! Ob diese Wachphasen vielleicht doch mit dem zunehmenden Alter zusammenhängen? Ist es nicht so, dass der ältere Mensch nicht mehr so viel Schlaf braucht? Oder verhält es sich genau umgekehrt? Was nützt mir eine Erklärung. Tatsache ist, dass ich nun schon ziemlich lange wach liege, Zeit, die mir an Schlaf fehlen wird. Ich sage mir, dein Körper weiß genau, was ihm guttut. Und nun hat er sich entschieden, im Wachmodus aktiv zu sein. Leider zu nachtschlafender Zeit. In meinem Bewusstsein herrscht der Gedanke vor, ich sollte schlafen. Gut, das ist das eine, aber der Körper hält nichts davon. So schaut's aus. Hat auch Vorteile, nicht zu schlafen, beruhige ich mich. Ich habe jetzt Gelegenheit, in aller Ruhe nachzudenken, warum ich nicht schlafe. Wenn ich nun schliefe, dann träumte ich vielleicht schlecht, hätte einen Angsttraum, in dem ich ungelöste Konflikte aufarbeitete. (Aufarbeiten müsste!) Gut so, hab ich wenigstens keinen Alptraum. Habe ich denn ungelöste Konflikte, die ich verdränge? Wenn mir jetzt welche einfallen, kann ich überhaupt nicht mehr schlafen, oder aber ich falle sofort in den Tiefschlaf, um daran zu arbeiten. Traumarbeit ist immens wichtig. Aber ich Schwachkopf muss ja wach liegen, anstatt im Traum zu arbeiten!

Ahhh, denke ich, Vermeidungsstrategie! Ich will nicht schlafen, um nicht träumen zu müssen. Ich hänge an meinen ungelösten Konflikten! So wird es sein.

Ich werde älter, indem ich jeden Tag etwas lerne. Sagt Solon, der alte Grieche, vor über fünfhundert Jahren. Vielleicht konnte der auch nicht schlafen und dann sind ihm solche Weisheiten eingefallen. So gesehen, kann ich noch nicht sehr alt sein.

Ich hätte mehr Rotwein trinken sollen. Der Brunello war noch halb voll. Schade um den guten Brunello. An diese späte Erkenntnis erinnere ich mich noch und dann muss ich tatsächlich wieder eingeschlafen sein.

Ein tiefer traumloser Schlaf befiel mich, der mindestens bis 7 Uhr anhielt. Ein mir bekanntes, sehr unangenehmes Geräusch weckte mich. Es war ein Motor, der ansprang und seinen Sound entfaltete. Zunächst wehrte ich mich, so gut ich konnte, gegen die Wahrnehmung dieses schlafstörenden Krachs, bis ich mich ergab und anfing, über die Einordnung dieser Geräuschkulisse nachzudenken. Zunächst zweifelte ich, ob es sich tatsächlich um dieses Gerät handelte, dessen Existenz ich als irrsinnig unvernünftig einstufe, seitdem ich zum ersten Mal damit konfrontiert wurde. Und dann, nachdem ich mich einige Zeit darauf konzentriert hatte, war ich sicher, dass es diese Höllenmaschine sein musste, die mich immer wieder aus der Haut fahren lässt, wenn sie bei uns im Hof eingesetzt wird. Ein Laubbläser! Es konnte nur dieser Dreckslaubbläser sein, den unser Hausmeister, der liebe freundliche Yilmaz, nicht nur im Herbst, sondern immer öfter zu allen Jahreszeiten bei geringstem Blätterbefall des Hofs anwirft, um das Laub entsprechend zusammenzublasen. Ich halte diesen bei allen Hausmeistern der Welt beliebten Laubbläser für ein Gerät, das sofort verboten werden muss, weil es nur schädigend wirkt. Eine EU-Richtlinie, eine Laubblasrichtlinie ist überfällig! Ich habe mit Yilmaz darüber schon einmal gesprochen. Er behauptet, der Laubbläser spare Zeit. Mit einem Rechen dem Laub Herr zu werden oder es unter Zuhilfenahme eines Besens zusammenzukehren, sei vielleicht für mich vom Lärm her betrachtet leichter zu ertragen, aber für ihn als Hausmeister wäre der Laubbläser einfach eine große Erleichterung. Ein Segen! Wäre Yilmaz nicht so freundlich, wären wir darüber in Streit geraten – nur zu Handgreiflichkeiten wäre es nicht gekommen, denn Yilmaz ist Kickboxer.

Er dreht immer wieder am Gas. Da hat heut aber einer

Freude am Laubblasen. Vielleicht wird er von überschie-
ßendem Testosteron beherrscht und muss deshalb immer
wieder am Gas drehen? Beim Anblick des riesigen Roh-
res, durch das der Wind auf Laub gepustet wird, können
schon phallische Gedanken aufkommen. Yilmaz kann es
eigentlich nicht sein, denn wir haben uns darauf geeinigt,
dass er nie vor 10.00 Uhr damit beginnt. Vielleicht ist es
einer seiner Mitarbeiter, der nichts weiß von unserer Ver-
einbarung. Eine Vertretung! Denn er hält sich an bin-
dende Absprachen.

Jetzt bin ich hellwach. Ich muss meine Aggressionen im
Zaum halten. Am liebsten würde ich aus dem Bett springen, das Fenster aufreißen und runterbrüllen, ob dieser
Terror wirklich sein muss. Laubbläser! Oh, wie ich sie
hasse! Welcher Depp hat dieses Unding erfunden? Wer
einmal die Wolke beobachten konnte, die ein Laubbläser
aufwirbelt, mit all den kleinen Tierchen darin, den Insekten, den Hundekotpartikeln, angereichert mit trockenem
Harnstaub verschiedenster Lebewesen, den Viren und
Bakterien, der kann nur das Verbot dieser Maschinen fordern. Es ist ein dummes Gerät. Die Beamten, die den
Laubblattbläser genehmigt haben, gehören alle in den
Wind des lautesten und PS-stärksten Blattbläsers gestellt,
bis sie um Gnade flehen. Solch niedere Gedanken gehen
mir durch den Kopf, in der Hoffnung der Lärm im Hof
möge möglichst bald beendet sein. Aber es geht immer
weiter. Wenn er Gas gibt, weil er mehr Wind braucht, stei-
gert sich der quälende Krach noch. Unglaublich, dass so
was erlaubt ist! Der Rechtsstaat hat versagt!

So liege ich eine Weile in meinen Aggressionen. Wie
soll bei diesem Lärm einer schlafen?

Ich habe einmal einen Schlafforscher getroffen. Ich saß
mit ihm in irgendeiner Talkshow. Und er wusste über den

Schlaf einfach alles. Unter anderem auch, dass wir pro Nacht immer wieder bis zu vierzig Mal wach werden, es aber nicht mitkriegen. Dummerweise funktioniert das bei mir gerade nicht. Ich krieg im Moment alles mit. Der ideale Schlaf findet im Wachzustand statt. So muss es sein. Es gibt Schlafprofis, die das perfektioniert haben. Ich konnte das auch während meiner Schulzeit. Aber das ist eine der Fähigkeiten, die ich leider wieder verlernt habe. Ich erinnere mich aber an die Technik. Es war so, dass ich in einem Unterricht saß, der Lehrer erzählte uns was, zum Beispiel von der Französischen Revolution, vom »Terreur« der Jakobiner, und ich träumte irgendwas Schönes, lag auf einer Blumenwiese, im Arm ein Blumenmädchen ... War ganz woanders mit meinen Gedanken, bei »love and peace« – das Einzige, was mich in die Wirklichkeit zurückbeamte, war die Schulglocke am Ende der Stunde.

Es gibt Menschen, die können schlafstörende Geräusche in ihre Träume einbauen, so dass sie davon gar nicht mehr aufwachen. Davon träume ich gerade.

Und nun bin ich dabei, mir einen Traum zu konzipieren, in dem der Laubblattbläser so integriert werden kann, dass ich ohne ihn gar nicht schlafen kann. Damit bin ich seit ungefähr zwei Stunden beschäftigt. Ich denke an einen Traum, der mich dermaßen gefangen hält, irgendwas Spannendes, ein Traum, in dem ich verfolgt werde, vom Teufel vielleicht, vom Ramelow oder vom Gauck, der mir ins Gewissen reden will, und laufe weg, immer weiter, so wie beim Tatort, ich renne, komme aber kaum vom Fleck, der Gauck kommt immer näher, und dann höre ich einen Laubbläser und bin gerettet. Nur wie kann ich sicher sein, dass der Traum, den ich mir gerade ausdenke, auch wirklich stattfindet, nachdem ich eingeschlafen bin? Es wäre ja denkbar, dass dann aus irgendwelchen Gründen ein ganz anderer Traum abläuft, in dem der Laubblattbläser gar nicht vorkommt. Das fände ich dann schon tragisch.

Es müsste ein starker Traum sein, mit Horrorsequenzen, weil ich nur, wenn eine besondere Intensität gegeben ist, sicher sein kann, den Laubbläser nicht zu hören. Deshalb habe ich mir einen Alptraum zurechtgelegt. Ich bin auf einen gynäkologischen Stuhl gefesselt, der in einer Folterkammer der Universität Kassel steht. Frau Professor Elisabeth Tuidier vom Gender-Studies-Lehrstuhl bläst mir – nee, blasen geht nicht – also, sie zwingt mir ihre Gender-Theorie auf. Und weil ich nicht bereit bin, dieses Genderzeug als »wissenschaftlich gesichert« anzunehmen, muss ich zur Strafe tausendmal laut sagen: Das Geschlecht ist ein Konstrukt. Nachdem ich das immer wieder wiederholt habe, bricht Frau Tuidier in Tränen aus und gesteht mir, sie habe soeben feststellen müssen, dass sie ein Mann sei, wo sie immer dachte, sie sei eine Frau. Große Tragik! Sie komme um eine Operation nicht mehr herum.

Da geht die Tür auf und reinkommt Yilmaz. Er sagt, er sei Kickboxer, würde aber lieber ein Baum sein, der bei uns im Hof steht. Da lächelt Frau Tuidier, sie habe sich gerade entschieden, ein männliches Eichhörnchen zu sein, aber das Geschlecht sei völlig belanglos. Doch Kinder möchte sie schon und bei Yilmaz auf dem Baum wohnen, der ja inzwischen ein Buchsbaum ist. Auf ihm sitzen viele Wichtel, die gerade Besuch haben von einem Schaf, das mit seinem Lebensgefährten Bernhard Fricke zum Kaffee im Buchsbaum Yilmaz sitzt, der gerade ein paar Blätter fallen lässt. Romantik pur. Ein Specht hackt sich vor Lachen ein Loch in den Baum.

Sigmar Gabriel steht am Hoftor und unterhält sich mit Andreas Rebers, der auf dem Akkordeon eine Integrationspolka spielt. Gabriel schaut ein bisschen dick drein und verspricht Andreas irgendwas, weil er halt so gerne etwas verspricht. Andreas schlägt vor, dass die Laubbläser statt des Motorengeräuschs beim Laubblasen »Völker hört die Signale« intonieren sollen. Das müsste doch technisch inzwischen machbar sein, dass man ein Geräusch umwandelt in Melodie. Gabriel nickt und verspricht, sich darum zu kümmern. So ist er, ein Kümmerer. Danach sprechen sie über ihren ersten Analverkehr. Der Papst ist auch im Hof und sitzt mit deutschen Bischöfen am Sandkasten, wo sie Kinder beim Spielen beobachten.

Plötzlich ertönt »Brown Eyed Girl« von Van Morrisson. Die Musik kommt von Rosis Smartphone. Sie muss um sieben aufstehen und hat diese Nummer als ihre Weckmelodie gewählt. Ich wache auf. Und lausche. Ich höre nichts außer »Brown Eyed Girl«.

Nachdem Rosi die Melodie gestoppt hat, herrscht komplette Stille. In der Wohnung, im Haus, im Hof. Stiller geht's nicht. Das muss das Grundrauschen des Seins sein.

Den Laubbläser muss ich wohl geträumt haben. Was ich allerdings hören kann, ist das Fallen der Blätter, die im Hof von den Bäumen segeln. Es geht kein Wind. Sie fallen lautlos zu Boden und ich kann ihnen dabei zuhören. Vielleicht sollte ich aufstehen, um am »Vollhorst« weiterzuschreiben.

Verträgliche Haltung

Ich wollte mich mit der Krise beschäftigen, einem Zustand, der nach altgriechischer Denkweise einen Wendepunkt darstellt. Entweder es geht aufwärts oder endgültig und final runter. Kann man das so sagen? Man kann.

Eine Krise hat jeder schon mal gehabt. Borussia Dortmund befindet sich momentan in einer (Herbst 2014/ Platz 18). Ja, in einer sehr kritischen Krise! Bayern München eher nicht. Obwohl auch an der Säbener Straße die Krise schnell mal reinschauen kann. Die FDP steckt auch in einer. Sieht aber so aus, als hätten die Liberalen den Wendepunkt noch nicht gefunden. Europa? Der Euro? Können wir tatsächlich von einer Eurokrise sprechen? Da kommt es darauf an, wen man antworten lässt.

Die Griechenlandkrise ist wieder aufgeflammt. Das Mutterland der Demokratie hat gewählt. Anders, als wir es uns gewünscht hätten. Das Wahlvolk ist launisch. Kann ich verstehen, sie haben ja viele Jahre lang diese Gauner gewählt, die sie in die Krise geführt haben. Bei der letzten Wahl haben sie sich für unheimlich seriöse Politiker entschieden, von denen einer sogar die Gebärdensprache beherrscht. Und Herr Tsipras, der jetzt das Mutterland der Demokratie regiert, droht uns, der EU, die Schuldenzahlungen, zu verweigern.

Wieso uns? Bin ich die EU? Mir kann er nicht drohen. Bei mir haben die Griechen keine Schulden, ich habe ihnen auch keine Kredite gewährt. Ich würde den Griechen nie Geld leihen, wenn ich vorher schon wüsste, dass sie es nicht zurückzahlen können. Ich finde so etwas unfair. Banker haben da weniger Skrupel. Vor allem die Franzosen hängen schwer mit drin. Wenn die Griechen nicht mehr zahlen, dann… müssen eben andere zahlen. Dafür haben wir ja diese Rettungsschirme. Feine Sache!

Gabriel, Schäuble und Merkel warnen die Griechen. Sie sollen sich an die Verträge halten. Freie Wahlen hin oder her. Andernfalls stellen wir die Hilfe ein. Und dann ist aber wirklich Krise angesagt, oder? Nee, auch nicht so schlimm. Die Griechen können wir gern aus dem Euro

entlassen, sollen sie doch wieder ihre Drachme haben.
Sagen die Experten. Auf einmal! Ist noch gar nicht so
lange her, da hieß es, der Austritt Griechenlands geht gar
nicht, müssen drin bleiben, alternativlos. Sonst Krise!

Nichts Neues! Vis-à-vis, das griechische Lokal hat noch
geschlossen. Niko öffnet aber das Kalami sicher heute
Abend. Wir reden wieder miteinander. Eine Zeit lang
haben wir uns nur noch gegrüßt. In der Fernsehsendung
»Die Klugscheißer« haben wir uns über die Griechen
lustig gemacht, über Korruption, die Käuflichkeit griechischer Beamter, über das Steuersystem, über die Ver-
logenheit griechischer Politiker, war zwar alles ironisch
gemeint, aber er konnte nicht lachen und so traten wir in
eine Phase gegenseitigen Respekts ein. Niko vertritt alle
Griechen, habe ich den Eindruck, er nimmt stellvertre-
tend für das griechische Volk alle diffamierenden Bemerkungen entgegen. Täglich höre er von seinen Gästen, wie
sie die Griechen beschimpften. Und er fragte mich, was
wir Deutschen eigentlich wollten? Ich kann nicht für alle
Deutschen sprechen. Hab ich gesagt. Wir Deutschen sind
eben genau und gründlich, wir wollen, dass Verträge ein-
gehalten werden.

Ihr wollt uns dominieren! Ihr habt die Hosen voll,
wegen so ein bisschen Finanzkrise? Lächerlich! Da sind
wir Griechen ganz andere Krisen gewohnt.

Angst habt ihr! Immer nur Angst. The German Angst.
Der Deutsche ist ein Angsthase. Wo bleibt das Positive?
Europa ist doch was! Diese lange Friedenszeit! Denkt
doch mal da dran. Da sollten wir dankbar sein. Die längste
Friedensperiode in Europa, die wir je hatten. Sollen wir
das wirklich aufs Spiel setzen, nur wegen ein paar Milliarden? Und außerdem, fügte Niko noch hinzu, ist eine Krise
auch immer eine Chance, die Dinge neu zu betrachten.

Krisenparty

Krise als Chance, weil durch eine Krise eine ideale Lage für unsere Politiker entsteht, in der sie ihre Talente voll zur Geltung bringen können? Das ist eine Betrachtung wert.

Die Finanzkrise ist zurück! Ruft er (der Vollhorst – Juncker? Draghi?) und schmeißt eine Party, die er Krisenstab nennt, Taskforce, Troika oder ESM. It's time for a European Rettungsschirm! »Diese Milliarden sind gut angelegt.« Er setzt das ernsteste Gesicht auf, das er kriegen kann, und verspricht, alles zu tun, um Europa, den Euro und was sonst noch auf dem Spiel steht, zu retten. Der Chef der EZB verspricht Geld. Einwände werden vom Tisch gefegt. Er wird den Markt, ach was, was rede ich denn, DIE MÄRKTE mit Geld versorgen! No problem! Es steht zu viel auf dem Spiel.

Europa! »Freude, schöner Götterfunken, Tochter aus Elysium... alle Menschen werden Brüder...« Da ist was dran. Brüder sind wir schon geworden in Europa! Und was für welche! Saubere Brüder! Ich muss an den Witz denken, in dem die beiden Ganoven nach dem Bankraub die Beute teilen wollen. Sagt der eine, wir teilen brüderlich, sagt der andere, nee, nee, wir machen fifty-fifty. Ganz so unverschämt verhalten sich die Staaten in Europa möglicherweise noch nicht. Aber viel fehlt nicht mehr, oder?

Wir sollten dankbar sein für die lange Friedensperiode in Europa. Heißt es. Ich höre da immer auch einen Befehlston heraus. Ohne die europäische Integration hätten wir längst wieder Krieg! So müssen wir das wohl verstehen. Solche und ähnliche Sätze kriegen wir immer wieder zu hören. Mir kommt das Geschwätz schon zu den Ohren raus. Und der Euro ist ein Segen! Jajaja, ist schon recht. Für wen?

Ist die Frage überhaupt erlaubt? Für uns alle! Natürlich. Ohne den Euro wären wir heute nicht da, wo wir sind! Auch so eine Wahrheit, die uns immer wieder um die Ohren gehauen wird. Ohne den europäischen Einigungsprozess ist das Leben in Europa sinnlos. Das wird mir immer klarer. Es lohnt sich nicht, ohne Europa zu leben, ohne Luxemburg, den Finanzplatz, ohne das kinderliebe Belgien, ohne die unternehmenssteuerfreundlichen Niederlande, das familienfreundliche Italien, das königliche Spanien, Malta, das besonders brüderliche Frankreich, Slowenien, das ziemlich demokratische Ungarn, Österreich, Portugal, Polen, Lettland, Estland, Litauen, mehr fallen mir im Moment nicht ein. Ich krieg auf Anhieb gar nicht alle zusammen. Das pfundvolle England (wie lange werden wir die Briten noch haben?), das beinah unabhängige Schottland! Vielfalt und Eigentümlichkeiten, so weit das Auge reicht. Ein Leben ohne Europa sollen wir uns gar nicht mehr vorstellen können. Griechenland! Das Mutterland der Demokratie, wer kann sich ein Europa ohne Griechenland noch vorstellen? Die Griechen! Europa ist eine Idee, die nicht zur Debatte steht. Die Gefahr, als Europa-feindlicher Idiot, als rechter Depp, als Querulant, zumindest als Kritiker gebrandmarkt zu werden, ist zu groß.

Manchmal denke ich, dass dieser Prozess zum Scheitern verurteilt ist, vielleicht sogar schon gescheitert ist, doch niemand will das wahrhaben. Dieses ganze Gefasel vom europäischen Haus, das wir angeblich gemeinsam bauen, es nervt nur noch. Dieses europäische Haus lässt mich an Architekten denken, die auf die revolutionäre

Idee gekommen sind, statt mit den Fundamenten dieses Hauses mit dem Dach anzufangen; und nun halten sie das Dach schon eine Weile mit allerlei aberwitzigen Konstruktionen, Provisorien und Behelfsgerüsten über ein imaginäres Haus, das drunter noch fehlt. Und dann kommen Leute wie Martin Schulz und sagen: Wenn wir jetzt nicht konzentriert am Projekt Europa dran bleiben, bricht alles über uns herein. Manche verfügen über einen ganz erstaunlichen Realitätssinn. Die Realität in Brüssel ist vor allem Phantasie-getrieben.

Wir alle haben oft genug gehört, dass es keine Alternative zu Europa gibt. Da führt kein Weg zurück. Sagen sie uns mit leichter Aggression. Wir wären im Übrigen schön blöd, wo wir Deutschen doch am allermeisten von Europa profitieren. Mehr als alle anderen. Wird uns auch immer wieder eingebläut! Von »überzeugten Europäern« wie Martin Schulz werden wir ungezogenen, uneinsichtigen Europakritiker darauf hingewiesen, dass der »europäische Prozess unumkehrbar ist«. Das erinnert mich an einen, der aus dem obersten Stock eines Hochhauses aus dem Fenster springt, und unten stellt einer fest, dass dieser Prozess unumkehrbar ist. Wer hat denn Europa in eine solche Lage manövriert?

Der Martin Schulz war es nicht. Aber er ist eine Nervensäge. Ausgestattet mit einem Charisma, das ihn zum Marktleiter bei Rewe befähigen könnte, spielt er sich auf als oberster europäischer Projektleiter. Fliegt nach Griechenland, um als einer der Ersten der frisch gewählten Regierung in Athen die gesamteuropäischen Leviten zu lesen. »Es gibt Regeln in Europa, an die wir uns alle halten müssen.« Als Präsident des europäischen Parlaments könnte er einfach mal nichts sagen. Aber nein, er ist ja wichtig! Er gibt den vorbildlichen Einigungseuropäer!

87

Haben wir wirklich keinen anderen als diesen vorlauten Wichtigtuer? Ich muss die SPD dafür tadeln, dass sie uns den nach Brüssel geschickt haben. Schulz muss irgendwann irgendeinem Berliner Obersozi dermaßen auf die Nerven gegangen sein, dass der sich nicht mehr anders zu helfen wusste, als ihn nach Brüssel ins Europaparlament abzuschieben. Leute wie Schulz glauben, sie könnten jedes Amt bekleiden, das sich ihnen nicht entziehen kann. Und dann wurde er, was niemand für möglich gehalten hatte, Präsident des EU-Parlaments. Und dort residiert er in seinem Präsidentenkomplex...

Er gibt Weisheiten von sich, dass es einem die Zehennägel aufkranzelt. »Europäische Politik muss verständlich bleiben.« Bei all der schweißtreibenden Arbeit, die er für das »europäische Einigungswerk« leistet, findet er noch Zeit, Fernsehkritiken zu schreiben. Nachdem er »Unsere Väter, unsere Mütter« im ZDF begutachtet hatte, sieht er in »Auschwitz den Tiefpunkt der menschlichen Zivilisation«. Der »Firnis der menschlichen Zivilisation sei dünn« verkündet er, und deshalb kämpfe er für Europa. Wir brauchen also Europa, um den zivilisatorischen Firnis zu verstärken. Europa verhindert Völkermord! Aha. Deshalb müssen wir alle für Europa kämpfen, um die zivilisatorische Fettschicht zu verdicken. Martin Schulz, der Eindicker.

Die europäische Idee ist eine ganz große Idee. Vor allem auch der Euro. Zivilisation vom Feinsten! Ohne den Euro hätte es keine Zustimmung zur deutschen Wiedervereinigung gegeben. Nur weil unser Kohl hoch und heilig versprochen hatte, die D-Mark aufzugeben, waren die eiserne Thatcher und der Händchenhalter von Verdun Mitterand bereit, zuzustimmen. Die D-Mark ging im Euro auf und unser Kohl versprach im Angesicht der deutschen Geschichte, dass der Euro genauso hart werden würde wie die D-Mark. Und so ist es auch gekommen. Kostete am Tag vor der Euro-Einführung die Pizza noch 7 Mark, so kostete sie am Tag danach 7 Euro. Der Euro ist ein Segen! Wie lästig war das immer mit dem Geldwechseln. Wenn man nach Italien in Urlaub fuhr, musste man die D-Mark in Lire wechseln. Und man bekam ein Bündel Papier in die Hand gedrückt. Sofort hatte man das Gefühl, dass diese Scheine nichts wert sind. Und nach der Einführung des Euro war das ganz anders. Da hatten wir alle sofort das Gefühl, dass Italien nun auch eine harte Währung hatte. Und es ist auch sofort alles teurer geworden, aber das war nur die Bestätigung dafür, dass unsere deutsche D-Mark im Euro aufgegangen war. Ganz tolle Erfahrung! Zu Lire-Zeiten hatten diese Italiener ja nur Inflation. In Frankreich dasselbe in Grün. Der Franc war ja auch nichts wert. Spanische Peseten, auch so ein Geld, bei dem wir immer sofort den Eindruck hatten, das ist gar kein richtiges Geld, und wir wunderten uns, dass wir dafür tatsächlich etwas kaufen konnten!

Mit dem Euro kam Stabilität. Und die Zinsen gingen runter. In ganz Europa. Und dann konnten die Südländer billig Geld aufnehmen, und sie haben sich gefreut und gelacht, weil sie an der deutschen Stabilität teilhaben konnten. Und wer hat davon profitiert? Wir! So höre ich das immer wieder.

Wir wären die größten Profiteure der Euroeinführung. Wie oft haben sie uns das nun erzählt. Es hört sich fast so an, als hätten wir die anderen mit der Einführung des Euro über den Tisch gezogen! Deshalb sollten wir das Maul nicht so weit aufreißen und uns einkriegen und nicht jammern, wenn uns demnächst die Rechnung vorgelegt wird. Wir wissen noch nicht genau wann, aber irgendwann wird abgerechnet. Einer wird die Party zahlen müssen. Wir, die deutschen Steuerzahler, sind im griechischen Worst Case mit ungefähr 65 Milliarden dabei. Zahlemann und Söhne! Da wird ein Ouzo zur Beruhigung der deutschen Seele nicht ausreichen. Genau kann das niemand beziffern, wie viele Ouzos wir trinken müssten, bis wir nichts mehr mitkriegen. Und diejenigen, die es könnten, halten sich zurück. Wir haben auch noch Anteile an diversen Rettungsschirmen, da könnten noch mal locker 200 Milliarden auf uns zukommen. Aber das bisschen Kohle muss uns die europäische Integration schon wert sein.

Wir sollten uns da nicht wie kleinliche Buchhalter benehmen. Sagt ein linker Solidarkasperl! War's der kleine Augstein, der Spiegelerbe? Wir sollten großzügig sein! Nicht so kleinlich! Geld? Das passt nicht zur europäischen Idee. Es geht doch nicht ums Geld, es geht um die längste Friedensperiode in Mitteleuropa. Ach so! Wir können den Euro abschaffen und die D-Mark wieder einführen? Nee, das meint der nicht. Er meint, wir sollen in Deutschland mehr Euros erwirtschaften, damit alle damit in Frieden leben können. Frieden made in Germany. Damit werden wir wieder Exportweltmeister.

Vollhorst Schulz – unser Mann in Brüssel

Zur Erinnerung: Es gibt dieses Defizitkriterium, das vorschreibt, dass kein Mitgliedsstaat der EU das jährliche Haushaltsdefizit von höchstens 3 % überschreiten darf. Das steht im Vertrag. Aber kein Schwein, Entschuldigung, kein Verantwortlicher hält sich dran. Die Politiker, die sich verpflichtet haben, diese Verträge einzuhalten, sind schon lange nicht mehr im Amt.

Frau Christine Lagarde, eine ehemalige französische Finanzministerin, die heute ihr Unwesen als Chefin des IWF treibt, schlug neulich vor, man müsse die Schuldenregeln in Europa »anpassen«. Ich hab das in der FAZ vom 14. November 2014 gelesen. Mir wäre lieber gewesen, ich hätte den Artikel übersehen, denn ich habe mich wirklich aufregen müssen. Auf einer Konferenz von Zentralbankern in Paris hat diese Person vorgeschlagen, die 60-Prozent-Grenze des Maastricht-Vertrags über die maximale Staatsverschuldung »anzupassen«. Und zwar woran? An die tatsächlichen Schuldenstände, weil die deutlich darüber lägen. – Aha. Sauber. Sie machen Schulden, dann stellen sie fest, dass sie das nicht dürfen, weil sie den Vertrag brechen. Jetzt möchte man annehmen, dass sie ein schlechtes Gewissen kriegen, weil sie sich nicht an die Verträge halten. Aber woher denn! Nicht wir brechen Verträge, sagt dieser feminine Vollhorst, sondern die Verträge passen nicht zu unserem Verhalten. Also muss es an den Verträgen liegen. Wie nennt man dieses Verhalten? Gaunerei? Nein, das nennt man flexible Vertragstreue. Verträge sind nicht dazu da, sich daran zu halten, wichtig ist, dass sie unterzeichnet werden mit dicken Füllfederhaltern, begleitet von schönen Bildern in den Medien, wo seriöse Damen und Herren uns zulächeln. Sie freuen sich ungemein, dass wir mit unserer Lebensleistung für ihre flexible Vertragsauslegung einstehen dürfen.

Ich kann mich erinnern, wie sie uns im Wahlkampf 1999, ist schon lange her, gebe ich zu, da haben sie uns versprochen, dass die neue Währung, der Euro, ein Segen für uns sein wird und wir überhaupt keine Angst davor haben müssten, dass die Schulden anderer europäischer

Mitgliedsstaaten bei uns zu Buche schlagen. Wahllügen waren es. Schnee von gestern. Es hilft uns nicht weiter. Wir müssen jetzt damit zurechtkommen.

Und es gibt ja Lösungen. Die EZB kauft wertlose Staatsanleihen hoch verschuldeter Euroländer. Das hat den Effekt, dass die Schuldenländer bei der EZB Schulden haben, und damit auch bei uns. Mit dem Geld von der EZB bedienen sie die Schulden, die sie schon haben, und wenn es nicht reicht, können sie bei der EZB wieder Geld aufnehmen und weiter Schulden machen. Geradestehen dafür müssen alle EU-Staaten, die gesund sind. Und wer ist das? Und da lächelt Frau Simone Peter von den Grünen und appelliert an das Solidaritätsprinzip. Schön! Neben Frau Lagarde noch eine Frau, die Vollhorst-Qualitäten aufweist. Das ist doch erfreulich, dass wir immer mehr qualifizierte Frauen in Top-Positionen bekommen. Insofern liefert uns die Krise die Chance, ganz im Sinne der Gender-Debatte, zur Gleichstellung von Mann und Frau beizutragen. Es wird Zeit, dem Vollhorst eine Vollhorsta zur Seite zu stellen.

Die europäische Zentralbank sollte die Geldwertstabilität garantieren. Großes Versprechen bei der Einführung des Euro. Wir – wer ist damit eigentlich gemeint? – werden darauf achten, dass der Euro genauso stabil wie die D-Mark wird. Jubel! Wer hat das gesagt? Nein, das hat nicht der Schulz gesagt. Damals war der noch in Würselen Bürgermeister und hat für ein Spaßbad gekämpft, bevor er sich dem europäischen Projekt zuwandte. Ich nehme das Bild vom Rewe-Marktleiter zurück. Es passt nicht. Schulz agiert eher wie ein Bademeister, der die übermütige Jugend ermahnt, nicht vom Beckenrand ins Wasser zu springen. Bitte keine Arschbomben! Es gibt einen einstimmigen Beschluss der EU-Kommission dazu! Arschbomben sind im Schengen-Raum untersagt. Selbstverständlich freut sich der Bademeister über die Richtlinie zur Energiesparlampe. Der europäische Einigungsprozess schreitet unaufhaltsam weiter. Von der Energiesparlampe zu den genormten Traktorensitzen bis hin zur Vorschrift für Öl- und Essigkännchen in Speiselokalen. Die EU normt alles, was ihr vorgelegt wird. Klopapier, Kondome, Laubbläser, Rasenmäher, ich vermute, dass es bereits eine EU-Norm für die Erstellung von EU-Normen gibt, die von Martin Schulz unterstützt wird. Martin Schulz selbst entspricht der EU-Norm für Politiker.

Martin Schulz, unser EU-Haubentaucher! »Wir sind alle Europäer und denselben europäischen Werten verpflichtet.« Auch so ein Allgemeinplatz, den ich schon tausendmal gehört habe. Der Wert der EU beläuft sich auf ungefähr eine Billion Euro! Das ist die Summe, die uns die EU pro Legislaturperiode kostet. Allein rund 60 Milliarden Euro kostet uns die EU-Bürokratie in Brüssel, Luxemburg und Straßburg. Wir leisten uns drei Parlamentsstandorte, weil wir ungeheuer demokratisch organisiert sind, in denen übrigns kein einziges Gesetz entsteht. Die EU-Mandatsträger dürfen nur nachträglich ihren Segen dazu geben. Die Gesetze werden von der EU-Kommission gemacht, deren Mitglieder von den nationalen Regierungen vorgeschlagen werden. Es gehört zu den europäischen Werten, dass die Demokratie in Brüssel entkernt, ausgehöhlt, wie soll ich sagen, aufgehoben ist. Faktisch handelt es sich nicht um demokratische Zustände, sondern um eine neue, möglicherweise demokratische Diktatur! Das europäische Volk hat in Europa nichts zu melden! Franzosen, Iren und Holländer durften über den Vertrag von Lissabon abstimmen. Wir hier in Deutschland nicht. Vermutlich fehlte uns die politische Reife. Den

Vertrag hat bei uns in Vertretung des Volkes der Bundestag ratifiziert. So entsteht eine EU-Identität.

EU-Identität! Ein dummes Wort. Die europäische Identität, was ist das? Sind damit die permanenten Vertrags- und Vertrauensbrüche gemeint, die »wir« uns gegenseitig angetan haben? »Wir« Europäer halten uns nicht an Verträge! Das Defizitkriterium geht uns am europäischen Arsch vorbei.

Und was ist mit diesem Bailout-Mechanismus? Hinter diesem schönen Wort verbirgt sich das Versprechen, dass kein Land die Schulden eines anderen Landes bezahlt. Wer hat sich jemals darum einen feuchten Kehricht geschert? Steht nicht im Maastrichter Vertrag das strikte Verbot, dass weder die Europäische Union noch die anderen EU-Partner für Schulden eines Mitgliedsstaates haften? Das Gegenteil geschieht. Stabilitätspakt, Stabilitätskriterien, Nettoverschuldung muss unter 3 % des Bruttoinlandsprodukts bleiben, Blablaba. Nichts als Geschwätz!

»Die EU-Teilnehmerstaaten werden daher auf Dauer ohne Probleme ihren Schuldendienst leisten können.« Das hat der Schulz nicht gesagt. Obwohl es seinem Wahrheitsniveau entspricht. Das könnte von Schäuble stammen oder von irgendeinem anderen »überzeugten Europäer«. Genau das Gegenteil dieser Versprechungen ist eingetreten. Und das wirklich Erstaunliche dabei ist, dass diese Praxis vielleicht nicht mit den Verträgen vereinbar ist, aber sowohl die Richter am Bundesverfassungsgericht als auch der oberste Europäische Gerichtshof halten die herrschende Schuldenpraxis plus Staatsfinanzierung durch die EZB mit den Europäischen Verträgen vereinbar! Tusch! Freude, schöner Götterfunken, Tochter im Delirium... Leck mich am Arsch! Unterschreibe Verträge und halte dich nicht dran. Es gibt immer einen, der deine Vertragsbrüche nachträglich legalisiert. Super! Oder wie Vollhorst sagen würde: Handle immer so, dass du bei allen, denen du Schaden zufügst, Anerkennung dafür bekommst.

Post scriptum: Ich hätte doch mit dem Bernd Posselt ein Bier trinken gehen sollen. Ich erinnere mich noch gut an den Europaabgeordneten Bernd Posselt. Sein freundliches G'schau auf dem Wahlplakat hatte etwas Zwingendes. Posselt war als extrem gemütlicher Europabayer abgebildet, der für Bayern nach Brüssel entsandt werden wollte. Es gab Bürger, die vor dem Plakat verweilten und despektierlich von einem Schweinsbratengesicht gesprochen haben. Eine gewisse Ausgefressenheit war offensichtlich. Das schon, aber er kam damit einem bayerischen Schönheitsideal ziemlich nahe. Posselt tat ein Übriges und bot allen Wählern an, mit ihm ein Bier trinken gehen zu wollen. Und so wie er auf dem Bild ausgeschaut hat, war der Bernd schon mit vielen seiner Wähler ein Bier trinken gegangen. Und es hatte den Anschein, dass es nicht bei einem geblieben war. Selbstverständlich würde beim Bier das Thema Europa eine zentrale Rolle spielen. Nahm ich an. Vielleicht hätte er mich nach dem dritten Bier so weit gehabt, dass ich ihn gewählt hätte, damit er eine weitere Periode in Brüssel am europäischen Einigungswerk mitwirken kann. Aber leider hat der Bernd nicht genügend Stimmen bekommen, so dass sie in Brüssel nun ohne ihn am europäischen Haus weiterwerkeln müssen und er nun sein Bier in München allein trinken muss. Und mir fehlen immer noch die erhellenden Einsichten in die immer weiter fortschreitende europäische Integration. Tja, da bin ich wohl selber schuld. Oder einfach zu doof, um das alles zu kapieren. Da fehlt dir das Hirn, pflegte mein Vater immer zu sagen.

Ganz großes Kino

Oh, jetzt muss ich mich vorsehen. Meine Agentin Roswitha ruft mich an. Sie klingt ängstlich. Diese Produktionsfirma aus Berlin werde allmählich lästig, sagt sie. Ein Herr, der Second Assistant Producer ist, habe mit der Rechtsabteilung gedroht, falls ich nicht endlich die Verschwiegenheitserklärung unterzeichnet zurückschicken würde.

Ach, du liebe Güte. Nur warum hab ich sie bloß noch nicht unterzeichnet, die Verschwiegenheitserklärung? Meine niederbayerische Art nötigt mich manchmal zu einer Sturheit, die mich selbst immer wieder verwundert. Es muss mit diesem niederbayerischen Menschenschlag zu tun haben. Es ist auch deshalb verwunderlich, weil der Niederbayer an sich sehr verschwiegen ist. Was der Niederbayer aber gar nicht haben kann, ist, wenn man ihm eine Verschwiegenheit abverlangt, die ihm verschwiegenermaßen unterstellt, er würde das Maul nicht halten können. Solch hinterfotzige Forderungen nach Verschwiegenheit lehnt der Niederbayer ab. Er kann nicht anders. Wenn er einmal im Niederbayernmodus läuft, ist er kaum noch zugänglich, der Niederbayer. Alles hat eine Vorgeschichte, auch eine niederbayerische Sturheit.

Eine Anfrage kommt per E-Mail. Eine Filmproduktionsfirma fragt, ob ich in einem satirisch humorvollen Film eine Rolle übernehmen wolle. Es kommt das Drehbuch, ich lese es. Logisch, sonst kann ich ja nicht sagen, ob ich die Rolle spielen kann. Und dann habe ich ziemlich schnell festgestellt, dass ich nicht mitspielen kann, weil ich nicht geeignet bin für die Rolle. Das passiert immer wieder, dass jemand glaubt, ich könnte etwas spielen, und ich merke, dass ich nicht spielen kann, was andere glauben, dass ich spielen solle. Das muss an mir liegen, das ist mir klar, aber das zeigt die Erfahrung, dass ich nicht immer mitspielen kann. Ich möchte zu dem Buch gar nichts sagen, es war halt ein Drehbuch. Die Rolle war funktional. Ich hatte den Eindruck, dass man auf die Rolle in dem Drehbuch auch verzichten hätte können. Aber der Autor hat sich gedacht, dass man diese Rolle brauchen könnte. Ich finde es ja grundsätzlich gut, wenn der Zuschauer nicht sofort darauf kommt, wer damit gemeint sein könnte. Sonst fehlt ja die Spannung. Aber nur ganz kurz zu Ihrer Info eine kurze Inhaltsangabe der Story, damit Sie ahnen können, um welche Dimensionen es in dem Drehbuch geht: Die Geschichte spielt im Umfeld eines großen, sehr erfolgreichen und sehr reichen deutschen Fußball██████, der in München beheimatet ist. Es könnte sich rein theoretisch auch um den TSV 1860 München handeln, aber dieser ohne Zweifel andere große bayerische Traditionsclub ist – zumindest zur Zeit – nicht so erfolgreich, wie sich viele seiner Anhänger das wünschen. Es geht in diesem Drehbuch um eine andere Fußballerlegende, um ██████ ██████. ██████ war, so hat sich der Autor des Drehbuchs – wie heißt der noch mal? Ach, da steht ja der Name. Er sagt mir nichts. Maier. Man könnte diesen Namen auch verschweigen. Genauso gut könnte da Müller stehen oder Hofmann, es ist mir einerlei, es zählt nur die Geschichte. Der Autor ist in diesem Geschäft sowieso nur eine Nebenfigur. Wichtig ist der Regisseur, der aus dem Buch »etwas macht«, und der Produzent, der eigentlich noch wichtiger ist als alle andern zusammen, weil er das Geld auftreibt und die Produktion ins Laufen bringt. Und natürlich sind auch die Schauspieler wichtig, sehr wichtig sogar, weil die »sich einbringen« und aus der Rolle »was rausholen«.

Egal, wie es sich tatsächlich verhält, möglicherweise ist dieser Autor auch in eine Rolle geschlüpft, um seine Identität zu verschleiern, und in Wirklichkeit verbirgt sich dahinter jemand ganz anderer, eine Hausfrau, die sich nebenbei Geschichten ausdenkt und daraus Drehbücher fabriziert, um sich etwas dazuzuverdienen.

Was dieses Drehbuch nun angeht, zeichnet es sich durch eine überbordende Phantasie und Kreativität aus. Dieser ▬▬ ist als vielschichtiger Charakter angelegt. Er ist ein Spieler, ein echter ▬▬, der von Spielleidenschaft besessen ist, ein Getriebener, der nicht anders kann, als immer nur auf Sieg zu setzen. An der ▬▬ riskiert er immer größere Beträge und macht ungeheure Gewinne, anders kann man das nicht sagen, und ebensolche Verluste. Wie es halt so zugeht an der ▬▬, wenn einer am ganz großen Rad dreht. Doch die Gewinne, die bei diesen Spekulationen anfallen, vergisst er der ▬▬ zu melden. Das ist eine sehr überraschende Wendung in der Geschichte.

Ein echter Plot-Point, wie man ihn nicht alle Tage zu lesen bekommt. Aber es hört nicht auf. Genauso spannend, wie die Geschichte angefangen hat, genauso spannend geht sie weiter. Immer weiter. Nachdem die Sache droht, öffentlich zu werden, zeigt sich ▬▬ selbst bei der ▬▬ an und es kommt zu einem großen Skandal. Und wieder denkt man, Donnerwetter, ein Plot-Point, da ist dem Schreiber wirklich was eingefallen. Die Presse setzt ihre besten Leute an, um ▬▬ zur Strecke zu bringen. Trotz allem zeigen die Journalisten auch Mitgefühl und verdrücken die eine oder andere Träne für ▬▬. Nein, man möchte weinen. Es liegt ja oft ganz nah beieinander.

Das Weinen und das Lachen. Das ███geheimnis wird tausendfach gebrochen, aber es geht ja um eine gute Sache, die Moral ist immer auf der Seite der Guten, und das ist sehr angenehm in dieser Geschichte. Wenn sie nicht fiktiv wäre, man könnte sie nicht besser erfinden. Es ist alles drin, was der Zuschauer gerne sieht. Große Gefühle, Liebe, Hass, Drama pur, komödiantische Szenen, aber immer mit viel Humor, und die Tragik kommt natürlich auch nicht zu kurz. Ganz, ganz toll. Ganz großes Kino.

Und der Schluss erst! Wenn ich den erzählen würde … Ich mach's einfach. Also der ████ kommt ins ████, aber viel zu kurz, im ████ steigt er dann zum ████verwalter auf und macht die bayerischen ██████ schuldenfrei. Er wird daraufhin von der ██████ von Oberbayern als offizieller ████████ angestellt und darf nun mit den Steuer██ der bayerischen ██████ an der ████ zocken. Ein Jahr später ist die ████████verwaltung komplett schuldenfrei, was wiederum die ████ ärgert, sie fordern ████ auf, das Geld für den ████ Flughafen zu erzocken … Um es abzukürzen: Zum Schluss ist auch die EU an seinen Fähigkeiten interessiert und engagiert ████ als obersten ████████.

Ich weiß gar nicht, ob ich das alles erzählen darf. Ob meine Anmerkungen zu dieser Geschichte nicht schon unter diese geforderte Verschwiegenheitserklärung fallen. Vermutlich schon, aber ich habe sie ja noch nicht unterschrieben. Nur: Der Second Assistant Producer wird schon mit der Rechtsabteilung in Kontakt getreten sein. Möglicherweise droht Unheil in einem Ausmaß, wie ich es mir nicht vorstellen kann. Wer sich in diesem Land weigert, eine Verschwiegenheitserklärung abzugeben, macht sich verdächtig. Man muss sich das mal vorstellen, da schickt eine Filmproduktionsfirma einem Kabarettisten ungefragt ein Drehbuch, damit er es liest. Man bietet ihm eine Rolle darin an. Der lehnt ab und denkt, die Sache ist damit vom Tisch. Nein, nein. Er muss sich verpflichten zu schweigen. Und nun will der Kabarettist diesen Verschwiegenheitsvertrag nicht unterzeichnen, weil er nicht sicher sein kann, ob nicht irgendein anderer, dem das Buch auch zugeschickt wurde, den Mund nicht halten kann, und der Verdacht auf ihn fällt, geplaudert zu haben. In welche missliche Lage habe ich mich da gebracht. Wenn ich unterschreibe und irgendwas kommt heraus über den Inhalt dieses großartigen Werks, dann bin ich dran. Und wenn ich nicht unterschreibe, bin ich auch dran.

Vielleicht ist alles nur ein Spaß. Ehemalige Stasi-Mitarbeiter, sogenannte informelle Mitarbeiter, kamen auch bei Produktionsfirmen unter ...

Keine Ahnung, ob es wirklich so ist. Oder aber es handelt sich um ein neues Geschäftsmodell. Vielleicht werden Verschwiegenheitserklärungen demnächst gebündelt und an der Börse gehandelt? In Form von Puts and Calls. Das würde den Handel mit Optionsscheinen bereichern. Man kann dann darauf spekulieren, ob die Verschwiegenheitserklärung hält oder nicht. Der Omertà-Markt könnte für einige die Rettung bedeuten. Tja, und ich stelle mich quer.

Ich will nicht bestreiten, dass ich tatsächlich darüber nachgedacht habe, diese Verschwiegenheitserklärung zu unterschreiben. Ich hatte den Stift schon zur Hand genommen. Da kam die Drohung dieses Second Assistant Producers mit der Rechtsabteilung und schon fiel mir der Kugelschreiber aus der Hand. Das ist der Niederbayer in mir, der da plötzlich die Oberhand gewinnt in meinem vielschichtigen Wesen und mich in meinem Verhalten dominiert. Bin gespannt, wie die Rechtsabteilung reagiert. Wenn dort zufällig auch ein Niederbayer am Werkeln ist, wird ein längerer Rechtsstreit draus. Außer, wir treffen uns zufällig irgendwo persönlich, dann geht es zur Sache und danach ist die Angelegenheit erledigt.

Irgendwas mit Bildung

Bildung? Was sagt der Vollhorst eigentlich zur Bildung?

Na was wohl? Ja!, sagt er zur Bildung. Er ist ja nicht blöd. Bildung? Er weiß, was sich gehört. Natürlich, was ist das für eine Frage? Was denn sonst? Bildung! Ja! Immer wieder ja, ja, ja!!! Und zwar laut. Ein affirmatives Ja posaunt er hinaus, damit es auch der Letzte mitkriegt, dass er für Bildung ist. Selbstverständlich vermeidet er es tunlichst, näher zu beschreiben, was er eigentlich darunter versteht. Immer schön allgemein bleiben, dann ist die Zustimmung am größten.

Bildung ist seit Jahren, nein seit Jahrzehnten ein beliebtes Wahlkampfthema. Es wird über marode Schulgebäude geklagt, über Toiletten ohne Klodeckel, der Putz bröselt von den Wänden, die Klassenzimmer sind verschmiert. Mir war bisher nicht bewusst, dass Bildung einen direkten Zusammenhang mit fehlenden Klodeckeln und angeschmierten Wänden hat. Ich dachte bisher immer, dass Bildung etwas mit Lehrern und Schülern zu tun hat und wie gut oder wie schlecht ein Lehrer sein Wissen an die Schüler weitergibt. Gut, dass es immer wieder Politiker gibt, die mich auf dieses Missverständnis aufmerksam machen. Pädagogik wird offenbar überschätzt. Marode Schulgebäude und fehlende Toilettensitze sind der Grund, warum immer mehr Schüler ohne vernünftigen Abschluss die Schule verlassen.

Ich frage mich allerdings in letzter Zeit, wieso diese Missstände nicht schon längst beseitigt wurden? Irgendeine dunkle Macht verhindert seit Jahren die Renovierung dieser Schulgebäude. Ich erwarte daher im nächsten Wahlkampf noch marodere Schulgebäude und Schulen ganz ohne Klo als Steigerung der Bildungsmisere. Wobei die Regierenden, die jetzt etwas dagegen tun könnten, wieder damit werben werden, dass, wenn sie erneut gewählt werden sollten, sie als Erstes etwas für die Bildung tun werden. Mir drängt sich der leise Verdacht auf, dass Politiker gar kein Interesse daran haben, mehr Geld in die Schulen zu stecken. Mit was könnten sie sonst im Wahlkampf Stimmung machen? Gut ausgebildete Pädagogen? Fleißige Schüler? Schöne Klassenzimmer? Funktionierende Toiletten? Das interessiert doch keine Sau!

Ich muss gestehen, dass mir der fehlende Toilettendeckel in meinem Gymnasium nur insofern zum Problem wurde, wenn ich Hausaufgaben abschreiben wollte. Bildung im klassischen Sinne verbanden wir dann doch eher mit unseren Lehrern. Sie machten uns darauf aufmerksam, was Bildung bedeutet, ich höre noch heute, wie eine meiner Lehrkräfte mich fordernd darauf hinwies:

Jonas, Bildung ist Umgang!

Jaja, hab ich gesagt, Umgang hab ich schon!

Aber den falschen!, hat der Lehrer gemeint.

Da gehören Sie aber auch dazu! Denn die meiste Zeit hab ich ja Umgang mit Lehrern!

Frecher Hund!, hat er gemurmelt.

Da hab ich nichts drauf gesagt. Weil ich damals schon geahnt habe, dass es stimmen könnte, dass ich ein frecher Hund bin, beziehungsweise war.

Jonas! Die Bildung ist wesentlich, hat er gesagt. Ohne Bildung geht es nicht.

Die kommt schon noch, hab ich geantwortet. Nur nicht hudeln!

So einen Dialog hab ich in Erinnerung. Ich zählte eher zu den schwierigen Schülern. Ich gab gerne einmal Widerworte. Aber ob es wirklich so war, weiß ich nicht mehr. Auf die Erinnerung ist kein Verlass. Sie dreht sich alles so hin, wie es ihr in den Kram passt. Das Gedächtnis ist eine Schreibwerkstatt. Die meiste Zeit sind wir mit Umschreiben beschäftigt. Fest steht, dass ich an meiner höheren Lehranstalt, dem Adalbert-Stifter-Gymnasium zu Passau, mit viel Mühen die Hochschulreife erlangt habe, die mich berechtigte, an einer Universität zu studieren.

Ist mir bis heute ein Rätsel, wie ich das geschafft habe, das Abitur – trotz fehlendem Klodeckel oben im ersten Stock! Begabt wäre ich schon gewesen, das wurde mir immer wieder gesagt, aber halt auch faul. Ein fauler Strick sei ich gewesen. Ich kann das nicht bestätigen. Ich war nicht faul. In schulischen Angelegenheiten vielleicht. Aber außerhalb der Schule war ich sehr fleißig. Ich habe sehr viel und intensiv Gitarre geübt. Mit mäßigem Erfolg. Und Posaune hab ich auch noch angefangen, weil mir der Bassschlüssel so gut gefiel. Und trotz allem habe ich mein Gymnasium mit einem Reifezeugnis verlassen. Ich habe ein Zentralabitur aus dem Jahr 1974. So schaut es nämlich aus!

Und es fiel mir nicht leicht. Oh nein! Um mich zur Hochschulreife zu führen, bedurfte es vieler Nachhilfestunden, die mir von geduldigen Hobbypädagogen gegeben wurden. Ich selber habe viel dafür getan, dass meine Lernerfolge nicht zu groß ausfielen. Noch heute frage ich mich manchmal, wie ich das bloß geschafft habe. Ich gehörte nicht zu den Hochbegabten. Nein, das kann man wirklich nicht behaupten. Ich war eine Ausnahmeerscheinung. Das schon. Ich war sehr gut im Antäuschen, auch im Vortäuschen von Wissen, ich besaß durchaus Talente, die man im Leben gut gebrauchen kann. Im Fußball würde man bewundernd von einem Techniker sprechen, der im Mittelfeld die Fäden zieht. Ja, während meiner Schulzeit war ich ein Mittelfeldstratege. Eine klassische Zehn, wenn Sie wissen, was ich meine. Ich habe auf die Bälle meiner Mitspieler gehofft, ich habe die Bälle gefordert, und wenn der Pass zu mir kam, habe ich den Ball angenommen und den für mich entscheidenden Spielzug eingeleitet, der zum Erfolg führen musste. Ich habe viele solcher Spielzüge eingeleitet, nicht alle haben zum Erfolg geführt. Meine Stärken lagen immer in der überzeugenden Darstellung misslungener Operationen. Niemand konnte seine Niederlagen so schönreden wie ich. Die Interpretation und Erklärung eines Misserfolgs erfordert Kreativität und Phantasie. Es lag immer an den Umständen. Nie an mir. In der nachträglichen Darstellung unglücklicher Umstände war ich ein Meister. Leider gab es dafür keine Noten. Das Fach gab es an meiner Schule nicht. Meine Fähigkeiten konnte ich im Schulalltag zwar zur Geltung bringen, aber sie schlugen sich im Zeugnis in Form schlechter Noten wieder. Vorrücken gefährdet! Hieß es öfter.

Und trotzdem habe ich es geschafft.

Ich habe ein ganz altes Abitur. Kein G8, auch kein G9, nein, ich habe ein G10. Es war ein Jahr in der Mittelstufe dabei, da war der Stoff dermaßen interessant, direkt aufregend, so dass ich mir gesagt habe, das höre ich mir noch mal an. Ich befand mich in der Pubertät, was mir damals keiner mitgeteilt hatte, ich hatte keine Ahnung, welche Entwicklungen in meinem Körper kaum zu kontrollieren waren. Es war eine sehr unruhige Phase meines Lebens. Drücken wir es mal vornehm aus: My brain was under construction, kompletter Neuaufbau, im limbischen System war der Teufel los. Das fiel aber gar nicht weiter auf, denn die Zeit der sechziger Jahre stand ganz im Zeichen eines »general resettings«, eines Neuaufbaus, der alle Bereiche des Daseins erfasste, und bei mir besonders starke Auswirkungen zeigte. Ich musste ständig widersprechen. Ja, ich empfand eine regelrechte Lust am Widerspruch. Es hat ganz einfach Spaß gemacht, den Alten zu widersprechen. Man begegnete ständig irgendwelchen alten Nazis, die entweder gar nichts mitgekriegt hatten vom Hitler und seinem braunen Scheiß, oder aber im Widerstand waren. Es gab irrsinnig viele, die im Widerstand waren. Aber keiner hat das mitkriegen dürfen, denn sonst wären sie dran gewesen, »und Rübe runter«. Logisch, dass wir diesen Kämpfern gerne zugehört haben. Tolle Debatten waren da drunter. Jaja, die alten Geschichten von der Front.

Es war nicht alles präpotent, aber sehr viel hormonell gesteuert. Eigentlich alles. Mehr will ich dazu gar nicht sagen. Vielleicht ist in dieser Zeit nicht alles mit rechten Dingen zugegangen. Denn wir hatten keine Pädagogen, nein, wir hatten Lehrer, und das auch nur zum Teil, wie soll ich sagen, es waren Kriegsteilnehmer. Psychische Wracks, die in der Schule ihre Kriegstraumata mit unserer Hilfe auslebten. Dabei waren wir therapeutisch völlig ungebildet.

»Der größte Feldherr aller Zeiten« hatte sie in einen völkerrechtswidrigen Angriffskrieg geführt, und was das Schlimmste war, viele waren ihm begeistert hinterhergelaufen. Haben sich verführen lassen von der nationalsozialistischen Ideologie, haben sich selbst für Herrenmenschen gehalten.

Manchen von diesen Kriegsversehrten war das Menschsein während der Kriegszeit beinahe komplett abhanden gekommen. Bildung ist eben doch Umgang. Sie waren mit der Wehrmacht an der Front, die meisten im Osten, in

Russland, um die Gefahr des Kommunismus zu bändigen und die Bolschewiken das Fürchten zu lehren. Dort haben sie alle körperlichen Grausamkeiten und seelischen Verkümmerungen erfahren, die ein Mensch sich und anderen antun kann. Teilweise hatten wir es mit psychischen Krüppeln zu tun, die einen Therapeuten gebraucht hätten, der ihnen mitfühlend zur Seite gestanden hätte.

Wir hatten kein Mitleid, wir waren gnadenlos, wir hatten nur Verachtung für sie übrig. Sie standen vor uns, vor »ihrer Klasse«, und sollten uns unterrichten, uns bilden, sollten uns was von Humanismus und Bildung erzählen, nachdem ihnen die Rote Armee auf ihre Weise heimgeleuchtet hatte. Viele kamen aus russischer Kriegsgefangenschaft. Es gab unter ihnen hochgebildete Menschen, die ihre Reife in Altgriechisch, Latein, Mathematik und Deutsch abgelegt hatten, bevor sie alle humanistischen Ideale vergaßen, um dem Führer zu folgen! (»Und nun Volk, steh auf und brich los…«) Goebbels, Göring, Himmler, diese braune Hitlerbande schickte sie für Deutschland »ins Feld«, um für das »Tausendjährige Reich« zu kämpfen. Ob die auch »Bildung ist Umgang« in der Schule gelernt haben?, fragten wir uns als Schüler. Und lachten. Ist anzunehmen. Der Umgang war immer schon entscheidend. Was hat Stifter damit gemeint, haben wir uns gefragt. Na ja, eigentlich haben wir uns das als Schüler nicht gefragt. Wir wussten, dass der Umgang mit den alten Nazis uns nicht guttat. Wir pflegten lieber den Umgang mit Gleichaltrigen beiderlei Geschlechts.

Der Lehrer hat gefragt, was Stifter damit meinen könnte, und wir haben vor uns hin gestiert. Und nachdem sich keiner meldete und niemand dazu etwas sagen wollte, musste der alte Kämpfer selbst die Stimme erheben und gab zum Besten, was er sich angelesen hatte.

»Im Umgang mit seinesgleichen lernt der Mensch die Sprache der Liebe.« So etwas in der Art ging da über uns nieder. Und wir hofften, dass es nicht schlimmer kommen möge. Aber die Hoffnung trog. Natürlich regnete es noch mehr von diesen Sätzen, was die Stimmung in der Klasse auf den Nullpunkt sinken ließ. Aber wenn so eine Lehrkraft mal in Aktion war, dann war sie kaum zu halten.

Er war auf dem Vormarsch, als deutscher Landser, auf feindlichem Gebiet sozusagen, und da war er nur schwer zu bremsen. Er robbte durch unser Bewusstsein, unwegsam und versperrt, und hoffte, mit leichten Sprengsätzen, die er der deutschen Klassik entnahm, leichte Geländegewinne zu machen. Die Lehrkraft stellte gerne auch ein Goethezitat in den schlecht gelüfteten Raum. »Inwendig lernt kein Mensch sein Innerstes erkennen. Denn er misst nach eignem Maß sich bald zu klein und leider oft zu groß.« Ja, sagte da einer halblaut, leider oft zu groß. Damit kam der Vormarsch unserer Lehrkraft endgültig zum Stehen. Alle Zugänge zu den Lernarealen unserer Hirne waren geschlossen. Und wenn er Pech hatte, murmelte einer in die Stille: Don't think twice it's alright. Oder: Ich weiß, dass ich nichts weiß! Solche Sätze verweisen ohne Zweifel auf eine gewisse Bildung.

Bildung für alle

Es gibt ja keinen, der zur Bildung Nein sagt. Wie auch! Bildung, da sind sich alle einig, ist notwendig wie die Luft zum Atmen. Ohne Bildung verblöden wir doch alle! Sagt der Vollhorst.

Wir brauchen eine Bildungsoffensive! Niemand darf

hinten bleiben! Bitte keine Sitzenbleiber mehr! Jeder muss gefördert werden. Wir können es uns nicht leisten, ein Talent zu übersehen! Möglicherweise wächst da irgendwo ein Nobelpreisträger heran, und wir erkennen seine Fähigkeiten gar nicht. Das hätte uns noch gefehlt! Es wäre nicht auszuhalten, wenn wir eines Tages draufkämen, dass ein Nobelpreisträger beim Tengelmann Regale einräumt, nur weil wir nicht aufmerksam genug waren und sein Talent nicht erkannt haben. Deshalb brauchen wir mehr Bildung, und das bedeutet mehr Abiturienten. Jeder soll die Chance haben, aus sich alles rauszuholen, was drin ist. Und wir gehen erst einmal davon aus, dass bei allen alles drin ist. Jeder hat das Zeug, um das Abitur zu schaffen! Beifall! Lang anhaltender Beifall! Mathematik, Physik, Chemie, Biologie und Fremdsprachen. Das muss doch zu schaffen sein.

Und genau das stimmt schon nicht. Es gibt Intelligenzforscher, die wissenschaftlich nachgewiesen haben, dass Intelligenz vererbt wird. Also wenn Samen und Eizelle miteinander verschmelzen, ist der Käse mehr oder weniger gegessen. Die Intelligenzforscher sagen, wenn einer besonders fleißig ist, kann er noch ein Prozent an Intelligenz zulegen, sich sozusagen aus eigener Kraft was draufpacken, aber mehr ist nicht drin. Nur wenn nix da ist, was man draufpacken könnte, dann hilft es auch nix. Die Gene kann keiner überlisten. Keiner kann mehr, als er von Haus aus ist. Die Natur ist halt auch gemein. Eine Repression! Die Natur unterdrückt den Menschen und beschränkt ihn in seinen Möglichkeiten. Die Grenzen der eigenen Entwicklung stehen von Anfang an fest. Jeder Mensch ist sich selbst eine Grenzerfahrung.

Eine der wichtigsten Botschaften im Bildungswesen lautet: Alle sind gleich, jeder kann das Abitur haben. Das hören die Leute gern. Alle Eltern glauben, dass ihre Kinder hochbegabt sind. Eh klar! Seltsam ist nur, dass es trotz der vielen Hochbegabten dann doch so viele Trottel gibt, die glauben, aufgrund irgendwelcher struktureller Umstände und gesellschaftlicher Misslichkeiten daran gehindert zu werden, ihre Talente zum Wohle aller einzusetzen. So strickt jeder an seiner Geschichte und findet die Widerstände in der Gesellschaft, die ihn nicht zu dem werden haben lassen, was eigentlich ihm zukommen hätte müssen, wenn alles mit rechten und gerechten Dingen zugegangen wäre. Aber die anderen waren es ja, die ihn aufgehalten haben, die ihn in seinen Entwicklungen eingeschränkt haben.

Herr Professorin Dr. Dr. mult. Vollhorst

Für den einen ist Bildung immer was Höheres, irgendetwas mit Goethe und Schiller. Für andere hat Bildung etwas mit Lesen, Schreiben und Rechnen zu tun, und die Allgemeinbildung lässt man sich von der ARD verabreichen. Beim Quiz mit Hirschhausen oder Pilawa!

Wieder andere bestehen darauf, dass »Bildung etwas mit Menschwerdung zu tun hat«. »Der ganze Mensch« sei in den Blick zu nehmen. Der ganze Mensch? Wann ist der Mensch ganz? Schon klar, was damit gemeint ist. Geist, Seele und Leib müssen eine Einheit bilden, aber sind Männer dazu auch in der Lage? Welche Vorlieben hat der ganze Mensch? Ist der hetero oder homo? Der ganze Mensch ist am Ende bisexuell und einfach nur geil.

Ich habe keine Ahnung, was er beruflich macht und welches Auto er fährt. Sucht der ganze Mensch auch mal

einen Parkplatz? Am Ende ist er Katholik und Pollenaller-
giker mit mittlerer Reife oder gar mit Abitur!

Aber Vorsicht! Wenn einer Abitur hat, ist er noch nicht
gebildet. Es gibt strunzdumme Abiturienten. Gut, sie wissen oft eine Menge über alles Mögliche, was sie zur Erlan-
gung eines Abiturs wissen müssen, sie kennen den Sinus
und Kotangens, konstruieren Schnittpunkte von Wende-
tangenten auf der XYZ-Achse, berechnen Summenfor-
meln mit 4 Unbekannten, sie beherrschen Fremdsprachen, sprechen vielleicht fließend Latein und Altgriechisch,
können Gedichte in vier Sprachen interpretieren. Nur
Wissen allein macht noch keinen zu einem gebildeten
Menschen. Es gibt Bankräuber, die wissen eine Menge
über den systematisch durchdachten und logistisch einwandfrei organisierten Bankraub. Aber niemand käme
auf die Idee, einen Bankräuber aufgrund seiner Kenntnisse und Erfahrungen im Bankausrauben als gebildeten
Menschen zu bezeichnen. Obwohl in deutschen Knästen
sicher hochgebildete Verbrecher ihre Strafe absitzen.

Also, halten wir fest, es gibt gebildete Gesetzesbrecher,
vielleicht sogar mit Abitur, Promotion und Habilitation,
die vor einem deutschen Gericht standen und ihrer gerechten Strafe zugeführt wurden, weil sie sich erwischen
haben lassen. Zur Bildung gehört also auch, sich nicht erwischen zu lassen.

Eine deutsche Schule lehrt zwar auch in dieser Hinsicht
diverse praktische Anwendungsmöglichkeiten, aber das
Fach Korruption fehlt leider. Dabei wäre es so wichtig!
Denn auch dabei ist einiges zu beachten, wenn man es
professionell angehen will. Man kann auch dabei sehr viel
falsch machen. Und was auch fehlt, ist ein Unterrichtsfach
für professionelles Mobbing, Intrigieren und Karrierepla-
nung. In diesem Bereich herrscht die blanke Willkür, da

wird noch zu viel improvisiert, da fehlt die Systematik. Wie wär es mit einem Lehrstuhl für »Intersubjektivität, Kommunikation und interkulturelle Rücksichtslosigkeiten«? Ich schlage als Gründungsprofessor Carsten Maschmeyer vor. Aber vermutlich scheitert diese Einrichtung am Geld.

Ganz laut fordert der Vollhorst deshalb mehr Geld für die Bildung. Immer wieder muss er öffentlich feststellen, dass Geld fehlt. Er zitiert dann immer irgendeine Statistik: Von der OECD, von der Friedrich-Ebert-Stiftung, eventuell auch von der Hanns-Seidel-Stiftung. Manchmal ist auch eine Shell-Studie darunter und ganz selten eine vom ADAC. Hauptsache Studie! Das klingt nach Wissenschaft, nach Genauigkeit, nach unbestechlichen Daten. Und wir Deutschen lassen uns am liebsten von einer wissenschaftlichen Erhebung überzeugen und belehren. Dazu gibt es sicher auch eine Studie.

Ein noch größeres Überzeugungspotenzial hat nur noch die Stiftung Warentest. Diese Institution schätzt der wissenschaftsgläubige Deutsche noch höher ein als die Unfehlbarkeit des Papstes. Die Päpste der Postmoderne machen nur noch sehr selten davon Gebrauch, was schade ist, weil Unfehlbarkeit Orientierung und Sicherheit im Leben gibt. Und das ist es doch, was wir alle so dringend nötig haben. Ethische Navigation, moralische Leitplanken. Da ist schon mal einer mit Unfehlbarkeit ausgestattet und lässt sie einfach links liegen. Die Folge sind endlose Debatten um das Richtige und das Falsche, das Gute und das Böse, bei denen nichts rauskommt.

Deshalb muss immer alles bis in die tiefsten Gründe hinunter untersucht und abgesichert sein, bevor einer seine Skepsis ablegt. Darum taucht in jeder x-beliebigen Zahnpasta-Werbung ein Professor auf, der die Wissenschaftlichkeit dieser Zahnschmiere untermauern kann, weil das Zeug sonst in den Augen der deutschen Mundhygieniker nichts taugt.

Nichts geht den Deutschen über einen Professor, der steht für das totale Bildungsideal, das heißt, er ist ehrlich und glaubwürdig, weil er gebildet ist. So glauben wir. Wenn aus professoralem Munde verkündet wird, dass »aufgrund zahlreicher Studien« nachgewiesen wurde, dass diese Paste den Zahnschmelz härtet und vor Karies schützt, warum sollten wir sie dann nicht kaufen? Willst du deine Beisserchen unnötig gefährden, deine Kauwerkzeuge aufs Spiel setzen, Mundfäule oder Zungenkrebs riskieren, wider besseres Wissen und entgegen der »wissenschaftlich erwiesenen« Wirkung, verkündet von einem deutschen Professor? Vor einem Professor geht man gerne in die Knie, weil man glaubt, dass er ungeheuer viel weiß, wissen muss, sonst wäre er ja nicht Professor! Zu der mit einem Titel belegten Weisheit schauen wir gerne auf. Der Professor wird nicht mehr als Mensch wahrgenommen, sondern als wissenschaftliches Hirn, als Träger gesicherter Datensätze.

Dabei sitzen auf deutschen Lehrstühlen auch einige Vollpfosten und Vollhorste, um mal wieder aufs Thema zu kommen. Ein Professorentitel hat nicht immer etwas mit Bildung zu tun. Ein Professor hat zwar in der Regel studiert, promoviert und sich schließlich habilitiert. Es soll aber inzwischen auch welche geben, die ganz ohne »Habil« den Lehrstuhl erklommen haben. Da hat natürlich einer nachgeholfen und angeschoben. Meistens einer aus der Politik. Na wer wohl? Ein Vollhorst? Denn der Vollhorst lässt sich gerne auch mal was einreden. Er selbst ist ja ebenfalls wissenschaftsgläubig. Gegen die Wissenschaft kommt keiner an. Wenn irgendwo das Etikett »wissenschaftlich« draufklebt, traut sich kaum noch einer, was dagegen zu sagen.

Das Problem sind die anderen

Der Mensch verhält sich oft blöd. Das ist bekannt und passiert nicht nur in Bayern. Blödheit kann überall auf der Welt vorkommen, weil es überall auf der Welt Menschen gibt, die sich blöd verhalten. Sogar in Amerika, bis hinauf in höchste Regierungskreise, kann es zu enormen Verblödungen kommen. Ich könnte jetzt George W. Bush anführen, aber das wäre zu einfach. Vielleicht war die Idee, biologische Waffen im Irak zu suchen, gar nicht so blöd? Blöd war nur, dass im Irak keine gefunden wurden, weil es dort nie welche gab. Und geradezu saublöd war, dass die Lüge aufkam.

Bill Clinton? Im Oval Office mit der Praktikantin Monica Lewinsky! Das war schon nicht sehr intelligent, aber vermutlich unheimlich geil. Er konnte vielleicht nicht anders. Gerade Männer können oft nicht anders. Sebastian Edathy ist auch so ein Fall. Er hat mitgeteilt, er habe sich die Bilder von nackten Kindern nur aus »kunsthistorischem Interesse« heruntergeladen. Eine wirklich überzeugende Begründung. Als Ursache für solche blöden Sachen kommt eigentlich nur dieses Testosteron in Frage. Es handelt sich um jenes hinterhältige Hormon, das den Mann, manchmal, wenn ihn dieses Hormon überfällt, unüberlegt handeln lässt. Der Mann sei dann mehr oder weniger schwanzgesteuert. Man spricht auch vom Heldenhormon. Verständlich, weil der Held oft a bissl blöd ist. Muss er auch sein, andernfalls würde er sich nicht in die Gefahren begeben, die ihn zum Helden machen. Vorausgesetzt, er übersteht sie. Ansonsten ist er tot. Wobei ein toter Held wiederum den Vorteil hat, dass er über seine Blödheit nicht mehr nachdenken muss.

Manchmal merkt es der Mensch gleich, wenn's passiert, manchmal erst nach Tagen, und manchmal auch gar nicht. Das ist wie so vieles individuell verschieden. Nur vorher merken es die wenigsten. Doch ist es nicht ausgeschlossen, dass der Mensch mit sich ins Gespräch kommt und plötzlich zu sich sagt, jetzt hab ich mich grad blöd verhalten. Hoffentlich hat es keiner gemerkt. Diese Hoffnung ist oft vergebens, aber bisweilen geschieht es eben doch. Gut, dass ich es noch gemerkt habe! Sagt sich der einsichtige Blödian dann.

Ja, der Mensch hat manchmal ein Einsehen, dann sieht er ein, wie blöd er sich verhalten hat, und das ist oft ein erstes Anzeichen für Intelligenz. Doch fällt es ihm schwer, es zuzugeben. Gegenüber den anderen. Die anderen sind nämlich immer das Problem. Ihre hämischen Blicke vor allem, die für viele nur schwer zu ertragen sind, und die Zeigefinger, die auf den Schwächling, den »Trottel«, den »Vollpfosten«, den Horst, oder wie man den Ungeschickten sonst noch gerne nennt, gerichtet sind. »Schaut's euch den an, wie blöd kann man nur sein!«

Noch schlimmer ist das vergiftete Mitgefühl. »Der Ärmste! – Mei, was macht er jetzt? Ist er noch mal Vater geworden! Samenraub! In der Besenkammer! Hat sie ihn reingelegt. Was wird jetzt die Frau dazu sagen? Kann er überhaupt noch im Amt bleiben, jetzt, wo alles in der Öffentlichkeit breitgetreten wird? Ah, er kann.«

Wie reagiert man da als Betroffener? Mit Humor natürlich. Ja, schon, nur wenn man gerade keinen hat, was macht man dann? So tun, als hätte man einen! Hilft aber auch nicht viel und ist oft noch komischer. Wer den Schaden hat, braucht sich um den Spott nicht auch noch zu kümmern. Da gibt es eine soziale Arbeitsteilung. Um sich so etwas zu ersparen, findet man lieber eine vernünftige Rechtfertigung für die eigene Blödheit.

Es gibt aber auch positive Fälle. Die Frau Käßmann zum Beispiel. Die ist ziemlich angesoffen Auto gefahren und erwischt worden. Skandal! Die Vorsitzende der evangelischen Kirchen in Deutschland hatte einen in der Krone! Zurückgetreten! Bravo. Vorbildlich. Und einen tollen Satz rausgelassen. »Niemand kann tiefer fallen als in Gottes Hand.« Ein trostreiches Wort zur rechten Zeit. Die Frage ist nur, warum lässt er seine treue Dienerin, Margot Käßmann, überhaupt fallen? Weil er auch mal einen Spaß haben will? Der liebe Gott hat Humor!

Das muss nicht immer so sein. Aber in der Politik geht's oft gar nicht anders. Da lässt der Herr sie fallen, wie es ihm gefällt. Nur wegen Trunkenheit im Parlament fällt keiner auf die Nase. Nö. Da muss schon einer etwas Verruchtes angestellt haben. Beispielsweise den Crystal-Meth-Dealer direkt ins Parlament bestellen oder beim Verfassen der Doktorarbeit fremde Gedanken als die eigenen ausgeben und dabei auch erwischt werden. Dann ist die Kacke am Dampfen. Erfolgreichen Persönlichkeiten passiert so was natürlich nicht, weil die wissen, was sich gehört. Nämlich vor den Wahlen versprechen, was sie hinterher nicht halten können, weil der Wähler dummerweise auch noch die anderen gewählt hat. Und nun müssen sie Kompromisse eingehen, weil sonst das Land nicht ordentlich regiert werden kann, was ein großes Unglück wäre. Und nun müssen Drohnen angeschafft werden und anderes Fluggerät und Flughäfen gebaut werden, die nicht eröffnet werden können, weil sie einfach nicht den feuerpolizeilichen Vorschriften genügen und einiges mehr. Das Übliche. Und wegen der Verschwendung von Steuergeldern ist noch keiner zurückgetreten.

Föderalissimus

In der Politik muss das Unvernünftige vernünftig begründet werden, deshalb haben wir 16 Bundesländer. »Unter diesen 16 Bundesländern befinden sich Länder, bei denen ich mich frage, ob wir die wirklich brauchen? Da sind sehr putzige Gebilde drunter. Das Saarland beispielsweise braucht kein Mensch! Also ich brauche das Saarland als Bundesland nicht! Das Saarland ist hochverschuldet. Die Regierung steht ständig in Berlin auf dem Fußabstreifer und bettelt um Geld, damit sie an der Saar weiter Parlament, Regierung und Opposition spielen können. Das Saarland hat nicht einmal eine Million Einwohner. Aber ein Parlament. Eine Regierung mit Ministern. Die haben dort tatsächlich einen Finanzminister, der immer schaut, wie hoch die Schulden inzwischen angewachsen sind. Das Saarland ist nicht lebensfähig als Bundesland. Deshalb schlage ich vor, dass wir dieses Regierungsgebilde abschaffen. Nicht das Saarland. Als Landstrich bleibt es weiterhin schön und soll liegen bleiben, wo es sich befindet. Vielleicht den Franzosen schenken? Die können mit Schulden besser umgehen! Das Saarland als Landstrich ist ja lieblich und anmutig, und der Wein soll inzwischen nicht nur genießbar, sondern ganz hervorragend sein, das soll auch so bleiben, aber brauchen wir dort wirklich eine Regierung? Dieses Ländchen könnte man doch, sagen wir, von Mainz aus mitregieren?

Rheinland-Pfalz ist auch so ein Ländchen, wo ich mich immer frage, wer hat denn dafür Geld gekriegt, dass dieses Bundesland entstanden ist? Kann man das nicht zusammenlegen mit Hessen? Dann rentiert sich vielleicht eine eigene Regierung.

Bremen ist auch so ein Fall. Aber da hab ich mich schon erkundigt, die Bremer haben so viele Schulden, die will keiner haben. Niedersachsen hat schon abgewunken.

Mecklenburg-Vorpommern! Ist der Rechtschreibreform leider nicht zum Opfer gefallen. Wer braucht Mecklenburg-Vorpommern? Bei diesem Land soll es sich um die am dünnsten besiedelte Gegend Deutschlands handeln. Die Leute halten es dort nicht aus, viele ziehen einfach weg. Nach Bayern oder Brandenburg? Keine Ahnung. Ich würde dieses Land den Polen zur Verwaltung überlassen. Ja, warum nicht? Wir basteln am großen Haus Europa und im eigenen Land spielen wir mit kleinsten Regierungseinheiten, die alle einen Haufen Geld verschlingen.

Was bietet das Saarland, außer Schulden? Lafontaine! Ist aber auch nicht mehr das, was er mal war. Den Saarländischen Rundfunk! Und, sehr wichtig, die nahe Grenze zu Frankreich. Wenn es wenigstens eine Steueroase wäre! Äh, Finanzplatz wollte ich sagen. Ich meine analog zu Luxemburg. Man sagt korrekterweise Finanzplatz zur Steueroase, wenn alles legal abgeht! Und daran kann kein Zweifel bestehen.

Wie viele Einwohner hat München? 1,4 Millionen. Haben wir eine eigene Regierung? Ein Kabinett? Sind wir ein Bundesland? Nee! Aber das Saarländchen. Und das Bremer Ländchen. Und das Hamburger Ländchen. Und überall haben wir Kabinettchen und Ministerchen.

Berlin ist übrigens auch ein Bundesland. Und hat nicht nur einen Flughafen, der irgendwann vielleicht eröffnet wird, sondern auch Rekordschulden. 60 Milliarden haben Wowi und seine Vorgänger angehäuft, natürlich immer zum Wohle Berlins. Die Pensionen der Berliner Beamten betragen für die zukünftigen Jahre noch mal 70 Milliarden, haben sie ausgerechnet, macht zusammen 130 Milliarden. Super! Wie konnte das passieren? Es weiß keiner. Oder es will keiner wissen. Zum Vergleich: Zypern hat 18 Milliarden Schulden. Und da war aber Weltuntergang, als das rauskam. Das Europäische Häuschen hat gewackelt! Manche haben schon befürchtet, dass die Hütte einfällt. Aber Zypern ist gerettet! Nur, wenn ich wählen kann zwischen Zypern und dem Land Berlin, gell, dann nehme ich Zypern. Berlin könnte man abschaffen, finde ich, als eigenes Bundesland. Man könnte es zusammenlegen mit Brandenburg. Auch so ein Land, das keiner braucht. Aber das wollten die Brandenburger und Berliner ja nicht. Nach der Vereinigung hat man gesagt, wir brauchen noch mal eine Teilung, und hat diese Ländchen eingerichtet. Sachsen-Anhalt! Nein, wir Deutschen lieben das Putzige, das Fachwerk, das Enge, das Kleinteilige, das Puzzle, das Regionale – oder, wie wir auch sagen: die Vielfalt.

Diese offensichtlich gewünschte Vielfalt ist am aufdringlichsten in der Schulpolitik zu beobachten. Bildungspolitik ist Länderhoheit. Wir haben deshalb 16 Kultusministerhoheiten oder, wie ich immer sage, 16 Haubentaucher, die sich auf der Kultusministerkonferenz treffen, wo sie tatsächlich darüber nachsinnen, ob wir in Deutschland vergleichbare Bildungsstandards (ist der Plural erlaubt? Kann es wirklich mehrere Standards geben?) brauchen. Ich finde diese Frage nicht nur seltsam, ich finde sie auch extrem lachhaft. Wir haben in diesem vielfältigen Deutschland 16 verschiedene Schul- und Bildungssysteme, mit einer Unmenge von Lehrplänen, die durch

»kompatible Bildungsmodule transparent und durchlässig« erscheinen.

Das sieht dann so aus, dass Schüler, die mit ihren Eltern aus Hamburg nach München umziehen, »in der Schule nicht mitkommen«, weil sie in Hamburg am Gymnasium in der 11. Klasse noch nicht so weit sind wie in Bayern in derselben Jahrgangsstufe. In Mathe, Physik und Chemie.

Vielleicht haben sie deshalb in Hamburg 2014 im Fach Deutsch im Abitur dieselbe Aufgabe wie im Jahr zuvor gestellt, weil die verantwortlichen Pädagogen gedacht haben, letztes Mal hat es gut hingehauen, warum sollen wir daran etwas ändern?

In Bayern schreiben Schüler ein Zentralabitur. In Bremen werden die Abituraufgaben an der Schule von Lehrern zusammen mit den Schülern, wie soll ich sagen, erarbeitet? Bremen hat kein Zentralabitur. Rheinland-Pfalz auch nicht, und in Nordrhein-Westfalen machen pro Jahrgang 50 % das Abitur. Wer hätte das gedacht? Die klügsten Deutschen leben in Nordrhein-Westfalen. In Bayern nur um die 30 % pro Jahrgang. Die Bayern sind halt immer schon a bissl dümmer gewesen. Oder liegt es einfach an der regionalen Vielfalt? Die bayerischen Lehrer sind sehr stolz auf ihre Schüler, weil sie höchsten Bildungsansprüchen genügen. Das bayerische Abitur gilt als besonders schwer.

Das Bremer Abi als besonders leicht. Es gibt selbstverständlich auch in Bayern sehr viele Einserabiturienten, trotz der hohen Anforderungen. Doch wenn es um die Vergabe der Studienplätze geht, in den Numerus-clausus-Fächern, Medizin, Zahnmedizin, Pharmazie etc., müssen die bayerischen Schüler mit den Westfalen und Bremern um die Plätze an bayerischen Universitäten konkurrieren. Und jetzt fragen sich Schüler aus Bayern, warum es in diesem Deutschland keine einheitlichen Anforderungen zum Erreichen des Abiturs gibt? Warum führen wir nicht das bayerische Zentralabitur in ganz Deutschland ein? Was spricht dagegen? Oder meinetwegen können wir auch das Bremer Abitur in ganz Deutschland einführen. Warum verweigern sich die bayerischen Bildungspolitiker diesem Vorschlag? Vielleicht ist das dann doch eine ziemlich dumme Frage, die ich hier stelle, weil die bestechende Antwort darauf längst gegeben wurde und von überzeugten Föderalisten immer wieder vorgetragen wird. Es gibt bestimmt viele vernünftige Argumente für diese deutsche Bildungsvielfalt. Nur welche?

Am Ende müssen Schüler und Schülerinnen aus Bayern höheren Anforderungen genügen, weil sie intelligenter sind als Schüler und Schülerinnen aus anderen Bundesländern. Man will sie nicht unterfordern, weil sie sich sonst langweilen könnten. Steckt hinter dem Föderalismus die Idee einer besonderen Auslese?

UM – der unbekannte Mitarbeiter

Es klingelt und der Murat schleppt Pakete in den zweiten Stock. Für mich ist keins dabei, aber ich bin zu Hause. Murat fragt, ob ich für die Nachbarn etwas annehmen kann. Für Sigrid Skripanek und Roswitha Klingel? Er legt den Kopf zur Seite und schaut mich an wie ein Hund, der gestreichelt werden möchte. Es sind nur diese zwei Pakete. Ich schau drauf, von Amazon und Zalando. Ich zögere ein wenig und denke warum nicht? Skripanek und Klingel wohnen im Hinterhaus. Oder? Vielleicht lerne ich sie jetzt kennen? Natürlich. Murat lacht und schwitzt. Er verspricht eine Mitteilung in den Kasten der beiden zu werfen. Damit Skripanek und Klingel wissen, wo ihr Zeug lagert. Murat hält mich zweifellos für vertrauenswürdig. Er glaubt, dass ich zuverlässig genug bin, diese wichtige treuhänderische Aufgabe in seinem Sinne zu meistern. Das tut meiner Seele gut. Ich übernehme Verantwortung. Ich bin hilfsbereit. Man ist ja auch Mitmensch. Umgekehrt nehmen die dann vielleicht auch mal was für mich an, denke ich. Aber ich bin eh meistens da. Ich nehme an, sage ich, dass ich etwas annehmen kann. Murat versteht das Wortspiel und lacht schon wieder. Der Türke lacht gern. Zumindest die Pakettürken lachen alle bei mir an der Wohnungstür. Die Post wird inzwischen fast ausschließlich von Türken zugestellt. Das ist mein ganz subjektiver Eindruck. Sicherlich gibt es auch noch Paketzusteller aus anderen Nationen, die auch alle sehr fleißig und zuverlässig sind. Murat spricht perfekt Deutsch. Ich halte mich mit der Frage zurück, warum er so gut deutsch spricht. Er könnte das als respektlos auffassen. Möglicherweise ist das schon eine Diskriminierung? Er fragt mich ja auch nicht, warum ich so gut Deutsch spreche und nicht Türkisch? Ich habe aber schon daran gedacht türkisch zu lernen, um mich besser integrieren zu können.

Bitte hier unterschreiben! Er hält mir ein Gerät hin und ich unterzeichne in einem kleinen Bildschirm. Die Nachbarn sind nicht zu Hause. Sagt Murat traurig. Sie sind in der Arbeit. Wahrscheinlich, stimme ich ihm zu. Wir müssen alle arbeiten, sagt er und schaut mich fragend an. Ich krieg sofort einen Rechtfertigungsschub und denke, was glaubt der, dass ich nichts tu, oder wie oder was? Ich arbeite zu Hause. Sage ich. Schön sagt er. Weil wenn ich nicht zu Hause arbeiten würde, dann müsste er die Pakete woanders abgeben. Es ist niemand da außer mir. Auf mich ist Verlass. Einer muss die Stellung halten an der Lieferfront. Und das bin ich. Wir leben in einer Konsumgesellschaft, in der immer mehr Menschen bei Versandhäusern Waren bestellen, die sie nicht entgegennehmen können, weil sie zum Lieferzeitpunkt ihren Job außer Haus erledigen müssen.

Und irgendwann heute Abend oder im Laufe des morgigen Tages werde ich die Pakete und Postsendungen an sie aushändigen und werde großen Dank dafür ernten, dass ich zu Hause war, um anzunehmen, was nicht für mich bestimmt war, sondern für sie. Für meine lieben Nachbarn, die ich zum Teil noch nie gesehen habe. So bin ich. Ich bin der Postmann hier im Hause. Es erfüllt mich mit Stolz, dass ich diese hoheitlichen Aufgaben in diesem Land erledigen darf. Bevor die Post privatisiert wurde, waren es tatsächlich Beamte, die diese verantwortungsvollen Zustellaufgaben, erledigten. Bis irgendwer festgestellt hat, dass auch der angestellte, nicht verbeamtete Türke sehr zuverlässig solche Angelegenheiten zur vollsten Zufriedenheit erledigen kann und lange nicht so viel an Kosten verursacht, wie ein verbeamteter Zusteller der deutschen Post. Wenn es klingelt, lasse ich immer sofort alles liegen und stehen, um den Anforderungen eines modernen Zustellbetriebs zu genügen. Ich fühle mich als freier Mitarbeiter des DHL. Ich bin sicher, der DHL weiß von meiner Arbeit gar nichts. Ich bin der unbekannte Mitarbeiter. Und das ist auch gut so, sonst müsste ich zweimal jährlich zum Betriebsarzt und der würde mich gründlich untersuchen und mich möglicherweise als ungeeignet einstufen. Weil ich ja, bitte, das muss unter uns bleiben gar keine Ausbildung für die Paketannahme und sachgemäße Lagerung habe. Bisher gab es keine Beschwerden, aber wer weiß, was die Zukunft bringt.

In letzter Zeit träume ich manchmal von Paketen, die ich annehme, die aber dann nie abgeholt werden. Jeden Tag kommen neue Pakete. Alle von Amazon. Täglich werden es mehr und mehr. Ich weiß schon gar nicht mehr, wo ich sie lagern soll. Überall in unserer Wohnung stehen Pakete. Im Schlafzimmer, im Bad, in der Küche, im Wohnzimmer. Murat schleppt sie schwitzend rauf vor unsere Wohnungstür und ich quittiere die Entgegenahme. Als ich Murat davon erzähle, lacht er. Bist du Messie? Ich werde noch eine Wohnung dazumieten, damit ich Platz bekomme für all die Pakete, die ich für meine Nachbarn annehme. Ich bitte Murat, keine Pakete mehr auszuliefern. Er lehnt schroff ab. Er müsse leben. Und das sei teuer.

Inzwischen hat es sich im ganzen Viertel herumgesprochen, dass ich sehr zuverlässig und vertrauenswürdig bin. Ich nehme inzwischen auch Pakete von Leuten aus ganz Haidhausen an. Man kennt mich, man grüßt mich freundlich und nennt mich liebevoll den Packl-Bruno von Haidhausen. Nur damit Sie sehen wie weit ich mit meiner Freundlichkeit gekommen bin. Neulich war beim Tegelmann morgens keiner da. Da klingelt es bei mir, um kurz nach Fünf in der Frühe. Ich raus aus den Federn, steht unten ein Lieferant mit ungefähr 15 Paletten Frischware. Vor allem Fisch und Fleisch. Schollen Frischfang, Kabeljau, und dieser Pangasius. Ob ich sie annehmen könnte. Ich sag, dafür bin ich da. Na freilich, warum nicht, bring sie rauf. Ruf ich runter. Er nimmt die Ameise, die er hinten auf der Ladefläche hat, also seinen mobilen Gabelstapler, und hebt mir die Paletten Frischfisch direkt durchs Fenster in den zweiten Stock ins Schlafzimmer rein. Ich habe mich dann noch mal hingelegt, weil es doch noch ein bisserl früh am Tag war. Da klingelt das Telefon, und dran ist der Marktleiter vom Tengelmann, der Herr Scheibenzuber. Den kenn ich, der hat schon wieder a bissl a Fahne gehabt, ich hab's riechen können durchs Telefon, und fragt, wo die Ware bleibt? – Steht bei mir im Schlafgemach. Hab ich gesagt mit leichter Ironie. Schlafgemach! Wiederholt der Scheibenzuber. Was, sagt er, der Pangasius befindet sich bei Ihnen im Schlafzimmer? – Ja. Bestätige ich. – Da hat er nichts zu suchen. –

Ich weiß, aber unser Kühlschrank war zu klein. – Und dann kommt er mir blöd. Ich soll ihn schleunigst bei ihm abliefern. – Sage ich, nein, ich bin nur das Zwischenlager, abholen muss er ihn selber. – Kommt überhaupt nicht in Frage. – Er kann nicht weg. – Dafür hab ich immer Verständnis, wenn einer nicht weg kann. – Einer muss immer da sein. – Gut, ich habe eine Spedition angerufen und die haben mir gesagt, dass sie kurzfristig keine Kapazitäten frei haben. Nächste Woche frühestens. Ich habe einen Schreikrampf gekriegt und bin im Schlaf hochgeschreckt. Meine Frau fragt, was ich habe. – Schau dich um, sag ich wir haben 15 Paletten Frischfisch im Schlafzimmer. – Wo fragt sie. – Ich seh keine Paletten. Na, dann hat sie der Scheibenzuber doch schon abgeholt.

Vielleicht sollte ich auch mal was bestellen, bei Amazon oder bei Otto in Hamburg und wenn das Zeug geliefert wird, bin ich nicht da. Bin gespannt wer's annimmt.

Paradiesische Zustände

Rosi, irgendwas machen wir falsch. Wir sind umgeben von Steuerparadiesen. Warum haben wir in Bayern kein Steuerparadies? So wie Irland und die Niederlande? Starbucks, die Kaffeekocher, zum Beispiel, die haben ihren

Steuersitz in den Niederlanden! Wir saufen den Kaffee und die Gurkenknipser kassieren die Steuer. Ich versteh das, weil dort der Steuersatz bei ... – leck mich am Arsch, halt dich fest, jetzt pass auf: bei 2 % bis 3 % liegt. Das hat auch die irische Band U2 verstanden, ich weiß nicht, ob die Niederländisch sprechen, aber die haben ihren Steuersitz auch an irgendeiner Gracht. Für den Bono hätte ich ein ganz ausgefuchstes Steuersparmodell: Wenn ich der Bono wär, ich tät die Noten der Songs in Holland versteuern, die Texte aber in Irland, weil nämlich Schriftsteller in Irland grundsätzlich von der Steuer befreit sind. Der Geist arbeitet in Irland steuerfrei. Vielleicht haben sie sich gesagt, das bissl Geist, das wir haben, das müssen wir nicht besteuern. Wie die Luxemburger ihren Geist versteuern, weiß ich nicht. Aber steuerlich machen sie Angebote, die man nicht ablehnen kann. Ganz IKEA versteuert seine Gewinne in Luxemburg, die Schweden wissen, was sich gehört. Wohnst du noch oder versteuerst du schon? Die Deutsche Bank versteuert ihre Gewinne in Luxemburg – und das schon seit Jahren. Das ist natürlich empörend. Alle sind empört. Auch der Juncker ist empört! Er sagt aber, solange es keine Steuerharmonisierung in Europa gibt, kann es so sein, wie es ist. Wenn nämlich diese Unternehmen nicht in Luxemburg ansässig wären, dann hätten sie im putzigen Luxemburg überhaupt keine Steuereinnahmen. Und wenn die EU den Luxemburgern jetzt diese Einnahmen wegnimmt, dann sind die pleite. Dann können wir drauf warten, bis die Luxemburger nach Deutschland einwandern, um unsere Sozialsysteme zu plündern. Armutsmigration! Nein, also da hört die Solidarität auf. Deshalb bin ich dafür, mit einer groß angelegten Werbekampagne in die Offensive zu gehen: Legal Steuern hinterziehen? Ganz Europa steht hinter Ihnen!

Der Juncker hat gesagt: Auf widerliche Fragen antworte ich nicht! Die Journalisten sind aber auch unfair. Die wollten wissen, ob er in seiner Zeit als Finanzminister gewusst hat, welche Steuergesetze in Luxemburg gelten.

Angebot ohne Nachfrage

Korruption? Geht selbstverständlich gar nicht! Ein ganz böses Wort.

Das Beste, was man über die Korruption sagen kann, ist, dass sie menschlich ist. Die Käuflichkeit von Menschen ist ein interessantes Thema. Die Frage lautet: Gibt es Menschen, die nicht käuflich sind, und wenn ja, wie hoch ist ihr Preis? Die Rede ist jetzt nicht vom Menschenhandel, die Sklaverei ist weitgehend abgeschafft. Sie existiert rudimentär im Zeitarbeitswesen, wo sie ein kümmerliches Dasein fristet. Ich spreche jetzt auch nicht von Profifußballern, die auf dem Transfermarkt gegen entsprechende Summen den Verein wechseln. Darüber regt sich kaum einer auf, das ist normal, dass Fußballer verkauft werden. Die meisten haben ein gewisses Talent, und ein paar von ihnen können sogar richtig Fußball spielen, die kosten dann noch mehr, was man von Politikern nicht immer behaupten kann. Aber diese vielleicht auch bedenklichen Vorgänge meinen wir nicht, wenn wir von Korruption sprechen.

Von Korruption im engeren Sinne sprechen wir, wenn einer eine Machtposition innehat, in der Politik, in der Justiz oder auch der Exekutive, die ihn in die Lage versetzt, etwas bewirken zu können. Politiker sprechen gern auch von »Gestaltungsspielräumen«. Und manche dieser

Gestaltungen lassen sich durch eine Zuwendung beschleunigen. Und was heißt schon Korruption? Jeder denkt sofort, uih, das ist aber pfui! Sind wir ehrlich! Korruption klingt hässlich, gleich schwingt da etwas Negatives mit. Man denkt an Fäulnis, Filz und Entartung, man denkt sofort an politische Parteien. Mancher denkt vielleicht an die CSU, die FDP und vergisst die anderen alle. Die SPD, die Linke, die Grünen oder auch die AFD. Ich will bei diesem Thema niemand ausschließen. Das ist nicht meine Sache. Wir wollen nicht ungerecht sein. Ich plädiere sowieso für mehr Sachlichkeit.

Nehmen wir mal an (ja, jetzt nehmen wir mal was an! Ist es möglich, jemanden mit einer gedanklichen Spekulation zu bestechen?), ein Ministerpräsident steht in der Verantwortung für sein Land. Und er denkt, was kann ich für mein Land tun, damit es gedeiht und blüht? (Und was springt dabei für mich heraus? Ansehen? Ruhm? Vielleicht sogar eine Provision? Machen wir uns nichts vor, das überlegt er auch.)

Die Menschen brauchen Arbeit, um ihren Lebensunterhalt zu verdienen. Wenn nun zu wenig Arbeit vor Ort ist, weil die Gegend »Strukturprobleme« hat, weil »die Struktur nicht stimmt«, was immer damit gemeint sein mag. Es fehlt ganz einfach an Arbeitsplätzen. Der Ministerpräsident kann keine Arbeitsplätze schaffen, das weiß er, aber er behauptet, dafür sorgen zu können, dass Arbeitsplätze entstehen. Wie macht er das? Er macht den Standort fit. Unser Ministerpräsident ist ein ganz schlauer Fitmacher. Er wirbt für sein Land bei den Unternehmen. Er möchte Unternehmen ansiedeln. Er lockt also. Mit was denn? Na? Mit besonderen Bedingungen! Er bietet nicht nur gute Luft, Theater und Kultur, das auch, ja, und er verweist auf die Nähe der Berge und den hohen Freizeitwert, die guten Schulen und die freundlichen Bewohner. Verspricht billige Grundstücke und niedrige Gewerbesteuern! Und rasche unbürokratische Genehmigungen! Und wenn das noch nicht langt, dann verspricht er ganz niedrige Steuersätze und will bei der »steuerlichen Gestaltung« behilflich sein.

Er nimmt also nicht sein Geld in die Hand, um die Unternehmen ins Land zu locken, sondern Steuergelder. Es handelt sich in diesem Fall nicht um Bestechung, sondern um Subventionen! Oder »regionale Strukturförderung«, wie unser Ministerpräsident das nennt. Vom Ablauf her ist es ähnlich und doch gibt es einen entscheidenden Unterschied. Der Staat darf bestechen, weil er ins Gemeinwohl investiert. Wenn eine private Person einer anderen Person Geld gibt, damit die ihr einen Vorteil gewährt, ist es eine Straftat, weil sie dann ins private Wohl investiert.

Es gibt nicht nur eine Moral. Es gibt immer mehrere Moralen (ein schöner Plural, oder?), eine Moral erster und zweiter Ordnung. Die erste gilt für alle, die keine Gelegenheit kriegen, nach der Moral zweiter Ordnung, die immer »eine höhere ist«, zu agieren.

Anderes Beispiel: Nehmen wir einen ehemaligen Bundeskanzler, der, als er im Amt war, »die entscheidenden Weichen gestellt hat, um die Deutschland AG für den internationalen Wettbewerb fit zu machen«. Als Weichensteller kam der Mann mit Leuten in Kontakt, die ihn vielleicht auch mal eingeladen haben, nicht nur zu einem guten Glas Rotwein, sondern auch zu einem Ferienaufenthalt. Möglicherweise haben sie die Existenzängste des Bundeskanzlers zerstreuen müssen, für die Zeit danach, wenn er mal nicht mehr seinen Schreibtisch im Kanzleramt hat. So ein Kanzler ist halt auch nur ein Mensch wie du und ich. Mit Zukunftsängsten! Ein Mensch, der sich fragt, was wird aus mir, wenn ich dereinst nicht mehr das Gemeinwohl im Auge haben werde? Wer wird sich dann meiner annehmen, wenn ich alt und ausgemustert bin? Können wir einem solchen Menschen unser Mitgefühl versagen? Natürlich nicht. Hat nicht auch ein ehemaliger Bundeskanzler ein Anrecht auf Verständnis? Logo!

Und dann kommt einer, der ihn bei der Hand nimmt, vielleicht umarmt, weil sie sich sympathisch sind, weil sie, wie man so sagt, die gleiche Sprache sprechen, auch wenn der eine Russe und der andere Niedersachse ist. Doch Menschen sind sie beide. Beide müssen sie essen und trinken. Verschiedener Herkunft zwar, aber beide kommen sie von ganz unten. Der eine ein russisches Waisenkind, der andere Halbwaise, ohne Vater, mit einer Mutter, die als Putzfrau für ihn sorgt, die schuftet, damit der kleine Gerd seinen Weg machen kann, der ihn ans Tor des Bundeskanzleramtes führt, wo er später mal dran rütteln wird, weil er ein wackerer Bursche mit einem gewaltigen Testosterondepot ist, den nichts und niemand aufhält. Und er macht seinen Weg, bis ganz nach oben, und dort treffen sie sich, die beiden, denen das Schicksal so übel mitgespielt hat. Der Wladimir und der Gerd. Und dann schließen sie Freundschaft und einen Pakt für sich und Deutschland. Und selbstverständlich auch für Russland. Es geht um russisches Gas und um die Festigung der deutsch-russischen Freundschaft. Und irgendwann schauen sich zwei Demokraten tief in die Augen und einer sagt: Ich glaube, das ist der Beginn einer wunderbaren Freundschaft.

Und weil das so ist, wird der eine nach seiner Kanzlerschaft Aufsichtsrat bei einem russischen Gasunternehmen und der andere freut sich, dass er was für seinen Freund tun kann. Und im Anschluss fließt nicht nur

Wodka, sondern auch Geld. Und selbstverständlich gehören zu jeder Freundschaft auch Geheimnisse. Sonst ist es ja auch keine richtige Freundschaft. Darum wissen wir auch nicht, ob das alles so seine Richtigkeit hat. Aber wir können davon ausgehen.

Es gibt nun Menschen, die behaupten, der ehemalige Kanzler habe sich kaufen lassen. In seiner Zeit als Kanzler habe er das Geschäft mit den Russen eingefädelt und im Anschluss, nachdem er aus dem Amt geschieden war, sei er von eben jener Firma Nord-Stream AG als Aufsichtsratsvorsitzender gekauft worden.

Polemik hilft nicht weiter. Es handelt sich nämlich, wenn man das Verhalten einmal unter der Lupe betrachtet, im Kern um Nächstenliebe. Ja, was denn sonst? Meistens liegt der Fall doch so: Der eine hält die Hand auf, weil er helfen will, sich in den anderen hineinversetzen kann, und der andere legt was rein, weil auch er helfen will, und schon schließt sich die Hand. Das ist menschlich. Beiden ist geholfen. Es findet ein Wertewandel statt. Geld wird in Verhalten umgewandelt. Dieses Verhalten setzt einen gewissen Charakter voraus, nicht jeder ist dazu in der Lage, aber vernünftige Zeitgenossen wissen, dass es ohne Korruption nicht geht, unser Zusammenleben würde ärmer.

Wer regt sich denn auf? Immer diejenigen, die noch nie bestochen wurden, oder aber nie die Gelegenheit dazu bekommen. Dass dadurch Unmut entsteht, kann man nachvollziehen. Ich will auch mal bestechen! Aber mir gibt keiner eine Chance. Wir sind uns doch einig: Einem, der nie Gelegenheit bekommt, etwas anzunehmen, dem fällt es leichter, standhaft zu bleiben, als einem, der ständig in Versuchung geführt wird. Oder um es einmal in einem Bild auszudrücken: Dem Impotenten fällt es leichter, treu zu bleiben.

Der Mensch ist bestechlich. Jeder sucht seinen Vorteil. Das ist in der Gattung von Natur aus so angelegt. Darum war korruptes Verhalten nicht immer schlecht angesehen. Im Gegenteil: Menschen, die besonders korrupt auftraten, genossen eine gewisse Bewunderung in der Bevölkerung. Zumindest war sie ihrem Ruf nicht abträglich. Ich denke an Caesar, zu seiner Zeit einer der beliebtesten Politiker, und der hat sich ständig kaufen lassen. Oder der deutsche Kaiser Karl V., der hat sich von den Fuggern kaufen lassen. Tja, was sollte er machen? Er war ja praktisch mittellos. Damals gab es in Deutschland noch Leute, die sich einen deutschen Kaiser leisten konnten. Bismarck hat sich den schönen Ludwig II. für 75 000 Goldmark gekauft. Es war vermutlich mehr Geld, ganz geklärt ist das aber nicht. Dafür hat der auf die deutsche Kaiserwürde verzichtet. Wie ärmlich war dagegen die Korruption eines Herrn Flick. Dieser Flick hat versucht, sich eine ganze Regierung zu kaufen. Und soviel wir heute wissen, waren die Minister damals relativ günstig.

Himmlische Korruption

Wir sollten einmal überlegen, ob Korruption nicht ein von Gott gegebenes, also von ganz oben eingesetztes Verhalten ist. Im Grunde genommen handelt es sich nämlich um eine göttliche Gabe, ein Geschenk, damit die Menschen besser miteinander auskommen. Dieses Verhalten, das wir heute abfällig als korrupt beschreiben, hatte ursprünglich etwas Heiliges. Tiefgläubige Menschen versuchen bis heute, ihren Gott mit Gebeten zu bestechen. Die Gläubigen des Alten Testaments haben mit Tieropfern versucht, den Herrn zu einem bestimmten Verhalten zu bewegen. Um ihn gewogen zu stimmen. Wie das hieß. Weil er ihnen ja nicht immer gewogen war. Der Herr konnte auch mal schlechte Laune haben. Und dann war die Stimmung schlecht. Wenn das Volk mal nicht so wollte, wie er sich das vorgestellt hatte, wenn das Volk murrte, oh, da konnte der Allmächtige richtig sauer werden. Da war der nur noch mit Opfern zu besänftigen. Die Priester wussten, der steht auf Blut, und darum haben die ihm bisweilen ganze Schafherden geopfert, weil sie sich nicht anders zu helfen wussten. Im Alten Testament steht, sie brachten ihm Opfer dar. Und dann war wieder eine Zeit lang Ruhe. Ob sie es wirklich wussten, weiß ich auch nicht. Sie glaubten es. Hatten keine andere Chance. Die Priester hatten den Kontakt zu ihm, und leiteten seine Botschaften an die Gemeinde weiter. Im Alten Testament kann man das alles nachlesen. (Priester und Metzger waren damals noch eine Berufsgruppe. Die Priester mussten, bevor sie die höheren Weihen empfingen, eine Metzgerlehre abgeschlossen haben. Die waren in derselben Innung. Erst wesentlich später hat man die beiden Tätigkeiten differenziert. Das nur nebenbei.)

Die Vorstellung der Gläubigen des Alten Testaments war, dass der allmächtige Herr mit Wohlgefallen auf das Opfer sah. Wenn sein Volk beispielsweise ein Nachbarvolk, sagen wir, die Hethiter überfallen wollte, haben die Priester vorher mit dem Herrn Kontakt aufgenommen, um seinen Rat einzuholen. Was meinst du, Herr, sollen wir die Hethiter überfallen? Und so brachten sie ihm Opfer dar. Der Rauch stieg auf, und wenn der Herr Wohlgefallen signalisierte, haben sie am nächsten Tag die Hethiter niedergemacht, weil es ja Gottes Wille war.

Die Frage, die uns heute noch bewegt, ist: War Gott tatsächlich mit Tieropfern ruhigzustellen? Er konnte ja sehr zornig werden. Bis sie dann den Bund geschlossen haben. Als Zeichen dieses Bundes wollte er die Vorhäute der männlichen Nachkommen. Die Vorhaut war damals ein normales Zahlungsmittel. Da fließt auch ein bisschen Blut und das tut immer gut.

Man muss sich auch mal kaufen lassen können. Es war wohl eine rechtsübliche Angelegenheit. Ich gehe zumindest davon aus, dass es von rechtlicher Seite keine Einwände dagegen gab.

Es kam im Lauf der Entwicklung im Verhältnis des auserwählten Volkes zu seinem Herrn zu einer Opferreform. Die genaueren Beweggründe, warum man eines Tages von den Tieropfern abließ, sind nicht bekannt. Fest steht nur, dass Gott, der Herr, seinen Sohn als Opfer ins Spiel brachte, um die Sünden hinwegzunehmen. Es muss zu gröberen Verstößen, eventuell sogar zu Verbrechen gegen die Gesetze des Herrn gekommen sein, die ihn dermaßen aufgebracht haben, dass er nicht mehr anders konnte, als seinen Sohn zu opfern. Da aber der Sohn mit Vater und dem Heiligen Geist eine Einheit bildet, hat Gott sich selbst geopfert. Sieht so aus, dass diese schweren Sünden und Vergehen auf andere Weise nicht mehr aus der Welt zu schaffen waren. Der führende Theologe der Zeit, Paulus, sagt dazu: »Wie nun durch eines Sünde die Verdammnis über alle Menschen gekommen ist, also ist auch durch eines Gerechtigkeit die Rechtfertigung des Lebens über alle Menschen gekommen.« (Röm. 5,18) Also, wenn ich das richtig verstanden habe, war es so, dass man ursprünglich ein Lamm zur Schlachtbank geführt hat, das sein Leben hingab als Schuldopfer zur Sühne. Wegen Erbsünde in Tateinheit mit Leben. Man brauchte schon immer einen Schuldigen und dafür gab es einen Sündenbock, der unschuldig ist, aber die Schuld auf sich nimmt.

Und diese Rolle übernahm im Neuen Testament der Sohn Gottes, der selber Gott ist. Es ist ein Deal, den Gott mit sich selber eingeht. Er opfert sich als Sohn, und nachher ist wieder alles gut. Mit dem »unschuldigen Lamm Gottes« versöhnt er sich mit der ganzen Menschheit. Juristisch betrachtet ist auch das im Kern ein Handel. Denn Paulus sagt: »Ihr seid teuer erkauft« (1. Kor. 6,20). Also, ein Sonderangebot war es nicht.

Damals wurde noch nicht in Euro oder Dollar abgerechnet. Gold war üblich und auch Silberlinge. In diesem speziellen Geschäft aber war die Währung flüssiges Blut. Das bestätigt Petrus, der als Notar dabei war (1. Petr. 1,18 f.). Die Käuflichkeit von Menschen ist damit von höchster Stelle aus legitimiert. Insofern braucht man sich nicht zu wundern, dass die Käuflichkeit bei Christen bis zum heutigen Tag hoch im Kurs steht. Und besonders die gläubigen Christen in christlichen Parteien haben sich oft daran gehalten.

Kreative Verluste

Der Dax ist auf dem Weg nach oben, er überwindet die alten Höchststände. Gott sei Dank! Und E.ON trennt sich von den Atomkraftwerken, also von den stillgelegten, weil ja mit denen nichts mehr zu verdienen ist. Für die gründen sie jetzt eine neue Firma. Dorthin werden die stillgelegten Kraftwerke ausgelagert. Ausgelagert werden die, ja, tatsächlich wie »giftige« Papiere bei den Banken, die eine Bad Bank gegründet haben, um ihre Bilanzen zu bereinigen. Toll! Die Bilanz wird bereinigt und das giftige Zeug wird ausgelagert, wo es vor sich hingiften kann bis zum Sankt Nimmerleinstag.

Warum die jetzt extra eine Firma gründen, mit der sie nichts verdienen können? Das ist schon seltsam. Normalerweise gründet man eine Firma, wenn man damit Gewinnabsichten verfolgt. Und diese Firmengründer haben eine Verlustabsicht. Vielleicht bringt das steuerlich was? Verluste als Steuermodell! Das ist ja das Normale. Verluste werden von der Steuer abgesetzt. Damit alle etwas davon haben. Oder wie ist die exakte Formulierung? Verluste werden sozialisiert und Gewinne privatisiert.

Ganz neues Geschäftsmodell! Was die sich haben einfallen lassen, die Damen und Herren bei der Energiewirtschaft. Immer kreativ! Und innovativ! Das geht Hand in Hand. Das Kreative langt immer auch ins Innovative! Wir alle müssen einfach kreativer und innovativer handeln. Möglicherweise sind wir alle zu gewinnorientiert? Weniger ist mehr! Es täte uns gut, die »Gewinne zurückzufahren«. Es wird ja auch viel zurückgefahren. Nicht nur in der Wirtschaft. Auch in der Politik. Plötzlich fällt einem Experten auf, dass eine Debatte zurückgefahren werden muss. Ins Depot? Vermute ich. Debatten werden zurückgefahren und dann irgendwann wieder rausgefahren? Sagt man so? Debatten werden rausgefahren? Nein, Debatten werden hochgefahren! Atomkraftwerke werden runtergefahren. Es ist eine einzige Fahrerei! Darum wirken die Debatten oft fahrig!

Vielleicht sollten wir auch die Verluste hochfahren. Nein, Verluste werden produziert, oder? Wie Brötchen, die weggehen wie die warmen Semmeln! In der Verlustproduktion liegen die Zukunftschancen. Vor allem auf dem Kernenergiesektor. Wenn da jetzt einer mutig einsteigt, der ist am Ende ein gemachter Mann. Obwohl die gemachten Männer aus der Mode gekommen sind. Heutzutage werden die Männer nicht mehr gemacht. Die Männermanufaktur ist pleite. Leider. Sprachlich spricht kaum noch jemand von einem gemachten Mann. Es stößt sich auch niemand mehr gesund heute. Da stoßen wir uns gesund! Das sagt heute keiner mehr. Gesundstoßen ist auch aus der Mode gekommen. Man lagert aus, fährt zurück und überlässt alles andere den Märkten. Sonst werden sie nervös! Und das will keiner. Nervöse Märkte sind das Letzte, was wir brauchen können. Nein, wir brauchen Ruhe und Gelassenheit. Vor allem wenn die Verluste zunehmen. Und dann brauchen wir Strategien, die erfolgversprechend sind. Dazu gehört, drohende Verluste in einer Bad Bank zu »bündeln«. Diese Strategie hat sich bewährt. Das Bündeln von Verlusten ist der Königsweg, kurz bevor ein Unternehmen an die Wand gefahren wird. Unternehmen werden immer von hochqualifizierten Managern an die Wand gefahren, die nichts falsch machen, die im Gegenteil immer alles richtig machen, weil sie die richtigen Entscheidungen getroffen haben! Spät zwar, aber der späte Zeitpunkt ist immer eine Folge der versäumten Entscheidungen in der Vergangenheit, die immer andere zu verantworten haben. Die Umstände waren widrig. Aber so was von widrig, dass dagegen kein Kraut gewachsen war. Ich stelle grade fest, dass ich sprachlich in der Lage wäre, ein großes Unternehmen an die Wand zu fahren, und frage mich, warum ich nicht längst Vorstandsvorsitzender eines Dax-Unternehmens bin? Ich verfüge über alle Qualifikationen, die dazu nötig sind. Ich kann sehr überheblich und autoritär auftreten und habe die Gabe, Inkompetenz als Kompetenz auszugeben. Mein großes Vorbild ist Hartmut Mehdorn, von dem ich sehr viel gelernt habe. Seine Erfolge bleiben unerreicht. Ein Projekt wie der Flughafen in Berlin-Brandenburg war für Mehdorn die ideale Wirkungsstätte, wo er alle Register seines Könnens ziehen konnte. Mehdorn wird für junge Manager immer eine Persönlichkeit bleiben, zu der sie aufschauen können.

Was ich übrigens auch sehr gut beherrsche, ist, die Zeichen der Zeit zu ignorieren. Eine Fähigkeit, ohne die kein großes Unternehmen an den Rand des Ruins gebracht werden kann.

Was nun die Lage auf dem Energiesektor angeht, kann man den Atommanagern nichts ankreiden. Die deutschen Kernkraftwerke waren ein Erfolgsmodell, haben sehr gute Gewinne abgeworfen und hätten eine große Zukunft vor sich gehabt, wenn nicht die Politik sich hätte treiben lassen von einer übertriebenen Angst vor atomaren Unfällen, die in der deutschen Bevölkerung durch Fukushima hervorgerufen wurde, eine Panik, die sich epidemieartig in den Köpfen der Menschen ausbreitete und vernünftiges Handeln verhinderte. An den Kernschmelzen von Fukushima konnte man deutlich erkennen, dass die Politiker aller Parteien nicht in der Lage waren, die Ängste der Menschen in die richtigen Kanäle zu lenken. Sagen wir das mal so. Dass die Atomkraftbetreiber nun schweren Herzens ihre Gewinne im Abklingbecken versenken – man verzeihe mir diese Metapher –, kann jeder, der noch einen Rest Empathie in sich spürt, nachvollziehen. Das sogenannte Restrisiko hat sich mit dem Ausstieg aus der Kernenergie beinah komplett auf die Betreiber verlagert. Wer zahlt den Rückbau?, fragen die Verantwortlichen. Die gesamte Kernenergiebranche wird ja auf null gefahren! Es drohen ungeahnte Verluste! Wohin damit? Mich wundert es nicht, dass diese ausgelagert werden sollen. Es

ergibt sich eine Win-win-Situation. Wir alle haben profitiert von der Kernkraft, deshalb ist es nur logisch, dass
wir, die Gemeinschaft der Strombezieher, uns auch an den
Kosten beteiligen, die bei der Einstellung des Verfahrens
entstehen. Deshalb dieses neue Geschäftsmodell.

Das wäre schön, wenn es klappen würde, wir hätten
dann alle was davon. Ich stelle mir gerade vor, dass jeder
von uns Verluste kauft, die er dann natürlich von der
Steuer absetzen kann. Ja, an der Börse gibt's so was schon.

Mit der neuen Firma will E.ON auch an die Börse. Mit-
samt der Rücklagen, die E.ON für die Abwicklung der
Atommeiler angelegt hat. Und die Leute können dann
spekulieren, ob sie ausreichen, diese Rückstellungen?
Sollte das wider Erwarten nicht der Fall sein, muss der
Steuerzahler ran. Ein Energieexperte hat schon gesagt,
dass ein öffentlich-rechtlicher Fonds nötig ist für diese
Atomrückstellungen. Einen Fonds brauchen wir! Besser
noch einen Rettungsschirm. Vielleicht kommt der noch?
Das ist ja auch nichts anderes als ein Fonds. Wer zahlt
jetzt da rein in den Fonds? Woher kommt das Geld? Vom
Steuerzahler? Das läge nahe. Der Gabriel hat aber schon
gesagt, dass er aufpassen will. Das beruhigt mich! Wenn
der Gabriel was verspricht, dann kann man sich darauf
verlassen, dass er was versprochen hat.

Also, ich würde es machen wie bei Karstadt. Da hat der
Thomas Middelhoff doch die Karstadt-Immobilien an
eine Gesellschaft verkauft, an der er beteiligt war, und
dann hat er diese Häuser doppelt so teuer wieder an
Karstadt vermietet. Da sind sie mit dem Geldzählen nicht
mehr nachgekommen im Hause Middelhoff. Ich würde
die Kernkraftwerke an die Bundesregierung verkaufen,
für die Hälfte des Wertes, und an die E.ON vermieten,
aber fürs Vierfache! Und das Geld wird in diesen Fonds

138

einbezahlt. Auf diese Weise machen wir sogar ein Geschäft mit dem Atomausstieg! Oder die Atomkraftwerke werden gestückelt, gebündelt, neu verpackt und im Weihnachtsschlussverkauf als Schnäppchen angeboten. Bei Karstadt! Und Beckenbauer fragt: Ist denn scho wieder Weihnachten?

Volksabfälle

Weil ich ein Gespür hab für den richtigen Moment, frage ich meine Frau nach dem Abendessen: Was machen wir mit unseren radioaktiven Abfällen?

Können wir das auf morgen verschieben? Ich bin müde.

Ich weiß nicht, ob wir das Problem noch mal aufschieben können, sage ich ernst.

Haben wir radioaktive Abfälle? – Sie betont das **wir**.

Was glaubst du denn? Also nicht wir zwei, hier im Haus, sondern wir als Volk.

Was? Als Volk haben wir Abfälle? Was sollen das für Abfälle sein? Volksabfälle? Das klingt ein bisschen nach Hitler, Rosi imitiert kurz Hitlers Sprachduktus: Volksäbfälle!

Ja, dann nennen wir sie halt Abfälle, für die wir verantwortlich sind, weil wir Atomstrom genutzt haben. Doppelt so viele, wie wir dachten.

Was??

Ja, da schaust, gell!

Wann hab ich Atomstrom genutzt?

Das weiß ich nicht. Also bewusst haben wir bestimmt nicht Atomstrom genutzt. Aber unbewusst hast du bestimmt auch mal Atomstrom genutzt. Man sieht es dem

Strom nicht an, ob er aus einem Wasserkraftwerk stammt oder aus einem Atomkraftwerk. Aber ich nehme an, dass wir bestimmt auch mal mit Strom aus einem Kernkraftwerk versorgt wurden, aus Ohu zum Beispiel. Da haben wir die Spülmaschine angestellt, ohne zu wissen, dass die mit Atomstrom gespeist wird.

Wenn wir davon gewusst hätten, dann hätten wir aus Protest dagegen mit der Hand abgespült, empört sich Rosi.

Genau! Wir wussten es aber nicht. Nichts haben wir gewusst!

Betroffen räumen wir das Geschirr in die Spülmaschine.

Auslöser dieses häuslich-idyllischen Gesprächs in der Abendstunde war ein Artikel in der Süddeutschen Zeitung, der mich vermutlich beruhigen sollte. Darin ging es um die Endlagerung atomarer Abfälle. Überschrift: Bundesregierung rechnet mit doppelt so viel Atommüll.

Ich muss an meine Schulzeit denken. An Erdkunde. Ich erinnere mich gut, dass in den sechziger und siebziger Jahren im Unterricht die Kernkraft als Zukunftstechnologie gepriesen wurde. Von irgendwelchen Problemen, die dabei entstehen konnten, haben wir nicht das Geringste gehört. Alle waren dafür. Die Konservativen natürlich, die SPD war sowieso für den Fortschritt. Es gab nichts anderes als den Fortschritt! Es war ein Konsens, den man sich größer nicht vorstellen kann. Man war voller Optimismus und Hoffnung, was die Zukunft anging, und dabei spielte die Atomenergie eine entscheidende Rolle im Denken der Leute. Die gewaltigen Potenziale der Kernkraft sollten die Probleme der Menschheit lösen. Es herrschte eine »Atomeuphorie«, die größer nicht sein konnte, schreibt der Historiker Ulrich Herbert in seiner Geschichte Deutschlands im 20. Jahrhundert. »In den frühen fünfziger Jahren war *die friedliche Nutzung der Kernenergie* mit geradezu phantastischen Erwartungen verknüpft.« Mit Atomkraft wollten sie »die Meere entsalzen und die Polargebiete erwärmen, Wüsten bewässern, arktische Gebiete erschließen und ›sogar gigantische Erdkorrekturen‹ ermöglichen«. In der 12. Klasse wurde ich einmal, weil ich zu viele Fehltage hatte, am Ende des Schuljahres über den gesamten Stoff in Erdkunde geprüft. Ich erinnere mich auch deshalb so gut an diese Examinierung, weil die prüfende Lehrkraft großen Wert auf die Energiegewinnung durch die friedliche Nutzung der Kernkraft legte. Er selber war ein begeisterter Anhänger dieser Technologie, und ich hab ihm dazu alles runtergebetet, was er hören wollte. Das fiel mir nicht schwer, weil ich ebenfalls Fortschrittsfan war. Da hilft jetzt keine Ausrede, ich war für den Ausbau der Atomkraft. Ich sympathisierte mit den Sozialdemokraten, hatte sogar Kontakt zu den Jusos und dort traf ich nur auf begeisterte Kernenergieanhänger. Wir waren davon überzeugt, dass Atomkraft alle Probleme lösen wird. Wohlstand für alle! Armut und Hunger werden verschwinden, die Klassengegensätze aufgehoben, der demokratische Sozialismus wird unaufhaltsam zum Glück aller irgendwann kommen, das ist so sicher wie das Amen in der Kirche, davon waren wir überzeugt, alles wird gut werden, wenn erst mal flächendeckend Atomkraftwerke im Lande herumstehen. Die Araber mit ihrem Öl können uns dann mal. So klug waren wir damals. Nicht alle. Ich aber schon. Das muss so um 1972 gewesen sein. Ich hatte eine unheimlich kluge Phase zu der Zeit.

Heute denke ich nicht mehr sooo fortschrittlich. Ich habe viel darüber nachgedacht, wie es bei mir zu diesem Bewusstseinswandel kam. Vielleicht gibt es einen Zusammenhang mit den Ereignissen des Jahres 1979 in Three

141

Mile Island in der Nähe von Harrisburg. Dort steht ein Atomkraftwerk, das heute noch Strom produziert für die Menschen, die dort leben. Es gab dort in diesem Atomkraftwerk einen Störfall, wie es zunächst hieß, später wollten Atomkraftgegner von einer Kernschmelze gehört haben. Angstmache und Panik! Es habe ein Super-GAU stattgefunden! Na ja, Hysteriker gibt's immer. Ich allerdings bin damals ins Nachdenken gekommen und die Folge war bei mir, dass ich mich allmählich von meinem Glauben an die Segnungen der Atomkraft verabschiedete. Allmählich beschreibt diesen Prozess unzureichend. Ich bin sofort ausgestiegen aus der Begeisterung für diese Technologie.

Vom Überhorst zum Vollhorst

Weil die uneingeschränkte Parteinahme für die Kernkraft so überwältigend groß war, hab ich mich irgendwann gefragt, ob es nicht doch auch ganz zu Anfang schon Gegner gab, die auf die ungelöste Endlagerfrage hinwiesen. Und tatsächlich, in der SPD-Geschichtswerkstatt, einer Website, die Auskunft gibt über die SPD-Beschlüsse zur Atomkraft, lese ich, dass 1956 auf einem Bundesparteitag der SPD die Kieler Ratsherrin Rosa Wallbaum hingerissen war von der friedlichen Nutzung der Kernkraft, »keiner hat sich Gedanken gemacht: wie soll das mal beseitigt werden«, schreibt sie in ihren Erinnerungen. Das nenne ich mal Verantwortung für die Zukunft.

Zweifler gab es schon, sagt sie. Der Physiker Hans Adam, berichtet Rosa Wallbaum, hat sich erlaubt zu sagen: »Und was macht ihr mit den Abfällen? Wie soll das erledigt werden?« Da hat Fritz Erler, der Fraktionsvorsitzende der Bundestagsfraktion, abgewinkt: »Darüber mach' dir man keine Gedanken! Das wird schon laufen!« Daraufhin habe sich Adam aus der Diskussion zurückgezogen. Das ist der sozialdemokratische Geist der Verantwortung, wie er in den Fünfziger- und Sechzigerjahren durch die Partei wehte. Es ist aber auch nicht einfach, dagegen zu sein, aufzustehen und Nein zu sagen, wenn alle dafür sind.

Und so ging das weiter bis zum großen Atomfreund Helmut Schmidt, der, wie das Sozis halt so machen, wenn sie sich mächtig aufführen, mit seinem Rücktritt gedroht hat, wenn die Atomkraft nicht weiter ausgebaut wird. Ich weiß nicht, was der Helmut Schmidt damals gesagt hat, als man ihn fragte: Und was machen wir mit den radioaktiven Abfällen? Vielleicht hat er gesagt: »Ich bin kein Physiker, ich bin Politiker. Die Beschlüsse der SPD dazu sind eindeutig.« So in der Art wird er geredet haben und sich eine weitere Menthol-Zigarette angesteckt haben. Der weise Helmut Schmidt hatte ja schon immer etwas Ansteckendes. Die Infizierten, die sich bei ihm angesteckt haben, leiden bis heute.

Es gab einen Parteitag der SPD im Dezember 1978, an den erinnere ich mich, weil sich die Genossen dort für den »schnellen Brüter« ausgesprochen haben. Das war für mich ein weiterer Grund, diese Partei zukünftig kritisch zu begleiten. Und das ist bis heute so geblieben. Ist lange her, aber nicht vergessen. Es gab einen Bundestagsabgeordneten aus Schleswig-Holstein, der hieß Reinhard Ueberhorst. Ist wirklich wahr, der hieß tatsächlich so. Ja, die SPD hatte mal einen Ueberhorst in ihren Reihen. Und der Ueberhorst kämpfte unermüdlich für die Einsetzung der Kommission »Zukünftige Energiepolitik«, die sich

143

kritisch mit dem Ausbau der Kernenergie auseinandersetzen sollte.

Nachdem aber Helmut Schmidt mit Rücktritt gedroht hatte, falls die SPD aus der Atomkraft aussteigen wollte, lief es auf einen Kompromiss hinaus. Schmidt versprach, Kanzler zu bleiben, und dafür verzichtete die Partei auf einen Ausstiegsbeschluss. Also: Die Sozis haben sich entschieden zuzustimmen, obwohl sie damals schon gegen den weiteren Ausbau der Kernenergie waren, aber mit der Einsetzung der Kommission haben sie erreicht, dass auch zukünftig weiter über einen möglichen Ausstieg gesprochen wird. Ein Riesenerfolg war das. Und aus dem Überhorst wurde ein ganz normaler Vollhorst, weil er sich entgegen seiner Überzeugung dem Diktat der Partei gebeugt hat.

Heide Simonis war zu der Zeit Bundestagsabgeordnete und beschrieb die Lage nach Schmidts Drohung folgendermaßen: »Für die SPD-Linke läuft alles auf die Entscheidung hinaus, drei Kernkraftwerke mit dem Kanzler oder zehn ohne diesen Kanzler zu akzeptieren.« Ein sehr schönes Beispiel für sozialdemokratisches Horstverhalten. Der Sozi als Horst analysiert die Lage und zieht seine scharfen Schlüsse daraus. Mit ein wenig Zynismus entscheidet er sich dafür, die Macht seines Kanzlers zu sichern, und weil es statt zehn Atomkraftwerken nur drei sind, die uns mit einem Super-GAU bedrohen, sieht er darin einen Riesenerfolg. Dreimal Super-GAU ist immer noch besser als zehn Mal Super-GAU. Wir alle wissen, wie die Atomgeschichte weitergegangen ist. Die Kernschmelze von Harrisburg fand 1979 in den USA statt. War aber nicht so schlimm, weil ja dieser Atomunfall in Pennsylvania ganz weit weg passiert ist. Das ging uns praktisch nichts an. Das war sicher auch ein Grund, weshalb

Schmidt weiterhin auf Kernenergie setzte. Aber Helmut Schmidt ist kein Mann, der die Augen vor Problemen verschließt. 1980 auf einer Weltenergiekonferenz in München hält er eine Rede vor Vertretern der Atomindustrie und spricht über die ungelöste Entsorgungsfrage: »Hier ist ein Fall, in dem die Regierungen und Parlamente der Welt von Ihnen nicht rechtzeitig Hinweise bekommen haben auf die Probleme, die sich auftun würden.« Die hinterhältige Atomindustrie hat den Politikern einfach nichts gesagt. Hat sie im Unklaren gelassen. Oder wie man im Norden sagen würde: »Die haben uns hinter die Fichte geführt.« Schlimm ist das. Der Helmut, wenn der gewusst hätte, dass niemand weiß, wohin mit diesem radioaktiven Müll, der wäre doch der Erste gewesen, der den Bau von Atomkraftwerken gestoppt hätte. Selbst der große Helmut Schmidt ist auf die Lügen der Industrie reingefallen. So was aber auch! Helmut Schmidt, der immer alles durchblickt und durchschaut!

Inzwischen sind wir ja ausgestiegen aus der Kernkraft. Die Energiewende! Da sind wir ungeheuer schnell raus. Am schnellsten raus wollten die, die früher immer besonders hartnäckig drinbleiben wollten. Seehofer zum Beispiel. Der Horst. Mann, war das ein rasanter Bewusstseinswandel, den der Horst da durchgemacht hat. Unser Horst stellte sich an die Spitze der Kernkraftgegner. Es war beeindruckend. Dieser Kampf gegen die Kernkraft bei der CSU! Ich hatte wirklich Angst, sie könnten sich radikalisieren. Zusammen mit dem schwarzen Block! Vermutlich stand Seehofer schon unter Beobachtung des BND. Ich könnte mir vorstellen, dass es dort eine Akte Seehofer gibt. Ich hatte den Eindruck, dass er unberechenbar geworden war. Ein radikaler Atomkraftgegner, der irgendwo Aktionen plant. Auf den Horst musste man ein Auge haben. So wie der sich aufgeführt hat, bestand die Gefahr, er würde sich beim nächsten Castortransport auf die Schienen legen, um sich dort anzuketten.

Dabei böte sich auf der Schiene eine sehr praktikable und sichere Lösung für den Atommüll an. Die Fässer mit dem Strahlenmüll werden ständig durch die Republik gefahren. Auf diese Weise verteilt sich die Strahlenbelastung gleichmäßig und gerecht über das Land. Jeder weiß immer, wo sich das gefährliche Zeug befindet. Es sind immer sehr viele Polizisten vor Ort, die den Transport im Auge haben und aufpassen, dass nichts passiert. Bei dieser mobilen Endlagerlösung kann nichts ins Grundwasser sickern und die Bundesbahn hat eine weitere verantwortungsvolle Aufgabe. Ich könnte mir vorstellen, dass es für das mobile Endlager der Bundesbahn eine parteiübergreifende Zustimmung gibt, weil sich diese Lösung durch große Nachhaltigkeit auszeichnet.

Ich weiß nicht, dass ich nichts weiß

Sie haben sich einen Überblick verschafft! Die regierenden Damen und Herren. Was ist da los? Sie möchten die radioaktiven Abfälle sicher lagern. Wächst das Problembewusstsein für dieses lästige Thema?

Jetzt aber! Sie wissen aber noch nicht, wo. Aha. Dieses Nichtwissen scheint sich bei den Damen und Herren der Bundesregierung zu stabilisieren. Das ist beruhigend. Alle Regierungen, denen wir die Geschicke des Landes anvertrauten, operierten mit der Stabilität des Nichtwissens. Das ist eine Regierungskonstante. Das gibt Sicherheit. Ich weiß jetzt nicht, wie viele Jahre sie mit diesem Nichtwissen schon zubringen. Es müssen überschlagsmäßig Jahrzehnte sein. Ich weiß es nicht genau.

Ich weiß auch vieles nicht. Kann ich an dieser Stelle mal zugeben. Ich kann nicht einmal sagen, was ich nicht weiß. Dafür müsste ich wissen, was ich nicht weiß. Nur, dann wüsste ich es ja. Verwickle ich mich gerade in Widersprüche?

Ein alter griechischer Philosoph hat angeblich mal gesagt, ich weiß, dass ich nichts weiß. Aber das war komisch gemeint. Er wollte damit sagen, dass er viel weiß, aber wenn er sein gesamtes Wissen betrachtet, dann kommt er zu der Feststellung, dass er nichts weiß, im Vergleich zu dem, was er wissen könnte. Das ist natürlich relativ. Die alten Griechen wussten schon eine ganze Menge. Beispielsweise, dass die Erde eine Scheibe ist und vom Rundfluss Okianos umflossen wird. Und sie waren überzeugt davon, an die göttlichen Quellen der Vernunft angeschlossen zu sein. Aber allzu klug können die Götter nicht gewesen sein, denn sie versorgten sie mit zweifelhaften Wahrheiten wie der, dass sich die Sonne um die Erde dreht.

Die Frage, die mich bewegt, ist, ob die Griechen sich für die Atomkraft entschieden hätten, wenn damals einer ihrer Physiker die Idee dazu gehabt hätte? Schwierige Frage. Gebe ich zu. Vielleicht sogar eine unsinnige Frage.

Der Energiebedarf war damals vor über 2500 Jahren noch nicht so groß. Die hatten keine Kühlschränke und Wäschetrockner, Spülmaschinen und Toaster. Strom war noch nicht entdeckt. Starkstrom war zwar in Form von Blitzen vorhanden, aber sie konnten ihn noch nicht nutzbar machen. Wenn der Blitz irgendwo eingeschlagen hatte, gab es ein Höllenfeuer. Vermutlich wurden solche Ereignisse als Schicksalsschlag verbucht. Ansonsten lebten die alten Griechen mit den natürlichen Gegebenheiten. Tag und Nacht. Sie hatten gar kein Bedürfnis, die Nacht zum Tag zu machen. Wenn es dunkel war, haben sie vielleicht Feuer gemacht, und wenn es hell war, haben sie ihr Tagwerk verrichtet. Haben philosophiert und Gleichnisse ersonnen. Und versucht, damit ihre begrenzten Erkenntnismöglichkeiten zu erklären. Über Atome haben sie auch schon nachgedacht. Es gab einen Philosophen, der behauptet hat, es gäbe Atome, also unteilbare Teilchen. Demokrit hieß er.

Atomkraftwerke gab es damals logischerweise noch nicht, deshalb hat dieser Sokrates mit großer Gelassenheit behaupten können: Ich weiß, dass ich nichts weiß. Vielleicht, weil er geahnt hat, dass irgendwann einer kommen wird und die Kernspaltung für die Stromerzeugung nutzen könnte?

Jetzt habe ich doch ein bisschen weiter ausgeholt, als zunächst beabsichtigt. Aber so ist das, wenn man grundsätzlich wird. Und ziemlich grundsätzlich ist die Frage allemal, wenn man zu Anfang weiß, dass man am Ende nicht weiß, wie man den einmal begonnenen Prozess sicher zu Ende bringen kann. Und so ähnlich verhält es sich mit der Kernspaltung. Sie haben ein Höllenfeuer in die Welt gesetzt, ohne zu wissen, wie es langfristig zu beherrschen ist.

Und ich frage mich, wie sie sich damals beruhigt haben, als nach der abklingenden Freude über die funktionierende Technik zur friedlichen Nutzung der Atomspaltung die Angst aufkam und die Frage, wohin mit dem Atommüll?

Das ist ziemlich lästig, wenn man weiß, egal, wo ich das Zeug unterbringe, es bleibt hochgefährlich für alle, die in Zukunft damit in Berührung kommen. Radioaktivität hat die unangenehme Eigenschaft, ein bisschen länger zu strahlen. Die Zerfallsprozesse der radioaktiven Teilchen brauchen Zeit. Viel Zeit. Tausende von Jahren. Ideal wäre, wenn keiner etwas davon wüsste.

Die alten Griechen erzählten sich schon die Geschichte von der Büchse der Pandora, die, wenn sie einmal geöffnet ist, allerlei Übel in die Welt bringt, die nicht mehr zu beherrschen sind. Doch weil die Menschen von der Neugier geplagt und von der Machbarkeit des Unmöglichen und Möglichen getrieben werden, öffnen sie eine Büchse nach der anderen. Und wenn die Plagen in der Welt sind, bieten sie sich als kompetente Problemlöser von Problemen an, die sie selber geschaffen haben. Der Vollhorst war auch schon bei den alten Griechen zugange.

Politiker sind eben auch nur Menschen, die Fehler machen wie wir alle, die diese Politiker wählen.

Aber es gibt Hoffnung. Diese Bundesregierung hat einen Endlagerplan erstellt. Das ist etwas Neues. Vermutlich ein Schritt in die richtige Richtung? Daraus schließe ich, dass sie bisher in der falschen Richtung unterwegs waren.

Rosi ist schlafen gegangen. Mal sehen, ob sie schon schläft. Wenn ja, werde ich sie wecken, um ihr die frohe Botschaft von der Endlagerung zu verkünden. Nein, das hat nicht Zeit bis morgen. Die unlösbaren Aufgaben müssen sofort erledigt werden.

Darf der das?

Also ehrlich, ich hätte nicht gedacht, dass unser Bundespräsident eine eigene Meinung hat. Eigentlich darf er nämlich keine haben. Meinen ein paar ganz Gescheite, die sagen, dass das Amt überparteilich angelegt ist, er darf schon was sagen, aber halt nur so Allgemeines, Demokratie und Frieden und Freiheit, was man halt so sagt, wenn man ein hohes Amt innehat. Der Bundespräsident darf sich alles denken, aber nicht alles sagen. Ja, er muss parteipolitisch neutral bleiben. Der Bundespräsident ist von Amts wegen ein Meinungskastrat. Könnte man sagen.

Aber wenn einer so eine schöne Stimme hat wie der Gauck, da möchte man auch was hören. Also für ihn gilt auch das Grundrecht der freien Meinungsäußerung. Aber nur privat. Wenn er öffentlich was sagt, muss er neutral bleiben. Sagen einige, die meinen, dass sie recht haben. Die Frau Kipping von der Linken, die hat sich aufgeregt. Das geht gar nicht, was der Gauck da macht. Da habe ich mir gedacht, wenn die sich so aufregt, dann hat er schon was erreicht, der Gauck.

Der Gauck findet es nämlich nicht so toll, dass die Linke in Thüringen den Staatsratsvorsitzenden stellt. Die Linken sind auch Demokraten. Das hört man immer wieder. Wichtig ist heutzutage eine demokratische Machtergreifung. Mit einer soliden Mehrheit von einer Stimme wird der Ramelow das Land schon regieren, so gut es geht. Der Rübezahl hat viele Gesichter. Zur Zeit schaut er aus wie ein Demokrat. Aber der Ramelow hat ja bisher gar nichts gesagt, was irgendwie beunruhigend gewesen wäre. Niemand hat die Absicht, eine Mauer zu bauen. Wenn er so was sagen würde, gell, dann würden einige jubeln. Wir sind das Volk! Das ist auch so ein Spruch, den wir schon länger nicht mehr gehört haben. Aber jetzt ist er wieder modern. In Thüringen ist über die Hälfte des Volkes gar nicht zur Wahl gegangen. Aber so ist das in einer Demokratie wie der unseren, jeder lässt sich von denen wählen, die ein Kreuzerl machen. Und der Ramelow muss ja nicht ganz allein die Verantwortung tragen, die SPD hilft ja mit und die Grünen auch. Die übernehmen gern Verantwortung. Vor allem die SPD in Thüringen hat ja über 6 % verloren und übernimmt trotzdem Verantwortung. Das ist wahre Demokratie. Konsequenterweise sollten immer die regieren, die nicht gewählt wurden, damit der Wähler weiß, wie ernst er inzwischen genommen wird. Ist hier eine groß angelegte Volksverarschung im Gange?

Volksbefragung

Wir haben in Bayern schon ab und zu einen Volksentscheid erleben dürfen. Ich erinnere mich, dass wir darüber abstimmen durften, ob wir uns für die Olympischen Winterspiele in München und Garmisch-Partenkirchen bewerben sollten. Und tatsächlich entschied sich eine Mehrheit des Volkes dagegen. Viele Politiker waren vom Volk enttäuscht, und haben sich insgeheim gedacht, es wäre gescheiter gewesen, man hätte das Volk gar nicht erst gefragt. Weil es eine tolle Sache gewesen wäre, die Jugend der Welt in Bayern als Gäste zu begrüßen. Und ein Riesengeschäft wäre es halt außerdem gewesen. Aber wenn das Volk dagegen ist, kann man in einer Demokratie relativ wenig machen. Das ist ein Nachteil dieser Staatsform.

Daher war ich ziemlich erstaunt, als der Seehofer seine Absicht kundtat, von Zeit zu Zeit das Volk per Volksbefragung auszuhorchen, um zu erfahren, was es zubestimmten Angelegenheiten denkt. Das Volk wird zwar sowieso schon dauernd zu allen möglichen Sachverhalten ausgefragt, aber halt noch nicht von der bayerischen Staatsregierung.

Ich weiß zum Beispiel, dass der Seehofer vom Volk wissen will, ob es in Erding am Flughafen eine 3. Start- und Landebahn braucht. Darüber weiß das Volk Bescheid. Das Volk fliegt nämlich selber sehr gern einmal in den Urlaub und hat schon des Öfteren die Erfahrung gemacht, dass es zu Wartezeiten »im Luftraum München« kommen kann, »weil zu wenig Start- und Landebahnen vorhanden sind«. Stell dir das vor, du willst fliegen und kannst nicht, weil viele andere auch fliegen wollen. Immer sind es die anderen, die einen behindern. Und da könnte eine zusätzliche Startbahn schon Abhilfe bringen. Aber was denkt das Volk?

Das Volk, das dummerweise in der Einflugschneise wohnt, spricht sich vehement gegen die 3. Startbahn aus. Dummes Volk, das nur an sich denkt, gibt es halt immer. Das ist in der Demokratie normal. Während der Fluggast aus dem Werdenfelser Land für die 3. Startbahn streitet. Es gibt halt auch immer kluge Leute, die einen Blick fürs Ganze haben. Und da fragt der Seehofer das Volk, weil es in Fragen des Gemeinwohls kompetent ist.

Das Volk ist überall. Es lebt am Land draußen in der Natur, in der Stadt drinnen im Verkehr, und darum fragt der Seehofer das Volk: Würden Sie die CSU wählen, wenn eine 3. Startbahn gebaut würde? Und je nachdem, wie das Ergebnis ausfällt, wird dann entsprechend verfahren. Oder er fragt: Müssen wir die Akustik in München vor der Feldherrnhalle beim Klassik-Open-Air verbessern? Oder Zusatzfrage: Haben Sie ein Hörgerät? Sollen wir den Odeonsplatz umbauen, damit Sie Ihr Hörgerät auf volle Lautstärke drehen können? Sollen wir die Residenz wegreißen und historisch getreu in Großlappen wieder aufbauen? Das sind Fragen, die man auch in Würzburg oder Regensburg beantworten kann. Sollen wir den Hochwasserschutz in Bayern verbessern? Sollen wir die Donau um Passau rumleiten? Oder tiefer legen? Das sind eben Fragen, die kein Politiker beantworten kann. Dazu braucht er das Volk. Ganz wichtig sind Fragen der Energieversorgung. Sollen wir wieder in die Atomkraft einsteigen? Und haben Sie eine Idee, wo wir den radioaktiven Müll lagern sollen? Vielleicht fällt dem Volk etwas dazu ein. Die Politiker sind nämlich mit ihrem Latein am Ende.

Der Seehofer hat schon super Ideen. Er ist ein Demokratiefan. Er sucht immer die Koalition mit dem Volk! Das hat er schon einmal gesagt. Das kam beim Volk sehr gut an. Endlich nimmt einer das Volk ernst. Es gab schon einmal den Ernstfall in diesem Lande, vor dem alle Angst gehabt haben. Und jetzt haben wir es mit der Ernstnahme des Volkes zu tun. Ich habe den Verdacht, dass die Ernstnahme des Volkes genauso gefährlich sein könnte wie der Ernstfall.

Diese Volksbefragung soll auch bloß 15 Millionen kosten, alle zwei Jahre, das ist nicht zu teuer. Zumal danach die bayerische Staatsregierung genau weiß, was das Volk will und wünscht. Außerdem sollen diese Volksbefragungen für die Regierung nicht bindend sein. Diese Volksbefragung ist als schöne Ergänzung zu all den anderen Umfragen gedacht, zum ZDF-Politbarometer und dem ARD-Stimmungsnachweis beispielsweise. Das Volk wird ständig abgefragt und abgehorcht, damit die Regieren-

153

den von einem möglichen Aufstand nicht überrascht werden.

Wichtig ist nur, sich genau zu überlegen, welches Volk man fragt, damit die Antwort passend ausfällt. Die Frage, ob eine 3. Startbahn am Flughafen Franz-Josef-Strauss gebaut werden soll, stellt man nur den Münchnern. Kurz darauf wurde bekannt, dass der Münchner Flughafen ja auch von Nicht-Münchnern benutzt werden könnte. Die hatte man aber nicht gefragt. Deshalb ist jetzt das Nein der ersten Befragung hinfällig. Die Startbahn wird trotzdem gebaut. Warum auch sollen ein paar Betroffene, über deren Köpfe die Flugzeuge hinwegdonnern, die Interessen der restlichen Bayern bestimmen? Wenn die jetzt allerdings auch mit Nein stimmen, könnte man immerhin noch ganz Deutschland befragen, und wenn das nichts bringt, dann könnte eine weltweite Volksabstimmung die Wende bringen. Schließlich ist München ein internationaler Airport. Ich fordere jetzt schon eine 4. Startbahn Ost, eine 5. Startbahn Südwest und eine 6. Startbahn Nordnordsüd – aber bitte nur mit Volksabstimmung.

Berufsziel: Vollhorst

Kinder sprechen ohne Umschweife aus, was sie denken. Ich muss aufs Klo, sagt der Kleine, der mit seinem Bruder und der Mutter neben mir auf die Tram wartet. Ich stehe mit Rosi an der Straßenbahnhaltestelle. Die Tram kommt einfach nicht. Verspätung. Eine Menge Leute wartet mit uns ungeduldig, dass dieses Schienenschwein endlich kommt. Mensch, was ist denn da wieder los? Vielleicht ein Unfall! Was sonst? Wir sind hier nicht bei der Bundesbahn. Der MVV ist in der Regel pünktlich. Natürlich höhere Gewalt!

Rosi und ich reden über typisches Vollhorstverhalten. Seit Wochen gibt es kein anderes Thema. Immer haben wir es mit dem Vollhorst. Wie verhält sich ein Vollhorst, wenn er auf die Straßenbahn wartet? Er lobt die Münchner Verkehrsbetriebe. Er äußert Verständnis für die Verkehrslage. Für die zunehmenden Verkehrsströme. Er fordert eine zweite S-Bahnröhre, um die Verkehrsströme zu entzerren. Unsere Zeit ist dadurch gekennzeichnet, dass immer mehr Menschen von einem Ort zum anderen unterwegs sind. So rede ich nicht. Das muss ein Vollhorstsatz sein. Die Mobilität wird noch zunehmen. Und warum? Weil keiner mehr zu Hause bleiben will.

Mein Handy klingelt. Alle schauen auf und überlegen, ob es nicht ihr Handy ist. Meine Lektorin ist dran. Wie es denn so ginge. Ach, sag ich, ganz gut. Ich stünde gerade an der Tramhaltestelle, um in die Innenstadt zu fahren, aber das Schienenschwein käme einfach nicht.

Die Mutter mit ihren zwei munteren Kindern im Kindergartenalter an der Hand schaut mich strafend an. Schienenschwein, wiederhole ich, das ist in Wien ein gängiger Ausdruck für die Straßenbahn. Inzwischen habe ich den Eindruck, dass alle an der Haltestelle gespannt sind, wie sich das Telefonat entwickeln wird. Die beiden Kinder quengeln. Mama, sagt der jüngere der beiden Buben, der vielleicht vier Jahre alt ist, Mama, ich muss mal aufs Klo. Das geht jetzt nicht, bestimmt die Mutter. Ich muss aber! Das hältst schon noch aus. Der andere Bub fragt die Mama, ob er was zu trinken haben kann. Nein, dann musst du auch noch aufs Klo. Ich habe aber Durst. Aus jetzt, ich will nichts mehr hören. Wenn wir daheim sind, gibt's was zu trinken. Und du kannst aufs Klo.

Wie es dem Vollhorst ginge, fragt meine Lektorin. Ich wiederhole laut, so dass es alle auch mitkriegen, von wem ich spreche: Der Vollhorst! Der Vollhorst ist sicher auch in einer leitenden Funktion beim MVV tätig. Und ich könnte mir vorstellen, dass er heute ausgerechnet diese Tram lenkt, auf die wir hier alle warten. Ich glaube, dass der Vollhorst inzwischen flächendeckend anzutreffen ist. Meine Lektorin weist mich darauf hin, ich solle doch auch das weibliche Vollhorstverhalten nicht aus dem Auge verlieren. Ich werfe einen Blick auf die Mutter mit ihren beiden Fratzen. Die Lektorin redet von den besorgten Müttern, die sie immer wieder in Ökomärkten mit gewaltigen Rucksäcken auf dem Rücken antreffe, denen man schon von Weitem die Laktoseunverträglichkeit ansähe. Ich bestätige laut, dass ich auch schon Mütter angetroffen habe, die sehr nach Laktoseunverträglichkeit ausgesehen hätten.

Die Frau schaut mich an. Rosi verpasst mir einen Hieb mit dem Ellenbogen. Ich schau weg, dreh mich um und geh ein paar Schritte. Ich höre einen ihrer Buben quengeln. Mama, ich muss mal. Ich dreh mich um. Der Bub zwickt die Oberschenkel zusammen. Das sieht dringend aus. Der andere Bub schaut mich an. Mama, sagt er, ich hab Durst. Und Hunger.

Alle halten Ausschau nach der Tram, die einfach nicht kommen will. Die Lautsprecher an der Haltestelle knistern. Eine Durchsage. Ein Mann teilt mit, dass es auf der Strecke wegen einer Betriebsstörung zu Verspätungen von bis zu 30 Minuten kommen kann. Knister, knister, knister. Wir bitten um Verständnis. Mama, sagt der Bub, jetzt ist es in die Hose gegangen. Alle drehen sich zu dem Buben um und schauen ihn an. Tatsächlich, die Hose ist feucht geworden. Der Bub schaut verzweifelt. Die Mutter schließt die Augen und seufzt. So, und jetzt? Was machen wir jetzt? Und die Tram kommt einfach nicht.

Meine Lektorin fragt mich nach Vollhorsts Verhältnis zu Kindern. Ob er kinderlieb sei?

Kinderlieb? Wiederhole ich laut. Freilich ist der kinderlieb. Und zeugungsfähig. Ich gerate ins Schwärmen. Der Vollhorst ist ein ganz lieber, der von allen Menschen geliebt werden möchte. Der immer das Richtige sagt, weil er ein Gespür hat für das richtige Wort zur rechten Zeit am richtigen Ort. Er kann sich in Kinderseelen hineinversetzen. Er weiß, wie sie denken, wie sie fühlen und was sie brauchen: vor allem Eltern und viel Verständnis. Und wenn Kinder Hunger haben, gibt er ihnen zu essen, wenn Kinder aufs Klo müssen, dann geht er mit ihnen aufs Klo.

Auf einmal sagt der andere Bub, der Hunger und Durst hat, Mama, wenn ich groß bin, werde ich auch ein Vollhorst. Ich signalisiere dem Kleinen demonstrativ mit hochgestrecktem Daumen meine Zustimmung.

Nehmen wir an, Seehofer wäre statt meiner an der Haltestelle gestanden... Sie haben natürlich recht, das ist unrealistisch. Seehofer fährt nicht mit der Tram in München, der hat einen Dienstwagen mit Fahrer. Also würde er gar nicht in die Lage geraten, so etwas zu erleben. Aber denkbar wäre, dass ein mehr oder weniger anonymer Vollhorst erlebt, was ich mir ausgedacht habe. Ein kleiner Landtagsabgeordneter, der zum großen Horst aufschaut und seinem Vorbild nacheifert. Wie würde er reagieren? Er würde sich zunächst vorstellen und sagen, dass er für die Grünen im Landtag sitzt und sich dort besonders für die Familien und mehr Kindergartenplätze einsetzt. Danach würde er den Buben, der in die Hosen gemacht hat, bei der Hand nehmen und trösten. »Das ist mir auch schon passiert«, würde er sagen, »das kann jedem passieren. Als ich so alt war wie du, habe ich auch in die Hosen gemacht.« Dann würde er sein Handy rausholen und die Mama fragen, ob er ein Bild mit ihr und ihren Kindern machen dürfe, er würde es dann gern auf seiner Homepage veröffentlichen. Natürlich hat die Mama nichts dagegen, obwohl sie bekennt, die Grünen nicht gewählt zu haben. Egal! Ein Foto wird gemacht. Die Mama erzählt dann von ihrer Laktoseunverträglichkeit und dass dieses Problem noch nicht die nötige Aufmerksamkeit in der Öffentlichkeit erfahre. Der grüne Vollhorst verspricht, sich darum zu kümmern, und überreicht ihr seine Visitenkarte, selbstverständlich in der Hoffnung, dass sie ihn niemals anrufen möge, und falls doch, so würde er ihr wieder versprechen, sich um ihr Anliegen zu kümmern, in dem Wissen, dass er sich sicher nicht um irgendeine einzelne Mutter kümmern wird, weil er ja schließlich für alle da sein muss. Er verspricht noch, sich vehement für mehr Pünktlichkeit im öffentlichen Nahverkehr zu verwenden, nicht ohne den übrigen Anwesenden seine Visitenkarte zu überreichen. Der Vollhorst kann also durchaus ein wertvolles Mitglied der Gesellschaft sein.

Jetzt aber mal ehrlich

Die Wahrheit hat immer zwei Seiten, wie der Volksmund treffend sagt. Doch für die Politik gilt dies selten. Der Begriff Wahrheit ist in der Politik völlig fehl am Platz. Man kommt damit nicht recht weit. In der Politik gibt es Interessen und sonst gar nichts. Ich weiß nicht, wo ich diese Weisheit aufgeschnappt habe, vielleicht bei einem alten Römer, Cicero oder Seneca. Sei es, wie es sei. Politik ist ein dreckiges Geschäft. Schon wieder so eine Weisheit, die ich keinem Philosophen zuordnen kann. Fest steht aber, dass viele Menschen immer noch die Forderung nach Wahrheit in der Politik stellen. Ich gebe zu, auch ich gehörte lange zu jenen Wahrheitsfanatikern, die von unserem gewählten Personal nicht mehr angelogen werden wollten. Heute weiß ich, dass diese, wie soll ich sagen, übertriebene Wahrheitssehnsucht ein wenig naiv ist, weil sie »das wahre Wesen des politischen Geschäfts« verkennt. Achtung, jetzt folgt Klugschiss: Luhmann, der Soziologe, der Niklas sagt, dass die Politik ohne »höhere Amoralität« nicht auskommt. Politiker müssen lügen, nicht immer, aber oft ist es klüger, wenn sie es tun. Was heißt lügen, das ist schon wieder so ein religiös angehauchtes Verb. Das klingt ja schon nach Sünde. Luhmann meint, man könnte schon »moralischen Rigorismus« fordern, er weist aber gleichzeitig darauf hin, dass damit Politik zum Stillstand käme. Wir hätten dann »ethisch hochwertige Politiker – ohne Politik«. Man muss sich nur mal vor Augen führen, was los wäre, wenn alle Politiker immer wahrheitsgemäß sagen würden, was sie gerade denken. (Merkel über Putin? Nein, will ich mir gar nicht ausmalen. Oder doch: Netter Mann, aber ziemlich schwanzgesteuert …)

Ich bin so froh, dass ich Luhmanns scharfe Gedanken zur Moral in der Politik gelesen habe. Ehrliche Politiker kann man fordern, soll man vielleicht sogar, aber man sollte auch wissen, dass niemand was davon hat. Denn was machst du, wenn du weißt, du bist von Betrügern umgeben? Bleibst du als Einziger ehrlich? Ist das klug? Klüger ist es, den Ehrlichen zu spielen und beim Lügen mitzuspielen. Diese Strategie verspricht Erfolg. Wer mit Betrügern spielt, kann gerne ehrlich bleiben, aber er wird nie gewinnen.

In der Politik gelten auch Regeln. Manchmal sogar die-selben wie in der Gesellschaft. Aber eben nicht immer zur gleichen Zeit. »Regeln, die allgemein gelten (zum Beispiel: dass man seine Versprechen halten soll), gelten nicht unter allen Umständen«, schreibt Luhmann. Ja, die Umstände!

Wenn es ums Gemeinwohl geht oder um den Erhalt des Staates, muss man schon mal fünf gerade sein lassen, als Politiker, der Verantwortung trägt. Manchmal geht's nicht anders, da muss man einen politischen Gegner über die Klinge springen lassen. Schöne Metapher! Heutzutage wird nicht mehr so viel gesprungen, man lässt auch gern mal einen ins offene Messer laufen, oder es wird einer gestoßen. Und dann fällt der hin und schlägt sich den Kopf auf. Blut fließt nicht immer.

Politische Morde sind bei uns selten geworden. Im alten Rom war es üblich, einen um die Ecke zu bringen, wenn er im Wege stand. Dem guten Cicero hat man den Kopf abgeschlagen, als er aus seiner Kutsche den Kopf rausstreckte, um Ausschau zu halten. Ja, in der Politik gilt seitdem, dass es immer besser ist, den Kopf einzuziehen.

Es gibt heute andere Möglichkeiten, um jemand fertigzumachen. Mit Hilfe »gezielter« Informationen, die durch »die Medien« verbreitet werden. Da muss nichts stimmen, es reicht die halbe Wahrheit. Das Gerücht! Den Rest erledigt der »investigative Journalismus«, der immer im Auftrag einer höheren Moral tätig ist. »Die Öffentlichkeit hat ein Recht darauf zu erfahren ...«, sagt dann einer scheinheilig. So beginnen die Rechtfertigungen der Heuchler.

Die Würde des Menschen ist unantastbar. Das steht auch irgendwo. Und alle halten sich daran. Natürlich! Letztlich war dem ehemaligen Bundespräsidenten Christian Wulff in rechtlicher Hinsicht nichts nachzuweisen. Er hat sich von einem Filmproduzenten zu einem Oktoberfestbesuch einladen lassen und zu einem Urlaub auf Sylt, da kam der Verdacht auf, dieser Filmfritze wollte Wulf für seine Zwecke einspannen, damit der ihm beim Finanzieren von seinen Filmen hilft. Es wurde in der Öffentlichkeit von gewissen Medien der Eindruck erweckt, dieser Wulff ist nicht ganz sauber. Lässt sich kaufen! Er hat vielleicht auch einiges selber dazu geliefert, dass dieser Eindruck entstehen konnte. Seine liebe Bettina hat dann noch ein Büchlein präsentiert, wo sie »Jenseits des Protokolls« auch »Intimes« öffentlich macht, so dass wir uns alle ein »objektives Bild« vom Eheleben der Wulffs in Schloss Bellevue machen können. Ich habe es nicht gelesen, aber die sollen die Ehe auch körperlich vollzogen haben. Schlimm, was? Nö, ich will es nur nicht wissen. Es ist eher peinlich, darüber informiert zu werden. Aber so sind sie, die Menschen. Sie brauchen Futter für ihre Erregungen! Der Mensch will sich empören!

Die Menschen regen sich auf, der Blutdruck steigt, weil sie die Zusammenhänge nur bruchstückhaft kennen und falsche Schlüsse daraus ziehen. Die falschen Schlüsse sind immer die schönsten, weil sie prima ins eigene Denken passen. Die Leute sind schlecht informiert und lassen sich zu unverschämten Äußerungen hinreißen, sie gehen ins Internet und produzieren einen Shitstorm. So ein Scheißsturm hat wohl etwas Befreiendes. Es müssen ähnliche Gefühle sein, wie sie im Mittelalter aufkamen, wenn einer an den Pranger gestellt wurde, damit ihn die vorbeiziehenden Moralisten bespucken und mit Dreck bewerfen konnten.

So ist der Mensch. Er will auch mal seinen Spaß haben. Und dazu bietet das Moralspiel viele Möglichkeiten. Denn der Mensch ist gern moralisch. Er stellt gern Regeln auf, an die sich alle halten sollen. Ehrlichkeit währt am längsten. Lügen haben kurze Beine. Aber mitunter kommt man damit weiter als auf Stelzen. Es muss ja auch nicht immer gleich eine Lüge sein. Da gibt's doch auch noch andere Möglichkeiten. Man kann auch mal einfach was weglassen oder verschweigen. Auch das kann hilfreich sein und zur aktiven Täuschung des politischen Gegners führen, und man hat nicht gelogen. Wer sagt denn, dass man jedem die Wahrheit ins Gesicht sagen muss. Mancher verträgt sie gar nicht, und schon gar nicht im Gesicht. Man muss auch mal was für sich behalten können. Aber nicht alles. Kommt drauf an. Der Vollhorst nennt den richtigen Umgang mit Informationen Wissensmanagement.

Raumschiff Tagesschau

Ich sitze vor dem Fernseher. Blick auf die Armbanduhr, Uhrenvergleich: 20.00 Uhr. Tagesschau. Gong. Die bekannte Melodie. Klingt aber anders jetzt. Trauriger? Depressiver? Ich bin irritiert. Neues Studio? Neue Deko? Ein Lifting! Die Tagesschau. Zeitgeistig. Alles wirkt weiter, offener, umfassender. Geschwungene Tische. Nein, Tables! Tisch? Das klingt nach deutschem Biedermeier. Nach Nussbaum furniert. Diese Möbel im Tagesschau-Studio sind Desks! Newsdesks! Vom anderen Stern? Postmodern? Cool! Sehr cool. Null Emotion! Nur Sachlichkeit. Ästhetisch einwandfrei. Einladend? Nein, nicht sehr einladend.

Heute liest Jan Hofer, der Chefsprecher, die News aus aller Welt vor, sonore Stimme, ruhige Ausstrahlung, null Emotionen. Eingefahrene Routine. Ich bin trotzdem ganz

Ohr. Die Synapsen zucken, die neuronalen Netze flackern, ich lechze nach News. Pawlowsche Reflexe. Ich will mit Nachrichten gefüttert werden. Merkel, Putin, Obama, Russland, USA, China, Griechenland, Bayern, wurscht was, Hauptsache Nachrichten. Ich bin ein Nachrichtenjunkie. Ich bin abhängig von diesen, wie soll ich sagen, Informationen.

Handelt es sich tatsächlich um Informationen? Ich frage, weil ich immer wieder das Gefühl habe, dass ich desinformiert werde. Sie sagen uns nicht alles! Sie sagen nur, was gesagt werden muss. Sie schonen uns. Ich bin sicher. Um mit Buchbinder Wanninger zu sprechen: Saubande, verreckte!

Sie halten uns dumm!

Aber wen meinen Sie denn mit »sie«, Herr Jonas? Da fragen Sie mich was. Ich meine damit alle, die ein Interesse daran haben, dass wir nicht zu viel mitkriegen von den Machenschaften der herrschenden Eliten.

Nicht zu viel? Es wird sehr viel aufgedeckt. Die Medien sind die vierte Macht im Staat! Es kommt immer mehr raus. Investigative Journalisten arbeiten Tag und Nacht, um die Wahrheit ans Licht zu bringen. Da meldet sich der Zweifel: Es gibt viele Journalisten, die eng mit der Politik und noch mehr mit der Wirtschaft verbandelt sind. Es soll sogar gekaufte Journalisten geben, Lobbyjournalisten also. Die soll es geben. Das glaube ich. Aber ich sperre mich dagegen zu glauben, dass Journalisten es mit der Wahrheit nicht so genau nehmen könnten. Nein, ich bin überzeugt, dass verantwortungsvoller Journalismus auch bedeutet, nicht alles zu sagen oder die Informationen nur häppchenweise rauszulassen, sonst wären wir normalen Bürger überfordert. Sie schonen uns daher und melden nur das, was wir ertragen können.

Vielleicht kommt mir das aber nur so vor, weil ich verblendet bin und in einem »Verblendungszusammenhang« lebe.

Verblendungszusammenhang? Vom Verblendungszusammenhang habe ich zum ersten Mal gehört während meines Studiums. Am Geschwister-Scholl-Institut habe ich Politik studiert. Bei dieser Unternehmung wurde ich auf die Frankfurter Schule aufmerksam und las auch deren Schriften mit gar nicht heißem Bemühen. Adorno, Horkheimer, Marcuse und Habermas. Die fassten ihre Gedanken in einer Sprache, die mir fremd war. Es war Deutsch, aber für mich unverständlich. Ich konnte mich der Langeweile oft nicht erwehren, weil ich zu sehr verblendet war, benebelt von den »spätkapitalistischen Verblendungszusammenhängen«. Die Herrschenden, oder besser, »die herrschende Klasse«, wie das damals hieß, ließ nichts unversucht, die Beherrschten, die Unterdrückten nicht merken zu lassen, dass sie beherrscht und unterdrückt wurden. Die gesellschaftlichen Verhältnisse seien nun mal so, wie sie sind, und man könne daran nichts ändern. Mei, wos mechst macha? Sagt in solchen Fällen der Bayer.

Die Vertreter der Frankfurter Schule sagen, dass sie, die Herrschenden, uns immer wieder eintrichtern, dass von allen möglichen Herrschaftsformen die *Demokratie* die bestmögliche und angenehmste für alle Beteiligten ist. Die Beherrschten sollen mit den demokratischen Verhältnissen gefälligst zufrieden sein. Auch wenn es schwerfällt. Und wenn einige nicht damit zufrieden sein sollten, sollen sie doch »rüber« gehen. Das hat man in jener Zeit so gesagt, weil es damals noch ein Drüben gab. Damit war die DDR gemeint. So viele waren es aber nicht, die der Aufforderung gefolgt sind. Die meisten von uns haben sich im spätkapitalistischen Verblendungszusammenhang sehr wohlgefühlt. Du hast ja alles gekriegt. Die Regale waren voll. Da lässt man sich gerne mal verblenden. Auch wenn es kein richtiges Leben im falschen geben kann, wie Adorno gesagt hat. Mei, der lebt jetzt auch schon lange nicht mehr. Der hat die Verblendung hinter sich gelassen. Nur wir, die wir noch leben, machen es uns nach wie vor in der Verblendung gemütlich.

Ich habe mich damals gelegentlich gefragt, warum die Frankfurter Schüler als Einzige der Verblendung entkommen konnten und wie und woran sie merken, was für die bisher Verblendeten vernünftig ist? Sie wussten um die Zusammenhänge und waren nicht verblendet. Wahrscheinlich trugen sie Schutzbrillen, die Adorno-Horkheimer-Gläser mit dem Frankfurter Schliff, die ihnen einen Blick in die Strahlen der Blender ermöglichten. Also ganz einfach ausgedrückt: Die kapitalistische Wirtschaftsweise schafft es permanent, die Leute zu blenden. Die Agenten des »profitorientierten Kapitals« halten die Beherrschten, »die abhängig Beschäftigten«, die »durch Arbeit entfremdeten Massen« im Zustand der Desinformation, so dass sie ihre wahre Lage nicht erkennen können. Sie machen uns was vor, reden uns Interessen ein, die wir als Unterdrückte gar nicht haben. Aber wir sind irgendwie glücklich, weil wir Deppen sind. Die Herrschenden – auch und gerade wenn sie demokratisch legitimiert sind – trichtern uns, den »unterdrückten Verblendeten« ein, dass es nur in unserem eigenen Interesse liegt, die Verhältnisse so zu akzeptieren, wie sie sind, weil es nicht anders geht! Alternativlos!

Aber die Vertreter der Frankfurter Schule verkünden die frohe Botschaft, dass die Welt veränderbar ist, wenn man kritisch denkt und entsprechend vernünftig handelt.

Und was passiert mit den Verblendeten, die sich in

ihrer Verblendung wohlfühlen? Tja, die müssen permanent aufgeklärt werden. Immer wieder wird man aufgeklärt und wenn man es nicht versteht, dann kriegt man die nächste Aufklärung. Ganz hartnäckige Fälle werden dann umerzogen im Umerziehungslager der Frankfurter Schule. Und irgendwann entlassen sie dich. Und dann trittst du hinaus in eine total befreite Welt, die frei ist von allen, wirklich allen gesellschaftlichen Unterdrückungsmechanismen.

Und hat nicht die Tagesschau für viele Menschen eine ähnlich ruhigstellende Wirkung wie ein Sender im Umerziehungslager? Ist diese Tagesschau nicht schon Teil der Umerziehung? Ist sie nicht auch eine Art frei erhältliches Valium in optischer Darreichungsform? Ist das nicht auch Unterhaltung? – Show? Solange der gut frisierte Herr, alternativ die hübsch zurechtgemachte Frau, die News vorliest, ist die Welt in Ordnung. Und wenn sie nicht in Ordnung ist, wird sie zumindest gut sortiert und in angenehmen Häppchen verabreicht. Tornados in den USA. Überschwemmungen in Australien. Was geht mich das an? Demonstrationen in Brasilien. So nah geht mir das nicht. Bin aber informiert. Das gibt Halt.

Die Welt wird eingefangen als ein Geschehen. Der Newswirbel stürmt und fegt über uns hinweg. Irgendwie soll sich bei uns ein Gefühl von seriöser Berichterstattung einstellen. Ich weiß, dass diese Viertelstunde Nachrichten nichts mit Information zu tun haben kann. Oder gerade doch! Es ist das, was ich wissen muss, soll, kann, weil alle anderen, die Deutschen, die Gesellschaft, das Volk es auch mitkriegen soll.

Ich krieg zu hören und zu sehen, was die Redaktion für relevant hält. 15 Minuten Relevanz aus Hamburg.

Und jetzt das Wetter.

Luftmassen

Der Wetterfrosch Sven Plöger ist mit Luftmassen befasst, die unser Wetter beeinflussen. Er kündigt kalte Luft aus dem Polarraum an, die sich auch während des morgigen Tages nicht wesentlich erwärmen wird. Höre ich. Über der Nordsee. Was ist über der Nordsee? Kalte Luft, die herangetragen wird. Über Skandinavien? Auch kalte Luft. Ganz Deutschland liegt im Tief. Aha. Ein Hoch ist nicht in Sicht. Schade.

Männer und Frauen, die sich um Hochs und Tiefs kümmern, bewundere ich. Claudia Kleinert ist neben Sven Plöger bei der ARD fürs Wetter zuständig. Auch ihr Hoch kommt immer von irgendwoher und zieht irgendwohin. Doch wenn sie ein Tief heranziehen sieht, habe ich im Gegensatz zu Sven Plöger immer das Gefühl, es wird schon nicht so schlimm werden. Plöger scheint sich über ein Tief genauso zu freuen wie über ein Hoch. Bei Claudia Kleinert dagegen ist das Hoch nicht nur ein Hoch, sie selber ist das Hoch, es ist ein persönliches Kleinert-Hoch, das sie, nehme ich an, am Nachmittag für Deutschland hergestellt hat. Ein weibliches Hoch!

Nur, bei ihr habe ich immer öfter den Eindruck, dass ihre Klamotten, in denen sie die Luftmassen analysiert, nicht ganz mit den Wettervorhersagen korrelieren. Es passt einfach nicht zusammen. Sie trägt heute ein orangefarbenes Kleid, bei dem für meinen Geschmack das Eiweiß drum herum fehlt.

Sie kündigt ein Azorenhoch an, das allmählich herankommt. Ein Tief über Island, das langsam ostwärts zieht, das uns nicht berührt. Schön und gut. Lassen wir es ostwärts ziehen. Der Osten kriegt ein Wetter, das wir nicht

167

haben wollen. Der Westen profitiert im Süden vom Föhn. Und woher weht der Wind? Aus südlichen Richtungen. Schön.

Was ich bei den Wettervorhersagen noch vermisse, ist das Angriffswetter oder besser das NATO-Verteidigungswetter. Wir wissen, dass unsere Soldaten weltweit die Freiheit verteidigen. Ich denke nicht nur an unsere Bundeswehr, ich beziehe alle NATO-Soldaten mit ein, die überall auf der Welt unsere Werte, vor allem aber die Freiheit verteidigen. Ich will wissen, wie sich das Wetter in Krisenregionen entwickelt. Selbstverständlich muss die Freiheit unabhängig von den Wetterverhältnissen verteidigt werden. Aber man will doch wissen, woher der Wind weht, wenn wir angreifen, beziehungsweise vorwärtsverteidigen. Krieg, sprechen wir das böse Wort mal aus, Krieg macht im Regen keinen Spaß. Ich sage Ihnen ganz ehrlich, bei Sonnenschein verteidigt sich die Freiheit wie von selbst. Die Sicht ist besser und die Stimmung in der kämpfenden Truppe auch. Und der Kameramann, der die Bilder aus den Krisengebieten aufnimmt, freut sich über die Blende.

Ganz schlimm ist der Winter. Ich halte den Winter für ungeeignet, Demokratie und Freiheit zu verteidigen. Ganz schlimm ist in dieser Hinsicht der russische Winter einzustufen. In Russland kommt nämlich die Weite noch dazu. Die russische Weite in Kombination mit dem russischen Winter ist kaum zu bezwingen. Da rate ich vom Angriff ab. Wir wissen aus der leidvollen Geschichte, dass der russische Winter ein treuer Verbündeter der russischen Truppen ist. Momentan haben wir noch nicht vor, unsere Freiheit und unsere Demokratie in Russland zu verteidigen, aber wer weiß, wie sich die Lage zuspitzt.

Putin hat in einem »völkerrechtswidrigen Akt« die

Krim annektiert, und das fand »der Westen« gar nicht gut. Wir haben angemessen reagiert. Wirtschaftssanktionen. Exportverbot. Finanzboykott. Man könnte von einem Wirtschaftskrieg sprechen. Obama, unser oberster Führer der Freiheit, hat Russland als »Regionalmacht« eingestuft, was so viel heißt wie: Wir werden dir schon zeigen, wo der Bartel den Most holt. Nämlich in der Wolfsschanze der Freiheit (kleiner Spaß!), in Washington. Der Freiheitshammer hängt immer im freien Westen, Wladimir!

Und die Nachfolgerin der Mutti im Kanzleramt, Ursula Röschen von der Leyen, hat schon angedeutet, dass die NATO an der Ostfront Präsenz zeigen muss. Ich bin der Meinung, wir sollten diesmal den Russlandfeldzug besser vorbereiten. Und dabei kann Claudia Kleinert eine wichtige Rolle spielen. Nicht nur als Wetterfee, sondern als Wetteroffizier der Bundeswehr. Und deshalb würde ich sie in eine Wetteruniform stecken. In die Kampfversion. Nato-olive. Auf den Schulterklappen links und rechts je drei Wölkchen. Und im Brustbereich ein Doppelhoch! Das wäre ästhetisch einwandfrei und politisch korrekt. Dann hätten wir diese leidige Klamottenfrage gelöst. Wieder ein Problem weniger.

Dazugehören

Grundsätzlich kann in einer Demokratie jeder seine Meinung vertreten, *anything goes,* eines allerdings geht gar nicht: eine abweichende Meinung vom politisch Korrekten.

Da hört sich alles auf, aber vor allem die Toleranz. Da wird ein Shitstorm über dich hinwegfegen. Es herrscht Meinungsfreiheit! Ja, schon, aber wehe, du sagst etwas,

was nicht der herrschenden Meinungsfreiheit entspricht. Gegen Europa brauchst du nix zu sagen! Europa ist ein Ideal! Wehe, du sagst was gegen Europa! Europa ist alternativlos, der Euro ist auch alternativlos! Warum weißt du das nicht? Liest du die falschen Zeitungen? Botschaft im Subtext: Du hast keine Ahnung, redest dummes Zeug, halt besser den Mund, bevor du dich lächerlich machst, blickst ja nicht durch, wir stellen dich mal vorsichtshalber in die rechtspopulistische Ecke, gell, da schaust!

Ja, so ist das, wenn du nicht mit der Zeit gehen kannst! Für das Betreuungsgeld bist auch? So? Weißt du, was das ist? Das ist nicht in Ordnung! Unmoralisch ist das, grob unmoralisch bist du, wahrscheinlich auch rassistisch, rechts, reaktionär, logisch, was du glaubst, das glaubt doch keiner mehr! Familie? Was willst du denn damit noch? Jetzt glaub ich es aber! Sicher bist du auch homophob!

Wenn du Glück hast, wirst du lächerlich gemacht und man verspottet dich nur, wenn du Pech hast, dann wirst du diffamiert und verleumdet. Der gewiefte Berufspolitiker kennt diese Mechanismen ganz genau und er wird immer versuchen, sie für sich und seine Zwecke zu nutzen. In den medialen Strudel will er nicht hineingeraten, er will auf der Seite derjenigen stehen, die den Strudel anrühren.

Am liebsten liest er deshalb Umfragen, darum weiß er immer, was er sagen muss. Und wenn er einmal unsicher ist, sucht er die Nähe zu seinem Volk: Sagt mir, was ihr denkt, damit ich weiß, was ich sagen muss.

Der Vollhorst macht sich zum Meinungsführer. Als solcher besitzt er die Fähigkeit, das Meinungschaos der manipulierwilligen Masse zu ordnen, indem er Stimmungen herstellt, Zustände mit Emotionen auflädt und auf diese Weise einen Mainstream produziert. Der Mainstream ist darum sehr beliebt, weil von ihm ein Sog ausgeht, dem sich viele gar nicht mehr entziehen können, weil keiner gern abseits steht.

Der Mensch strebt nach Zugehörigkeit. Wenn du beispielsweise ein Sechzger bist, also dem TSV 1860 anhängst, dann weißt du, wo du hingehörst – in die zweite Liga. Aber du weißt auch, dass es um den Aufstieg geht. Vielleicht ist das aber auch kein so gutes Beispiel.

Wechseln wir besser in die politische Liga. Viele schließen sich einer Partei an, weil sie dazugehören wollen zur Bewegung, nein, falsches Wort, weil sie sich einer Idee verpflichten wollen. Gerechtigkeit ist ein Thema, bei dem alle denken, Mensch, da könnte ich doch dafür sein, weil ich vieles ungerecht finde.

Soziale Gerechtigkeit – da fühlen sich viele angesprochen. Vor allem, wenn die Gerechtigkeit diffus bleibt und man nicht genau sagen kann, was man darunter versteht. Beispiel Zahnersatz. Warum soll die Gemeinschaft der Beitragszahler für die Mundfäule aller zuständig sein? Da wird der Vollhorst auf die Solidargemeinschaft verweisen. Die Solidargemeinschaft zahlt die Rundumversorgung.

Es geht dann oft um das Verhältnis zueinander und die Ansprüche, die wir untereinander an uns stellen. Und wenn wir ein gutes Verhältnis zueinander haben, dann haben wir das Gefühl, dass es gerecht zugeht.

Ausbeutung ist ungerecht, klar. Im Rechtsstaat kann es aber schon mal vorkommen, dass Armut gerecht ist, weil sie durch die herrschenden Gesetze geregelt wird. Was willste machen?

Immer wieder hört man auch von Armutsflüchtlingen. Dabei handelt es sich um Menschen, die ihr Heimatland verlassen, weil sie dort arm gehalten werden, um hier in Deutschland in eine höhere Stufe der Armut zu flüchten.

Traurige Geschichten sind das. Und doch gibt es bei uns Menschen, die es als ungerecht empfinden, wenn diese Flüchtlinge bei uns die Sozialsysteme belasten. Der Vollhorst muss in solchen Fällen seine Worte sorgsam wägen und darf nichts Falsches sagen, sonst gilt er als kaltherzig. Das will er nicht. Im Gegenteil, er will als mitfühlend erscheinen. Darum wird sich der Vollhorst menschlich geben und großes Verständnis demonstrieren und von der bestürzenden Lage dieser armen Menschen sprechen. »Es ist die Pflicht eines jeden Christen, hier zu helfen!« So etwas wird er sagen. Und hinzufügen, dass wir alle aufgefordert sind, diese unmenschlichen Zustände in den Heimatländern dieser Menschen zu beheben. Heißt: Wir werden dafür sorgen, dass ihr möglichst bald zurückgeschickt werdet. Vielleicht kramt er auch noch eine Worthülse raus, die sich immer gut macht, es ist die Phrase von den Mitmenschen und der Menschheit: »Wir alle sind Menschen!« Soso.

Zur Menschheit gehören alle; das ist vielen zu unübersichtlich. Putin gehört auch zur Menschheit, wie auch der Kim Jong Un in Nordkorea oder der Assad in Syrien. Die Boko Haram gehören auch dazu und der IS ebenfalls. Immer sind es auch Menschen, die andere Menschen köpfen und massakrieren. Wer will da dazugehören?

Eukaryontik

Die Welt verstehen, ist ja nicht jedermanns Sache. Aber auch das muss erledigt werden. Viele sagen, was geht mich die Welt an, mein Blutdruck ist zu hoch und außerdem hab ich Verdauungsschwierigkeiten! Wir hätten schon früher anfangen können, die Welt zu verstehen. Das stimmt schon. Aber betrachten wir doch mal unsere Ausgangslage: Am Anfang war der Urknall und die Ursuppe. Bis die Aminosäuren zueinandergepasst haben, das hat seine Zeit gebraucht.

Lange sind wir überhaupt nicht dazu gekommen, die Welt zu verstehen, da hatten wir doch dauernd was anderes zu tun. War doch immer was los. Erst diese erste lange Phase der Evolution, mein Gott hat sich das gezogen, mit diesem Dauerstress, sich immer anpassen zu müssen an irgendwelche neuen Lebensbedingungen. Das war kein Honigschlecken! Anschließend haben sie uns noch die Menschwerdung aufs Auge gedrückt! Die war auch nicht ohne. Und dann, ja, dann hat es noch sehr lange gedauert, bis einer darauf gekommen ist, den eigenen Verstand zu gebrauchen. Da hatten viele von uns schon ein Hirn und haben es nicht gebraucht. Ist mir, ehrlich gesagt, im Nachhinein auch ein Rätsel. Vielleicht herrschte die wissenschaftliche Meinung vor, dass sich das Hirn durch Gebrauch abnützen könnte. Oder es wurde davon abgeraten, weil Denken, gerade wenn man es nicht gewohnt ist, unheimlich anstrengend sein kann. Möglicherweise haben die Ersten von uns gedacht, hoffentlich hört das wieder auf, zumal man es nicht wieder abstellen kann, wenn man einmal damit angefangen hat! Jeder von uns hat doch schon einmal die lästige Erfahrung gemacht, von den immer wieder gleichen Gedanken gequält zu werden. Beispielsweise der Gedanke: *Warum kann ich jetzt nicht schlafen?* Weil ich eben dauernd daran denken muss, nicht schlafen zu können! Ruhelos wälzt man sich nachts von einer Seite auf die andere, aber die Gedanken, die einem durch den Kopf gehen, verhindern den Schlaf. Man nimmt sich vor, dagegen etwas zu unternehmen, sucht vielleicht einen Zen-Meister der Gelassenheit auf, um zu meditieren. Der rät dazu, die Gedanken weiterziehen zu lassen wie die Wolken am Himmel. Doch was soll man machen, wenn der ganze Himmel verhangen ist?

Irgendwann hat einer gemeint, wir könnten es wagen, den eigenen Verstand zu gebrauchen. Das war tatsächlich ein Wagnis! Für viele ist es das heute noch. Vor allem für Generalsekretäre politischer Parteien. Und dass wir beim Gebrauch des eigenen Verstandes erst mal Fehler gemacht haben, das ist doch logisch. Wir hatten doch keine Übung im Gebrauchen des Verstandes! Die meiste Zeit ließen wir uns von den Instinkten leiten. Dabei hätte der Verstand nur gestört. Aber seitdem wir versuchen, mit dem Verstand die Welt zu verstehen, ist alles noch viel unverständlicher geworden, weil uns dadurch klar wurde, dass die Welt komplex ist. Komplexitäten, wohin du schaust. Ich kenne mich oft nicht mehr aus.

Deshalb bin ich so glücklich, dass mir das Büchlein von der Sandra Mitchell in die Hände gefallen ist. Seitdem verstehe ich ein wenig mehr von der Welt. Auf Seite 31 stellt sie uns den eukaryontischen Schleimpilz vor. Ich hatte von dem noch nie etwas gehört. Bisher war er mir nicht bekannt, der Schleimpilz, weil ich nur Reherl, Maronen und vor allem Steinpilze bevorzuge. Dabei ist er so wichtig für das Verständnis »komplexer Systeme«, dieser eukaryontische Schleimpilz. Er ist ein treffendes Beispiel für besonders anpassungsfähige Lebewesen. Um was geht es?

Es geht um »die individuelle Aufgabenteilung einzelner Mitglieder einer gesamten Population, die sich nach inneren und äußeren Bedingungen verändern kann, um sich an die jeweiligen Umstände anzupassen«.

Ich denke, aha, das ist schon so präzise formuliert, dass man es auch nach dem zweiten Mal Lesen nicht unbedingt gleich verstanden haben muss. Diese Wissenschaftler haben eine Art, die Dinge auf den Punkt zu bringen, dass es eine Freude ist. Es geht also um Anpassung von Völkern an Umstände, die sich verändern. Und da Völker aus Individuen bestehen (ab wie vielen Individuen spricht man überhaupt von einem Volk?), müssen sie kooperieren, weil wenn jeder tut, was er will, für die Gemeinschaft nichts gewonnen ist.

Frau Mitchell geht das Phänomen der individuellen Aufgabenteilung über die Klasse der Insekten an. Blattschneiderameisen, hochentwickelte Hautflügler, Bienen, hat sie beobachtet. Diese Arten entwickeln Staaten, die optimal organisiert sind. Da können wir Menschen nur staunen. Bei denen funktioniert das Zusammenleben wie am Schnürchen. Die haben keine Demokratie, keine Wahlen, keinen Mindestlohn, null Rente, keine Krankenversicherung, geschweige denn eine unabhängige Justiz. Nichts von alledem. Nein, das brauchen die nicht. Die sind anders aufgestellt. Wenn die in einem demokratisch organisierten Staat leben würden, wären die längst ausgestorben. Bei den eusozialen Hautflüglern gibt's keine langatmigen Debatten, da wird nicht lange rumgequatscht, da ist alles besprochen. Da geht es nur um Leben und Überleben und Nahrungssuche. Die haben nichts anderes im Sinn als Fressen und Fortpflanzen. Im Bienenstock beherrscht eine einzige Frage das Geschehen: Wo gibt's den besten Blütenstaub? Die Reproduktion des Lebens steht im Vordergrund. Es wird nur das Notwendige kommuniziert. Und das geschieht in der Form des Tanzes. Bienen sind in der Lage, Informationen zu tanzen. Da wird nicht lange rumdebattiert, da wird einfach was getanzt. Ich stelle mir gerade vor, wie das wäre, wenn die Bundeskanzlerin ihre Regierungserklärung tanzen würde! Schiefes

Bild, gebe ich zu, denn die Bienenkönigin selber tanzt nicht, die wird nur mit dem besten Nektar versorgt und ansonsten muss sie für Nachwuchs sorgen. Gebären ohne Unterlass ist ihre Aufgabe, bis sie nicht mehr kann. Deshalb haben die Bienen auch keine Rentenprobleme. Ich merke, die Metapher wird durch weitere Ausschmückung nicht aussagekräftiger.

Dennoch: Der vollkommene Vollhorst beherrscht sicher auch den Informationstanz. Da steckt die Forschung noch in den Kinderschuhen, aber ich bin davon überzeugt, dass ein Vollhorst heute sowieso alle Formationstänze beherrschen muss. Rumba, Samba, langsamer Walzer und Foxtrott, warum also nicht auch Ausdruckstanz.

Der wichtigste Ausdruckstanz für den Horst ist sicher der Cha cha cha. Vor – zurück, vor – zurück, Seit – Seit – Schließ. Cha cha cha! Das muss jeder wissen, der mit dem Horst tanzt.

Dass Bienen ihren Kolleginnen im Stock durch Tanzbewegungen die besten Futterplätze übermitteln, ist seit langem bekannt. Analog dazu nehme ich an, dass der moderne Vollhorst auch die Informationsübermittlung durch gezielte Körperbeweglichkeit nutzt. Ich könnte mir auch vorstellen, dass ihm in Bayern der Zwiefache, der durch den permanenten Wechsel vom Zweiviertel- zum Dreiviertel-Takt gekennzeichnet ist, sehr liegt. Wie überhaupt der Wechsel die hervorstechendste Eigenheit des Vollhorsts ist.

»Ein Volk von Honigbienen besteht aus Zehntausenden von Individuen, die eine komplizierte Arbeitsteilung praktizieren. Die individuelle Aufgabenerfüllung richtet sich dabei nach den inneren und äußeren Bedürfnissen der ganzen Kolonie, wobei Alter und Erfahrung den Leitfaden bilden.« Ich las diese Sätze bei Sandra Mitchell und musste sofort an die CSU denken. Vielleicht hat sie ihre Studien inzwischen von den Hautflüglern hin zu den Christlich Sozialen Parteiflüglern verlagert. Ich hatte zwar auch gleich Bedenken, ob der Vergleich nicht hinke. Denn die CSU ist zwar auch sehr gut organisiert, aber mit der straffen Arbeitsteilung in einem Bienenstaat kann die Christlich-soziale Union nicht mithalten. Einen General-sekretär wie Andreas Scheuer habe ich bei den Bienen nicht gefunden. Im Bienenstock weiß jede einzelne Biene, was sie zu tun hat. Und sie tut es, ohne darüber nachzu-denken. Das macht der Scheuer auch, aber Bienen dis-kutieren nicht. Sie treffen sich nicht in Wildbad Kreuth zur Klausur, und wenn doch, dann steht der Stock mit dem gesamten Volk hinter der Hanns-Seidel-Stiftung und kümmert sich null darum, was die CSU-Oberen hinter verschlossenen Türen aushecken. Eine Partei wie die CSU mag auch als soziales System aufgefasst werden, aber mit der sozialen Ausrichtung von hochentwickelten Insekten wie Ameisen oder Bienen können die Christsozialen un-möglich mithalten. Die strenge Hierarchie gibt der Bie-nenkönigin eine Macht, von der ein Horst Seehofer nur träumen kann.

Rein genetisch stammen alle Individuen eines Bienen-volks von der Königin ab. So etwas schafft Bindung, die ein Leben lang hält. Da kommt echter Altruismus auf, der bis zur Aufopferung einzelner Lebewesen des Volkes reicht, weil der Einzelne nur im Verbund mit seinem Volk zählt.

Erste Ansätze diesbezüglich gibt es schon bei Horst Seehofer, jetzt aber mal angenommen, alle Mitglieder der CSU würden von ihm abstammen… Ich will den Gedan-ken gar nicht zu Ende führen!

Mehr an Erklärung liefert das Verhalten des eukaryontischen Schleimpilzes, auf den mich Frau Mitchell hinge-wiesen hat, bei der ich mich dafür herzlich bedanken möchte.

Der eukaryontische Schleimpilz, der Dictyostelium dicoideum, wie wir ihn wissenschaftlich korrekt bezeich-nen, kann in zwei Zuständen leben. Einmal als Popula-tion einzelner, einzelliger Amöben, von denen jede auf sich allein gestellt ihr Leben lebt. Als glücklicher Single! In einer Vierzimmerwohnung in bester Lage. Sozusa-gen. Zum anderen als vielzelliger Organismus, der sich bei Nährstoffentzug beziehungsweise Nahrungsknappheit durch Zusammenlagerung der Single-Schleimpilze bildet. Aufgrund der äußeren Umstände kooperieren die einzel-nen Schleimpilze, um einen einzigen großen Schleimpilz zu bilden und fürderhin gemeinsam zu schleimen. Sie fin-den sich zum Gemeinschaftsschleimen zusammen und stützen sich auf diese Weise gegenseitig. Da gibt einer die Parole aus, dass gemeinschaftliches Schleimen von Vorteil für alle ist, und schon schleimen sie wie die Musketiere »alle für einen, einer für alle«. Plötzlich breiten sich die Schleimpilze auf 140 Quadratmetern aus und wohnen glücklich zusammen.

Ändert sich also durch irgendwelche Umstände, durch den Klimawandel, einen gigantischen Vulkanausbruch, einen Meteoriteneinschlag oder einen radioaktiven Super-GAU die Überlebenslage für die individualisierten Schleimpilze radikal, so finden sie zu Kooperation und Solidarität zusammen, um die Art zu sichern. Sie geben die Individualisierung auf, um sich gegenseitig zu helfen.

Diesem Anpassungsphänomen liegt ein System zu-grunde, aus dem der Impuls zu einer gemeinsamen Über-lebensstrategie erwächst. Im Kontext biologischer Systeme wird deutlich, wie wichtig solche Überlebensstrategien für die jeweilige Art sind. Arten, die zu diesen Anpassungen nicht in der Lage sind, befinden sich automatisch im Nachteil.

Ein wenig Schleimpilz steckt in jedem von uns. Und wir sollten uns dafür nicht kritisieren, sondern froh sein, dass dieses Anpassungsverhalten in jedem von uns von Natur aus angelegt ist.

Das angepasste Arschloch

Seltsam ist, dass Anpassung als Prinzip bei vielen Zeitgenossen nicht hoch angesehen ist. Die Angepassten werden mit Verachtung gestraft.

Warum ist das sehr menschliche Verhalten, das jeder von uns als Anpassung kennt, das in biologischen Systemen eine entscheidende Rolle spielt und ohne das wir beim *survival of the fittest* längst ausgestorben wären, eines Tages in den moralischen Verschiss geraten?

Wann und warum wurde Anpassungsverhalten in zunehmendem Maße diskreditiert? Wir reden vom »angepassten Spießer« und vom »angepassten Schleimer, der nur an seinen Vorteil denkt«. Gibt es auch Menschen, die nur an ihren Nachteil denken? Ist Altruismus eine Verstellung, um den eigenen Vorteil nicht in den Vordergrund treten zu lassen? Warum wollen viele als selbstlos gelten? Warum wird Anpassung so negativ gesehen?

Viele Fragen, die ich hier nicht alle erschöpfend beantworten kann. Aber eine Erklärung könnte sein, dass bei der Verteufelung der Anpassung als Überlebensprinzip Menschen eine Rolle spielten, die dazu weniger begabt waren als anpassungsaffine Typen.

Neid, Missgunst und Niedertracht wirken bei anpassungsschwachen Exemplaren verstärkend, um anpassungsstarke Kameraden in ihrer Reputation niederzumachen. Machen wir uns nichts vor. Es ist doch oft so, dass wir über die eigenen Defizite am liebsten über Bande reden, indem wir die Fähigkeiten unserer Mitmenschen abwerten. Wir reden von anderen, wenn wir uns meinen: Schau dir den an! Erfolgreich ist er, dieser Schleimer! Ja, aber um welchen Preis. Es sind Vorwürfe, die wir uns machen, weil wir nicht so sind wie die anderen.

Passt sich einer besonders schnell und gut den Umständen an und macht Karriere in einem politischen System, dann nennen wir ihn einen Mitläufer, einen Opportunisten. Ich will es mal so sagen: In der DDR musste man, wenn man irgendetwas wollte, und nur dann konnte man.

Ja, was?, fragen Sie jetzt. Aus heutiger Sicht hätte man doch ... Das ist richtig. Nur damals hätte man, wenn man hätte, eben Nachteile für sich und die Familie in Kauf nehmen müssen. So war das im real existierenden Sozialismus auf dem Weg zur klassenlosen Gesellschaft. Und obwohl im Sozialismus alle gleich waren, gab es doch auch welche, die nicht konnten, was sie hätten sollen. Jene mussten ins Loch, ins Gefängnis, oder, wenn sie Glück hatten, raus aus der DDR, rein in den Westen. Und dort sollten sie wieder, mussten sie, konnten sie, durften sie sich anpassen an die Verhältnisse, und nur dann bekamen sie, was sie wollten. Überall herrschen die Verhältnisse, die sich ändern können. Und auf einmal wird aus einem Unrechtsstaat ein Rechtsstaat, oder umgekehrt. Doch in beiden Systemen herrschen »die Verhältnisse«. Irgendwelche Verhältnisse herrschen immer. So oder so ist das Leben, so oder so ist es gut. Vermeintlich.

Wir sprechen im Alltag manchmal von einem »ange-

passten Arschloch« und meinen damit einen Opportunisten, einen Menschen, der keine eigene Meinung vertritt,
überhaupt keine eigene Meinung hat, der sich immer an
anderen orientiert, sich grundsätzlich bei denjenigen ein-
ordnet, von denen er annimmt, dass sie die Mehrheitsmeinung repräsentieren. Er gesellt sich immer zu der
Gruppe, von der er sich Vorteile erhofft. Die Erfahrung
lehrt, dass du mit den Wölfen heulen musst, um vorwärts-
zukommen. Auch Schafe, die sich gegenüber den Wölfen
in der Mehrheit befinden, tun gut daran, den Wölfen
nicht zu widersprechen. Die Gattung Mensch war, wie
andere Arten auch, von Anfang an sehr anpassungsfähig.
Sonst hätten wir nicht so lange durchgehalten.

Natürlich gab es Ausnahmen. Die Japaner haben die
Anpassung an Alkohol nicht mitgemacht. Denen fehlt ein
Leberenzym, deshalb tun sich die schwer, den Alkohol-
gehalt im Blut abzubauen. Die Asiaten vertragen nichts.
Darum fallen die schneller unter den Tisch als wir. Es gibt
auch sehr viele bei uns, die an einer Laktose-Unverträg-
lichkeit leiden. Ja, die packen die Laktose nicht, die bekommen Unwohlsein. Wenn die eine Milch saufen, sind
sie selber schuld.

Ohne die Fähigkeit zur Anpassung hätte es der Homo
sapiens nie und nimmer so weit gebracht. Der Homo
sapiens oder, wie wir in aller Bescheidenheit nicht müde
werden zu betonen, *der Mensch* hat sich nur durch seine
immense Anpassungsleistung an immer wieder neue
Herausforderungen in seiner evolutionären Entwicklung
zu dieser alle anderen Gattungen dominierenden Stellung
emporarbeiten können. Und dennoch steht die dem Menschen von Anfang an mitgegebene Fähigkeit in einem
schlechten Ruf.

Der Angepasste, der »mit dem Haufen läuft«, der sich

im Mainstream der Meinungen am wohlsten fühlt, der papageienhaft nachplappert, paraphrasiert, mit eigenen Worten spricht, was andere hervorgebracht, vielleicht auch plagiiert haben, sagen wir so, was andere ins allgemeine Vokabular gepackt, in die Debatte eingespeist haben, um einen eigenen Gedanken beizusteuern, vorausgesetzt, man kann überhaupt von eigenen Gedanken sprechen, einer, der Worte findet, die andere gefunden haben für denselben Sachverhalt und Umstand, Worte, die andere schon mehrmals im Munde hatten, Bonbons, beziehungsweise Bonmots lutscht, die andere lutschen, Sätze spricht, die andere mehr oder weniger gut begründet in die Welt gesetzt haben, einer, der spricht, damit er auch sagt, was andere sagen, und jeder merkt, ach, jetzt sagt der das, was andere auch schon gesagt haben, aber er muss es sagen, weil er damit ein Teil des Ganzen wird, des Mainstreams nämlich. Sie haben längst verstanden, von wem hier die Rede ist: vom »angepassten Arschloch«.

Wobei ich mich frage, wieso ausgerechnet der Anus, dieser bedeutende Ausgang, wieder mal in diesem negativen Zusammenhang gebraucht wird? Der Arsch hat das nicht verdient. Aber er ist vermutlich daran gewöhnt, dass man ihn auf herabsetzende Weise in den Dienst nimmt, um auf wenig geschätzte Eigenschaften im menschlichen Verhalten hinzuweisen. Er kann einem leidtun. Wenn wir nur an die Mengen schlechter Luft denken, die an ihm vorbeiziehen, um keinen Überdruck entstehen zu lassen. Der Arsch kann nichts dafür, er ist ein armer Hund, er öffnet und schließt, das ist seine Aufgabe, die er meist zuverlässig erfüllt. Aber wie es halt so ist, immer wenn etwas auf- und zugeht, geraten die Luftmassen in Bewegung und sorgen für neue Mischungsverhältnisse. So war das beim Ozonloch und so verhält es sich auch beim

Arschloch. Das Ozonloch schließt sich inzwischen entgegen allen Befürchtungen wieder. Und das, obwohl die ozonschädlichen Gase eher zu- als abgenommen haben. Wollen wir hoffen, dass der Anus sich am Ozonloch kein Beispiel nimmt. Möglicherweise ging ihm die Problematik des aufklaffenden Ozonlochs immer schon am Arsch vorbei. Vielleicht, weil er nie gefragt wird, ob er all das faulige Zeug passieren lassen will. Er muss nehmen, was kommt. Der Anus ist auch deshalb in aller Munde, weil er flexibel und anpassungsfähig ist, wie man das von ihm erwarten darf.

Es wird Zeit, das »angepasste Arschloch« zu rehabilitieren. Also wann fangen wir endlich an damit?

Horst lässt fragen

Anruf aus der Staatskanzlei. Das Büro des bayerischen Ministerpräsidenten ruft im Büro des Lustspielhauses an. Und die Mädels sind ganz aus dem Häuschen, wie man so sagt, und rufen mich an. Der Seehofer will zu dir in die Vorstellung kommen! Stell dir vor! Und ich stelle es mir vor, ja natürlich, der bayerische Ministerpräsident, was sagst du dazu? Mein Gott, sage ich, und frage mich, womit ich das verdient habe? Warum will der in meine Vorstellung kommen? Der findet dich gut. Was hab ich falsch gemacht? Ich hab ihn gar nicht im Programm. Er kommt gar nicht vor. Vielleicht weiß er das nicht? Der Büroleiter des Ministerpräsidenten trägt den Wunsch des Ministerpräsidenten vor, morgen Abend meine Kabarettvorstellung besuchen zu wollen.

Wir sind ausverkauft. Komplett voll. Aber die Mitarbeiter des Lustspielhauses wollen alles versuchen, um den Ministerpräsidenten und seine Frau dennoch im Publikum zu platzieren. Es geht nicht nur um zwei Plätze, sondern mindestens um sechs, denn der Ministerpräsident kommt »mit seiner Security«, seinen Gorillas, den Sicherheitsleuten, die ständig auf ihn aufpassen müssen. Sechs Security-Männer! Damit er nicht weglaufen kann? Nein, natürlich nicht. Er ist immer in Gefahr. Klar. Der Ministerpräsident ist gefährlich, äh, ich meine, in Gefahr. Er ist ständig bedroht an Leib und Leben.

Als Normalsterblicher kann ich mir kaum vorstellen, dass der Ministerpräsident des Freistaates Bayern irgendwelche Feinde haben könnte, die ihm nach dem Leben trachten. Er ist unser Landesvater, der sich um uns sorgt und alles in seinen Kräften Stehende tut, damit es uns, den Landeskindern, und dem Land gut geht. Aber was wissen wir schon vom Job und vom Leben eines Spitzenpolitikers? Wir machen uns davon ganz falsche Vorstellungen. Fest steht, dass er bedroht ist oder sich bedroht fühlt, so dass er nur mit seinen Sicherheitsleuten unter die Leute gehen kann. Eigentlich traurig. Wir müssen irgendwie zusätzlich acht Plätze freiräumen, um den Ministerpräsidenten und seine Frau im Publikum noch unterzubringen. Wir werden Leute bitten müssen, auf ihre Plätze zu verzichten, und sie werden das sofort einsehen, wenn sie erfahren, um welche Person es sich handelt. Was? Wer braucht die Plätze? Der Seehofer? Na, da verzichten wir gerne, wenn der kommt.

Im Laufe des Nachmittags ruft auch der Büroleiter der Ministerin des Sozialen in Bayern an und kündigt an, dass Frau Haderthauer ebenfalls in meine Vorstellung kommen will, mit vier Sicherheitsleuten, ob es nicht möglich sei... – Natürlich! Es wird möglich sein müssen. Sagen die Mädels vom Büro des Lustspielhauses. Eine halbe Stunde später ruft der Büroleiter des bayerischen Ministeriums des Inneren im Büro des Lustspielhauses an. Er habe erfahren, dass… und bitte auch seinerseits um Plätze, falls dies möglich sei… – Ja! Selbstverständlich! Alles wird möglich gemacht. Die Definition von Möglichkeit wird an diesem Nachmittag sehr strapaziert.

Schließlich erreicht ein Anruf eines Redakteurs des bayerischen Fernsehens unsere Mitarbeiter des Lustspielhauses im Büro, der sich beschwert, dass das Telefon dauernd belegt sei, was denn da bloß los sei, dass da dauernd einer in der Leitung hänge. Die Mädels entschuldigen sich sofort dafür, dass die Leitung dauernd besetzt ist. Der Redakteur kündigt an, mit einem Team »vorbeizukommen«, um den Besuch des bayerischen Ministerpräsidenten im Lustspielhaus zu drehen. Man habe vor, den Ministerpräsidenten beim Lachen zu filmen, damit das Volk mitkriegt, über wie viel Humor der bayerische Ministerpräsident verfügt. Man bräuchte insgesamt sechs Plätze für Ton, Licht und Kamera. Steffi und Julia sind inzwischen ziemlich aufgeregt und fragen mich besorgt, ob man das Publikum nicht komplett draußen halten sollte, also die Vorstellung für die Öffentlichkeit sperren, damit »der Ministerpräsident und sein Volk« in aller Ruhe zu mir ins Kabarett gehen können. Wir könnten eine Presseerklärung herausgeben. Wegen unvorhergesehener Ereignisse, schlägt Steffi vor, oder wegen Krankheit, oder, ein plötzlich auftretender Virus habe uns gezwungen, oder wegen einer Bombendrohung … und während Steffi und Julia ihren Spaß haben, frage ich, ob die bayerische SPD davon weiß, dass der bayerische Ministerpräsident …? Ich wage den Satz nicht zu vollenden. Mir wird schlagartig klar, dass dann auch der Oppositionsführer im Bayerischen Landtag – wie heißt der noch mal? Der Dings, na, er ist ein ganz Lieber, der hat Profil, Ecken und Kanten, den kenn ich gar nicht. Das liegt nicht an ihm, sondern bestimmt an mir, dass ich ihn nicht kenne, ich sehe ihn vor mir, aber ich kann nicht sagen, wie er heißt. Mein Namensgedächtnis lässt schon seit einiger Zeit nach. Es sortiert gnadenlos nach den Kriterien »musst du kennen«, »musst du nicht kennen«. Die Grünen! Die sollten wir auch informieren. Wenn die Margarete Bause erfährt, dass der Seehofer ins Kabarett geht, dann will die auch kommen. Und die Bause kommt nicht allein. Die ruft in China an und beantragt die Ausreise vom Ai Wei Wei. Wird abgelehnt. Riesenpresse. Bause kämpft für Menschenrechte in China!

Jetzt ruft die grüne Gretl ihren Friseur an, sie brauche dringend einen Termin, sie würde gern zum Nachfärben kommen, heute Abend müsse sie gut ausschauen, und sie fragt spontan ihren Friseur, ob er nicht mitkommen will? Der lehnt ab, weil er Claudia Roth heute neu einfärben müsse. Ganz neue Farbe! Nicht mehr dieses Roth-Rot. Sondern mehr strahlendes Roth-Gelb – Sonnengelb. Danach, sagt der Friseur, brauche er immer einen Tag Pause, so viel Roth-Mitgefühl, so viel Engagement und Kampf gegen Ungerechtigkeit, wie er während Claudias Färbung über sich ergehen lassen müsse, verlange nach einer Ruhephase, in der er diese Überdosis an Empathie seelisch wieder abbauen könne. Aber Claudia will kommen. Ohne Security. Braucht sie nicht. Der tut keiner was. Die kann sich wehren.

Ich fühle mich schon irgendwie geehrt. Frage mich, wie das bayerische Fernsehen vom bevorstehenden Besuch des amtierenden Ministerpräsidenten erfahren hat? Ich verdächtige den Büroleiter des Ministerpräsidentenbüros der bayerischen Staatskanzlei, Herrn Doktor, äh Dings. Ich bin sicher, dass er einen Doktortitel hatte. Büroleiter haben alle promoviert in der bayerischen Regierung. Also dieser Doktor hat, vermute ich, beim Bayerischen Fernsehen angerufen und angekündigt, dass der Ministerpräsident mit Frau ins Kabarett geht. Der Ministerpräsident hat die Absicht, öffentlich zu lachen! Eine Sensation! Es handelt sich um eine besondere Art des Lachens, es ist das amtierende Lachen des bayerischen Ministerpräsidenten. Eine seltene Form der Heiterkeit. Kommt seit dem Absolutismus kaum noch vor. Und weil es so außergewöhnlich ist, muss »das Fernsehen«, müssen »die Medien« dabei sein, damit das Volk teilhaben kann am öffentlichen Humorverhalten des obersten bayerischen Regenten.

Ich lass mich durchstellen zum zuständigen Redakteur des BR. Wie hieß der noch mal? Ich weiß es nicht mehr. Egal, nennen wir ihn Hofmann. Dieser Hofmann hat die Aufgabe übernommen, die bayerische Politik und da speziell die Aktivitäten des bayerischen MP »medial zu begleiten«. So wird das heutzutage gerne formuliert. Journalisten begleiten heute. Es gibt nur noch Begleiter.

Hofmann ist sehr freundlich, und als ich wissen will, wie seine Redaktion darüber informiert wurde, dass der Ministerpräsident zu mir …

Ja, unterbricht er mich, es habe einen Hinweis gegeben. Ach!, staune ich.

Außerdem stünden alle Termine des Ministerpräsidenten auf der Homepage der Staatskanzlei, wo sie jedermann einsehen könne. In diesem Fall sei es so gewesen, dass die Pressestelle der Staatskanzlei »im Haus« angerufen habe, dass der bayerische Ministerpräsident zu mir in die Vorstellung käme, und da habe man sich in der

Redaktion dazu entschlossen, diesen Besuch im Bild fest-
zuhalten. Und dafür bräuchten die Kollegen mehr Licht,
als im Lustspielhaus vor Ort sei. Es sei daher nötig, »zusätzliche Lampen, vielleicht eine oder zwei im Publikum«
zu installieren, damit man den Ministerpräsidenten und
seine Frau und die anderen Mitglieder des bayerischen
Kabinettes gut sehen könne.

Es tut mir leid, sage ich, aber ich möchte das nicht. Das
Publikum würde durch diese zusätzlichen Lampen mit
Sicherheit irritiert. Das fokussiere die Aufmerksamkeit
auf Seehofer und seine Ministerkollegen. Ich bitte daher
das bayerische Fernsehen, daheim zu bleiben.

Sie schmeißen uns raus?, fragt Hofmann.

Sie sind ja noch gar nicht drin! Also kann ich Sie auch
nicht rausschmeißen. Außerdem ist das Lustspielhaus
ausverkauft.

Ja, gut, sagt Hofmann enttäuscht, dann halt nicht. Sie
wissen schon, dass das auch für Sie eine schöne PR wäre.

Ich möchte es nicht.

Schade, wir wären gern dabei gewesen, aber wenn es
nicht geht, dann müssen wir das so hinnehmen.

Ja, sage ich. Nehmen wir es so hin.

Eine halbe Stunde später ruft der Büroleiter aus der
Staatskanzlei im Lustspielhaus an und sagt den Besuch
des Ministerpräsidenten ab. Seine Frau sei unpässlich. Er
selber würde aber gerne zusammen mit seiner Frau in
Vertretung des Chefs in die Vorstellung kommen. Auch
die Ministerin des Sozialen und der Minister des Inneren
sagen kurz darauf ihre Besuche ab, ohne Angabe von
Gründen. Es habe sich etwas anderes ergeben, man
komme gegebenenfalls wieder auf mich zu.

So. Man will also auf mich zukommen. Gegebenenfalls.
Was bedeutet das alles eigentlich? Ich für mich hoffe

jedenfalls, dass ein solcher Fall nicht mehr gegeben wird. Was war der Fall?

Könnte sein, dass es in dem vorliegenden Fall einen Zusammenhang mit der damals anstehenden Landtagswahl und dem tobenden Wahlkampf gibt? Der Gegenkandidat Horst Seehofers hieß seinerzeit Christian Ude. Und möglicherweise dachte man in der Bayerischen Staatskanzlei, dass es dem Ude, ich sag es mal auf Bayerisch, stinken könnte, wenn der Seehofer im Kabarett hockt und lacht, über sich und seine CSU. Ich erinnere mich nämlich, dass mich der Redakteur Hofmann fragte, ob Seehofer denn im Programm vorkäme, »weil es natürlich besonders reizvoll wäre, ihn zu zeigen, wenn er drankäme«.

Er ist damals in meinem aktuellen Programm grade mal »nicht drangekommen« und das Fernsehen hat ihn deshalb auch nicht zeigen können. Aber heute ist er dran.

Krude Ängste

Sitze mit Andreas im Literaturhaus. Er trinkt Kombucha auf Eis und ich einen Cappuccino.

Warst du gestern bei der Kundgebung auf dem Platz vor der Oper gewesen?, fragt mich Andreas.

Ich wollte, habe aber dann aus irgendwelchen Gründen den Arsch nicht hochgekriegt.

Versager!, murmelt Andreas.

Es wäre kein großer Aufwand gewesen, gestehe ich, war sowieso in der Nähe, bei Dallmayr, bisschen Lachs für die Feiertage einholen, eventuell ein paar Gramm weißen Trüffel dazu, für die Tagliatelle.

Aha, sagt Andreas. Da wär es doch nur ein Katzensprung gewesen rüber zum Opernplatz, um ein Zeichen zu setzen für die Menschenwürde. Es waren Künstler da. Ganz tolles Programm soll geboten worden sein.

Ich: Habe fast ein schlechtes Gewissen deshalb.

Geschieht dir recht, sagt er. Ich war auch nicht da, aber ich habe es mir überlegt. Ich habe es mir nicht leicht gemacht, habe es sogar ernsthaft vorgehabt, an dieser Kundgebung gegen die Islamisierung des Abendlandes teilzunehmen.

Nein, widerspreche ich vehement, es war eine Kundgebung gegen die Pegida, gegen diese Leute, die »aus der Mitte der Gesellschaft« kommen und gegen die Islamisierung des Abendlandes auf die Straße gehen.

Andreas hält kurz inne. Ja, natürlich, sagt er. Das ist doch ein Witz! Niemand ist für die Islamisierung des Abendlandes. Außer ein paar Verrückten. Na ja, es sind vielleicht doch ein paar mehr. Das kann schon sein. Aber die gibt es immer. Hat es immer gegeben. Mit denen muss man immer rechnen. Alles, was da passiert, ist sehr deutsch. Natürlich laufen da in Dresden nicht nur Braune mit. Aber um die Mitte der Gesellschaft, wie man immer wieder hört, handelt es sich auch nicht. Ich habe den Eindruck, ein Drittel dieser Pegida-Marschierer in Dresden sind Neonazis. Und Kriminelle! Dieser Anführer ist mehrmals vorbestraft. Und die AFD mischt sich darunter. Ob die alle rechts stehen, weiß ich nicht. Möglicherweise wissen sie es selber nicht. Es gibt aber mehr als genug, die es ihnen immer wieder sagen. Bis sie es irgendwann glauben. Und dann haben sie eine Erkenntnis und sagen, aha, rechts bin ich also, was muss ich jetzt tun, damit ich mit dem identisch bin, was ich sein soll? Andreas nippt am Kombucha. Das Eis klimpert im Glas.

Die Leute haben Angst, sagt er. Ganz diffuse Ängste

sind da am Werk. Es ist richtig, aufzustehen und ein Zeichen zu setzen. Hast du den Bericht in der SZ heute gelesen?

Ich: Noch nicht. Ich werde ihn aber bestimmt noch lesen. Verspreche ich.

Andreas: Der Platz vor der Oper war gerammelt voll. Über 12 000 Münchner haben ein Zeichen gesetzt für Menschenrechte und Flüchtlinge und gegen Rassismus. Die Veranstalter sprechen von 20 000! Toll! Einfach toll! Obwohl München voll ist von saturierten Spießern, die sich in ihrem diffusen München-Gefühl suhlen. Ich möcht ned wissen, wie viele zuagroaste Preißn da drunter sind, die sich in München eine Eigentumswohnung gekauft haben, weil ein Spekulant das alte Haus aufgeteilt hat und die alten Mieter rausgeekelt worden sind, sagt er mit ernster Miene. Es verwundert mich immer wieder, dass diese gesättigten Wohlstandsbürger zu so einer Kundgebung gehen. Wirklich beeindruckend ist das.

Andreas erklärt mir seit etwa einer halben Stunde das deutsche Bürgertum. Wenn man da den Deckel anhebe, käme schon sehr viel Mief raus. Vor allem das Kleinbürgertum sei miefig. Ungeheuer miefig. Auch das mittlere Bürgertum miefe. Zwar nicht ganz so übel wie das Kleinbürgertum, aber es sei schon ziemlich übel, was da zum Vorschein käme, wenn man den Deckel anhebe. Mief! Nur Mief! Es stinke verdächtig. Nach nationalem Chauvinismus. Sehr viel Unausgegorenes und Unbedachtes, Ressentiments gegen das Fremde, auch Vorurteile. Eigentlich sei das dann doch wieder verständlich, beziehungsweise erklärbar. Erklärbar!, wiederholt Andreas eindrücklich, nicht verständlich, versteh mich richtig, bitte, Verständnis kann man dafür nicht haben, warum die Leute Angst vor

191

dem Islam haben. Es fehlt an Aufklärung und Bildung in diesem Land. Wer kann denn schon sagen, was der Islam ist und was er will.

Genau, ich komme aus dem Nicken gar nicht mehr raus. Ich stimme dir zu, sage ich.

Andreas: Die Leute reden vom Islam und haben keine Ahnung. Es gibt Wahabiten, Aleviten, Salafisten, Islamisten, Sunniten und Schiiten. Und IS. Und jede dieser muslimischen Glaubensgruppierungen versteht den Koran auf ihre Weise. Der Koran stammt direkt von Gott. Mohammed, der nicht schreiben konnte, hat den Koran geschrieben, weil ein Engel ihm dabei die Hand geführt habe. Verstehst du?

Ich darauf: Ich verstehe.

Ich möchte fragen, warum Gott nicht selber den Koran geschrieben hat (bei Moses hat er selber Hand angelegt und die Gebote in Stein gemeißelt), lass es aber. Jetzt bloß keine Komik!

Andreas: Alle haben die Wahrheit. Die einen sagen, Ungläubige darf man töten, und die anderen sagen, man darf sie anlügen, aber nicht töten. Und die einen unterdrücken die Frau und die anderen nicht ganz so. Also, da gibt es gehörige Unterschiede! Eine andere Kultur ist das. Die Frau empfindet sich möglicherweise gar nicht unterdrückt. Wer will das wissen? Mir ist eine Frau ohne Burka auch lieber als eine mit. Meinetwegen können sie alle Kopftücher tragen. Darauf kommt es doch nicht an.

Ich stimme zu. Nein.

Andreas weiter: Das Bild der Frau im Islam ist halt durch diese Religion geprägt. Nicht jede versteckt ihr Gesicht hinter einer Burka. Dann gibt es gläubige Muslime, die Frauen steinigen, aber nur wenn es nicht anders geht.

Nach den Gesetzen der Scharia. Aber wissen wir, ob es tatsächlich so ist, wie wir denken? Wir waren beide noch bei keiner Steinigung dabei.

Ich weiß es nicht, sage ich. Aber wir haben Religionsfreiheit in diesem Lande.

Und dann fragt mich Andreas, wie ich mir erkläre, warum es diese diffusen Ängste vor dem Islam gebe?

Ich kann es auch nicht mit Bestimmtheit sagen.

Andreas fährt fort: Sicher gibt es eine Reihe von Gründen dafür. Solche Religionsangelegenheiten sind immer komplex, und Angst ist immer etwas Unbestimmtes. Angst kommt auf, wenn ich mich in einer Situation befinde, die mir ungeheuer ist, wenn ich nicht weiß, was mich erwartet. Das Ungeheure bringt jeden Menschen aus der Ruhe, weil er sich total ausgeliefert vorkommt, wenn das Ungeheure plötzlich in sein Leben tritt.

Ich will sagen, dass es ungeheuer schöne Frauen gibt und ich mir vorstellen könnte, unter gewissen Bedingungen an einer Auslieferung interessiert zu sein. Ich lasse es. Bloß keine Komik!

Angst hat viel mit Unwissenheit zu tun, sagt Andreas. Darum ist Angst immer die Grundlage einer Religion. Die Basis für den Glauben gleich welcher Art ist immer Unwissenheit. Der Mensch ist immer auf der Suche nach Partnern, nach Gleichgesinnten, nach Glaubensgenossen, die ihm bei der Angstabwehr helfen. Wenn ich mich fürchte, weiß ich wovor. Bei Angst habe ich keine Ahnung.

Du musst das ja wissen. Du bist doch Analytiker. Wie viele Leute kommen zu dir in die Praxis und gestehen dir ihre Ängste? Vor Spinnen, vor Schlangen, vor Menschenmengen, vor großen Plätzen, vor kleinen Plätzen, vor Flugangst, vor Frauen, vor Nähe, was weiß ich ... und die meisten haben Angst vor dem Islam.

In meiner Praxis hat sich noch niemand mit einer Islamphobie eingefunden.

Ich darauf: Schau, die Leute lesen im SZ-Magazin ein Interview mit einem deutschen Dschihadisten aus dem Allgäu. Das Allgäu ist voll von Islamisten. Mehr Islamisten gibt es vielleicht noch in den unzugänglichen Tälern Pakistans. Hast du gewusst, dass es inzwischen über 400 junge Deutsche gibt, die in den Dschihad ziehen? Diese Fanatiker haben keine Angst vor dem Islam.

Er: Die spinnen doch.

Ich: Vielleicht, aber wer sagt dir, dass die nicht eines Tages auch hier bei uns Anschläge verüben? Einen Versuch gab es schon.

Er: Ich weiß schon, die Sauerlandgruppe. Wurde vereitelt. Das sind Einzelfälle.

Ich: Ist schon richtig, aber es gibt halt immer wieder Einzelfälle. Dieser Kölner Salafist, wie heißt der komische Vogel? Vogel! Ein Deutscher! Sitzt in deutschen Talkshows und darf seinen Krampf vor einem Millionenpublikum ausbreiten. Und was bleibt bei den Leuten hängen? Es gibt hier unter uns Salafisten, die einen anderen Staat wollen und unsere im Grundgesetz garantierte Religionsfreiheit ausnutzen. Das verfestigt sich in den Köpfen.

Er: Diese Salafisten, wenn sie den Umsturz planen, einen anderen Staat propagieren, würde ich rigoros, unerbittlich, aber wirklich unerbittlich gegen sie vorgehen. Habe ich kein Verständnis. Wir leben in einem Rechtsstaat. Aber deshalb habe ich keine Angst vor der Islamisierung des Abendlandes.

Ich darauf: Du nicht, weil du ein gefestigter Mensch bist mit klaren Grundsätzen. Du weißt, was sich gehört.

Andreas wird ungehalten: Weil die Leute nicht differenzieren! Es werden die friedlichen Muslime in einen Topf geworfen mit den Islamisten. Und in den Medien erfahren sie jeden Tag von irgendwelchen Anschlägen radikaler Islamisten. In Pakistan. Taliban stürmen Schule – über 100 tote Kinder. Schlagzeile in der SZ! In den Talkshows sitzen Hassprediger, die Kreide gefressen haben. Beim Günther Jauch, am Sonntagabend im Fernsehen, lächeln sie milde und schlüpfen in die Rolle eines friedlichen Gläubigen, der nichts anderes vorhat, als fünfmal täglich gen Osten zu beten. Es gibt die Minderheit der bösen Islamisten und die überwiegende Mehrheit guter Muslime, die keinem was zuleide tun. Und diese Pegida-Marschierer gehen auf die Straße, um ihre »kruden Ängste« öffentlich zu machen.

Ich entgegne: Vielleicht haben sie schlechte Erfahrungen gemacht? Stell dir vor, eine Krankenschwester im Klinikum rechts der Isar. Ein reicher Araber kommt mit seiner Familie in die Klinik. Chefarztbehandlung. Klar. Barzahler. Er kommt ins Behandlungszimmer und besteht darauf, dass das Kruzifix abgehängt wird, andernfalls droht er, sofort den Raum zu verlassen. Der Chefarzt ordnet an, das Kreuz abzuhängen. Die gläubige Krankenschwester ist entsetzt und weigert sich. Der Konflikt mit dem Chef eskaliert und sie verliert schließlich ihren Job.

Blödes Beispiel, sagt Andreas. Das ist ein Einzelfall. Natürlich. Der Krankenschwester fehlt es an Toleranz. Da muss man flexibel sein. Nach der Behandlung kann man das Kreuz ja wieder aufhängen. Das rechtfertigt noch lange nicht diese Montagsdemonstrationen. Außerdem, ein medizinisches Behandlungszimmer ist keine Kirche. Da kann man schon mal nachgeben.

Ich gebe nicht nach: Die Ängste dieser Leute sind real. Auch wenn sie vielleicht irrational sind, aber wir müssen sie zur Kenntnis nehmen. Was machen wir jetzt mit diesen Menschen? Wie behandeln wir sie? Erklären wir sie für krank und geben ihnen Psychopharmaka, die dämpfend aufs Bewusstsein wirken? Tabletten! Davon nimmst du morgens nach dem Frühstück eine und abends, bevor du schlafen gehst noch eine und deine Islamangst ist wie weggeblasen? Oder reicht's, wenn wir sie diffamieren? Als rassistische Idioten? Rechtsradikale Nazis? Menschenverachtende Irre? Oder sie ganz einfach als verrückt abtun?

Andreas: Wenn einer unter Angstzuständen leidet, kannst du ihn diffamieren, solange du willst. Das juckt ihn nicht. In der Psychotherapie konfrontiert man diese Patienten mit dem Gegenstand ihrer Angst, um sie die Erfahrung machen zu lassen, dass die sie bestimmende Angst unbegründet ist. Freilich ist so was ein langwieriger Prozess, der auf die Einsichtsfähigkeit des Patienten setzt.

Gut, sage ich, dann schicken wir diese vom Islam Verängstigten jeden Freitag in die Moschee zum Freitagsgebet. Und irgendwann werden sie begreifen, dass der Islam eine total friedliche Religion ist, die überhaupt nicht gewalttätig ist, in der Frauen gleichberechtigt sind, die gleichen Bildungschancen haben wie Männer und noch nie irgendjemand im Namen des Islam etwas zuleide getan worden ist.

Er darauf: Dein Wort in Gottes Ohr.

Ich glaube nicht, dass der in dieser Angelegenheit viel mitreden darf. Andernfalls hätte er längst ein Machtwort gesprochen, sage ich und bereue sofort meinen vermutlich gotteslästerlichen Frevel.

Ich sehe das Problem ganz woanders, sagt Andreas. Es sitzt viel tiefer.

Aha, tiefer also. Wie tief?, frage ich. Kommen wir da noch ran oder ist es für uns zu tief?

Andreas führt aus, er sehe eine Schwierigkeit darin, dass die Leute heute keine Grenzen mehr kennen.

Ich versteh' nicht? Wie, keine Grenzen?, frage ich.

Grenzen in jeder Hinsicht. Moralisch, aber auch geografisch. Alles ist aufgeklärt und frei und emanzipiert bei uns im westlichen Abendland. Und das geht ja weiter. Die Muslime verlieren den Respekt vor uns, weil wir im Gegensatz zu ihnen keine Werte mehr leben, sondern nur noch immer aufgeklärter werden. Die Aufklärung kennt keine Grenzen, sondern nur die kalte, gnadenlose Vernunft, die absolute Vernunft. Gläubige Muslime können damit nichts anfangen. Bei ihnen steht der Glaube über allem. Auch über der Vernunft.

Ich fahre dazwischen und sage, dass man eben dem Glauben seine Grenzen aufzeigen müsse, und die werden abgesteckt durch die Vernunft.

Andreas darauf: Die Angst der Leute hier bei uns rührt daher, dass sie ihre Grenzen verloren haben. Es fehlen die Schlagstöcke.

Schlagstöcke?, wiederhole ich.

Andreas ist irritiert: Ein Versprecher? Das Unbewusste! Ja, natürlich. Schlagbäume fehlen! Sie wissen dadurch nicht mehr, wo sie hingehörten. Diese Offenheit verunsichert die Menschen. Europa? Ja schon, aber was ist das gegen die Welt, gegen den Islam? Natürlich ist der Islam nicht die Welt. Es gibt ja noch immer über eine Milliarde Christen auf der Welt. Aber hier bei uns geraten wir immer mehr in die Minderheit. Das ist es, was die Leute ängstigt, in die Minderheit zu geraten. Und es stimmt ja, diese Muslime zeugen einfach mehr Kinder als wir. Und irgendwann, wir werden das nicht mehr erleben, aber ...

Sag mal, merkst du eigentlich, was du gerade sagst?

Wenn du am Samstag auf diese Demo gegangen wärst, dann hättest du eigentlich bei Pegida mitgehen müssen.

Moment amal!, entgegnet Andreas etwas lauter. Dreh mir das Wort nicht im Mund um. Nur weil ich auf Tatsachen hinweise, hab ich noch lange kein Problem mit der Islamisierung des Abendlandes. Wir haben schließlich Meinungsfreiheit in Deutschland, da wird man so was ja wohl noch sagen dürfen.

Ich fahre fort: Ich kann mir Muslime durchaus in der Lederhose und im Dirndl vorstellen, solange sie alle Bayerisch sprechen und sich zur bayerischen Kultur bekennen. Wichtig wäre halt, dass sie ordentlich krankenversichert sind und ihre Beiträge in unsere Sozialsysteme einzahlen. In meiner Vision wird sich in Deutschland ein deutscher Islam entwickeln, der nicht nur zu Deutschland gehört, sondern Deutschland kulturell, politisch und gesellschaftlich bestimmt. Beispielsweise wird dann die deutsche Nationalhymne auch auf Türkisch gesungen. Auf den Gipfeln unserer bayerischen Berge werden für eine Übergangszeit neben den Gipfelkreuzen Minarette aufgestellt. Nach Ablauf der Übergangsphase werden die Gipfelkreuze abgebaut, weil sich niemand mehr daran erinnern wird, was sie zu bedeuten haben. Die Frauenquote wird wieder abgeschafft. Die CSU wird in MSU umbenannt. Die Muslimisch-soziale Union setzt sich für die Verschleierung der Frauen in der Öffentlichkeit ein. In den Familien wird Deutsch als erste Fremdsprache geduldet. Die Scharia wird in die bayerische Verfassung eingearbeitet, nachdem sie in der Assimilierungsphase gleichberechtigt neben ihr galt. Einmal im Jahr wird am Ende des Ramadan auf der Theresienwiese in München ein großes Volksfest, selbstverständlich ohne Alkohol, zu Ehren des ehemaligen Vorsitzenden der MSU Horst Seehofer gefeiert. Er war einer der Ersten, der sich offen zum Islam bekannte und vom katholischen Glauben zum Islam übertrat. Nach seinem spektakulären Übertritt erreichte die MSU nach vielen Jahren endlich wieder eine Zweidrittelmehrheit der Wählerstimmen in Bayern und konnte danach nicht nur allein regieren, sondern einen freiheitlichen Gottesstaat nach dem Vorbild des Iran ausrufen. Weihnachten, Ostern und Pfingsten wurden als offizielle Feste nach einem Volksentscheid abgeschafft. Christen genießen seitdem Minderheitenschutz. Arbeitnehmer müssen seitdem zu den hohen christlichen Feiertagen Urlaub nehmen, falls sie diese christlich begehen wollen.

An dieser Stelle unterbrach mich Andreas in meinen Ausführungen mit einem ziemlich lauten Stopp, so dass die Gäste von den Nebentischen auf uns aufmerksam wurden.

Und warum warst du dann nicht bei der Demonstration?, fragt er mich.

Weiß ich auch nicht, antworte ich. Weil ich selber denken möchte?

Andreas schaut mich mit seinem mitfühlenden Helferblick an. Vielleicht sollten wir einen Termin für eine Gesprächstherapie ausmachen?

Toleranz

Die ARD, unsere moralische Anstalt, hat eine Woche Toleranz angeordnet. Wie es aussieht, sind wir nicht tolerant genug. Für uns Bayern muss ich das zurückweisen. Toleranz ist eine urbayerische Grundhaltung. Wenn ich nur daran denke, was wir schon alles erduldet haben in diesem Land. Was wir schon ausgehalten haben. Die CSU, gell, die ertragen wir seit Jahrzehnten. Oder die bayerische SPD, die kann man nur ertragen. Sonst ist es ja zum Verzweifeln. Solange ich denken kann, bin ich tolerant. Es gibt aber Situationen, die ganz schwierig sind. Bei Glaubensfragen, also im religiösen Bereich, gell, da wird's eng. Meine Frau glaubt zum Beispiel, dass der Abwasch in die Spüle gestellt werden muss, damit sich das Geschirr ein paar Stunden lang darauf vorbereiten kann, irgendwann in die Spülmaschine eingeräumt zu werden. Da geht es um fundamentale Glaubensfragen. Weil es Tassen gibt, die das seelisch nicht packen. Da bleib ich ganz ruhig und denke, jetzt bin ich tolerant. Erster Schritt: Ich beobachte die Lage, zweiter Schritt: Ich weise meine Frau präzise auf den Umstand hin und warte, bis sie die Spülmaschine einräumt. Bin aber bereit, ihr dabei zuzuschauen, und gebe ihr das Gefühl, dass ich sie in dieser schwierigen Lage nicht allein lasse. Mitgefühl ist meine große Stärke. Aus Erfahrung weiß ich, dass ich mit Vernunft da nicht weiterkomme. Das ist so. Vernünftig reden kann man nur mit einer Person, die Argumenten zugänglich ist. Oder, anders gesagt: Solange der andere macht, was ich will, kann er doch auch machen, was er will. Da hab ich doch gar nichts dagegen. Andererseits, wenn ich mit Argumenten nicht mehr weiterkomme, dann muss ich ihm seinen Glauben lassen. Da, wo du mit der Vernunft nicht weiterkommst, kannst du auch nur noch tolerant sein.

Es gibt aber auch Fälle, wo du das Unvernünftige nicht mehr tolerieren kannst. Zum Beispiel bei der Nächstenliebe. Ich weiß schon, ganz dünnes Eis. Aber wenn ich, sagen wir mal, Selbstmordattentäter bin und dann aus reiner Nächstenliebe ein paar mitnehme ins Paradies, damit

ich auf der Reise dorthin nicht alleine bin, da hört sich die
Toleranz auf.

Aufrechte Linke

Vielleicht täusch ich mich, aber politisch war der Sommer
schon überwältigend. Die Alternative für Deutschland
hat ein Wetterleuchten am Horizont veranstaltet, dass
einige Experten von gefährlichen Entwicklungen sprechen müssen.

Der Oppermann von der SPD sorgt sich um Deutschland. Warum nicht? Gründe gibt es genug. Nur, dieser
Oppermann verwechselt gern Deutschland mit der SPD.
Der Oppermann ist nicht unbedingt Experte für Deutschland, aber für die SPD bringt er ein hohes Maß an Kompetenz mit. Er hat die aktuellen Wähleranalysen gelesen
und da ist ihm ganz anders geworden. Die Analysten
haben deprimierende Daten gesammelt. 24,6 % der SPD-
Wähler haben »ein geschlossenes rechtsextremes Weltbild«. Ich staune nicht schlecht. Es gibt Sozis mit rechts-
extremem Weltbild? Das kann nicht sein, oder? Hätte ich
nicht gedacht! Gut, die Rechten sind vielleicht doof, aber
wie verzweifelt muss einer sein, wenn er rechts denkt und
SPD wählt? Ist das Strategie, oder hat es doch etwas mit
verminderter Denkleistung zu tun? Was sind das überhaupt für Leute, die ihr Kreuz bei der SPD machen? Sieht
so aus, als träumte ein Viertel aller SPD-Wähler von der
Machtergreifung, vom Ermächtigungsgesetz, von der Diktatur! Aber selbstverständlich nur, wenn sie demokratisch
zustande kommt. Und zu diesem geschlossenen rechten
Weltbild gehört natürlich auch ein gesunder Chauvinis-

mus. Damit ist gemeint, dass wir Deutschen was Besseres sind als die anderen.

In wirtschaftlicher Hinsicht ist das nun mal so. Man muss vielleicht nicht immer darauf hinweisen, aber was sollen wir machen. Wir sind eben Spitze. Deshalb hat Mutti dem Franzosen, der gerade auf Besuch in Berlin war, gesagt, er soll sich mal zusammenreißen und Reformen durchziehen. Das ist vielleicht noch ein bisschen zu wenig chauvinistisch, aber vom Ansatz her ist Mutti auf dem richtigen Weg. Dumm ist nur, dass der Franzose immer ein bisschen Probleme mit Ratschlägen aus Deutschland hat. François Hollande lässt sich aber von einem gewissen Peter Hartz beraten, der nebenbei gesagt auch einen deutschen Pass hat. Dieser Hollande hat guten Rat auch nötig. Obwohl der Franzose sich gerne mal über andere erhebt. Vor allem, was die Staatsschulden angeht. Gut, wir wollen nicht abschweifen. Also, Frankreich ist pleite. Bankrott. Zahlungsunfähig. Ich sage Ihnen das, weil ich Kabarettist bin, ich bin fein raus, mich müssen Sie nicht ernst nehmen. Ich darf auch mal die Wahrheit sagen und jeder darf sich denken, komisch, komisch ist es nicht. Lassen Sie uns zur Komik zurückkehren.

Wir waren bei der SPD. Jetzt ist es so, dass die SPD nach der letzten Forsa-Umfrage bei 23 % bundesweit liegt. (Momentan liegt sie bei 26 % in den Umfragen – immer wenn der Gabriel sich zurückhält mit seinen Kommentaren, steigt die SPD in den Wählerumfragen.) Wenn wir jetzt die 24,6 % rechtsextremen SPD-Wähler abziehen, sind es noch weniger. Ist diese Rechnung zulässig? Wahrscheinlich nicht.

Die meisten Rechtsextremen kommen aus dem Wählerpotenzial der Sozialdemokraten, hat Forsa rausgefunden. Mensch, tut mir das leid! Aber was soll die arme

SPD machen? Die kann sich doch nicht dagegen wehren! Wenn ich Gabriel sehe, kommt Mitleid auf. Sollen die Sozis die Stimmen der Rechtsextremen bei den nächsten Wahlen zurückgeben? Oder für ungültig erklären? Die SPD nimmt am Wahltag alle Stimmen, die sie kriegen kann, egal ob rechtsextrem oder linksextrem, darauf kommt es nicht an, Hauptsache, eine Stimme für die SPD. Das scheint urdemokratische Tradition zu sein.

Aber ich weiß nicht, ob ich die SPD wählen würde, wenn ich wüsste, dass 24,6 % der SPD-Wähler »ein geschlossenes rechtsextremes Weltbild« haben. Das ist mehr als bei der CDU/CSU, da sind es 21,4 %. Da liegt die SPD vor der Union. Auch mal schön. Sogar bei den Grünen haben sie Wähler mit einem geschlossenen rechtsextremen Weltbild. Forsa sagt auch über 15 %! Bei der Linken auch, 7 % Rechtsextreme haben die als Wähler. Mensch, ist das peinlich! Wenn jetzt alle mit diesem »rechten geschlossenen Weltbild« die AfD wählen, dann droht die Machtergreifung durch Lucke.

Um das zu verhindern, muss die SPD in Kauf nehmen, vielleicht sogar gezielt dafür sorgen, dass sie von diesen Menschen mit dem »rechten geschlossenen Weltbild« gewählt wird. Meist handelt es sich um diffuse Ängste, die in Vorurteilen und Ressentiments sprachlich gefasst werden, einfache Behauptungen wie: »Die Ausländer, die Türken, die Fremden, der Islam – alle kommen nach Deutschland, um unseren Sozialstaat zu schwächen«. Das muss man ernst nehmen, sagen die einen, das geht gar nicht, sagen die anderen. Wichtig ist nur, auf der richtigen Seite zu stehen, bei den Guten, und ganz wichtig: ein Zeichen muss gesetzt werden.

Als »eine Mehrheit« in der SPD den Sarrazin aus der Partei ausschließen wollte, setzte Sigmar Gabriel auch ein

203

Zeichen, indem er alles nachgequasselt hat, was auf dem Markt der Meinungen gegen den Sarrazin zu haben war. »Schmeißt ihn raus, den rechten Deppen! So einen wie diesen biologistischen Zahlenhengst können wir in der SPD nicht brauchen! Parteiausschlussverfahren!« Gabriel setzte sich an die Spitze der Verleumder und forderte den Rauswurf des Genossen Sarrazin. Er rührte Gefühle an und grenzte aus und ab und hatte eine Mehrheit auf seiner Seite. Und was kam dann? Ein Parteiausschlussverfahren. Ganz striktes Verfahren. Da ging es aber ganz genau. Da beugten sich die Hüter der Sozialdemokratie über Sarrazins Schriften, und es war klar, am Ende dieser Prozedur fliegt der Thilo aus der Partei! Parteiausschluss? Von wegen! Es ist gescheitert! Sarrazin ist immer noch in der SPD. Warum ist der Mann mit den »bösen« Thesen immer noch Genosse? Weil die Inhalte und Thesen seines Buches »Deutschland schafft sich ab« den Grundwerten und Statuten der SPD entsprechen. Was sagt man dazu? Was bedeutet das? Entweder ist die SPD in ihren Grundwerten rechtspopulistisch orientiert, oder aber der Sarrazin ist gar nicht der rechte Reaktionär, für den ihn alle halten sollen? Und was jetzt?

Das sollen die Sozis unter sich ausmachen.

Dixie-Wahlkabine

Frau Fahimi ist Generalsekretärin der SPD. Das ist schön. Und sie hat eine Idee. Das ist auch schön. Sie möchte die Wahllokale länger offen halten und außerdem den Wählern die Möglichkeit geben, in mobilen Wahlkabinen ihre Stimmen abzugeben. Eine Generalsekretärin sollte ab und zu eine Idee haben. Das wird von ihr erwartet und gehört zu ihren Aufgaben. Die Aufgaben einer Generalsekretärin der SPD sind ziemlich vielfältig. Wir können an dieser Stelle nicht alle aufführen. Sicher finden sich darunter auch Tätigkeiten, die eher lästig sind. Dazu gehört, den Vorsitzenden Sigmar Gabriel im Glauben zu lassen, er könne eines Tages Kanzler werden. Und das ist sicher eine der schwierigsten Herausforderungen, die man einer Sozialdemokratin in diesen schweren Zeiten aufbürden kann.

Die SPD will nach wie vor Volkspartei sein, was bei Wahlergebnissen von um die 12 % in Thüringen, stabilen 18 % in Bayern und Umfragen im Bund, wo die SPD um die 23 % »einfährt«, zu behaupten immer schwieriger wird. Um die Illusion von der Volkspartei glaubhaft aufrechterhalten zu können, muss man die Wirklichkeit mit der Illusion verwechseln können. Und das gelingt der Frau Fahimi ziemlich gut.

Aber neulich hatte sie tatsächlich mal Zeit nachzudenken. Sie stand auf, weil Sozis sich hin und wieder erheben müssen, um ihren Blick über die Wähler und deren Wahlverhalten hinweg schweifen zu lassen! Und da ist ihr doch was aufgefallen. Die Wahlbeteiligung sinkt seit Jahren! Sie will sich mit dieser zunehmend sinkenden Wahlbeteiligung in Deutschland aber nicht abfinden. In Thüringen und Sachsen sind bei den letzten Wahlen zum Landtag mehr als die Hälfte der Wähler einfach zu Hause geblieben. Haben einfach nicht mitmachen wollen! Was sind das bloß für träge Wähler, die bei einer demokratischen Wahl einfach nicht mitmachen wollen. Es stimmt ja, dass immer weniger Wähler an die Urnen treten, um ihre Stimmen bei den Parteien und ihren Kandidaten abzugeben. Man könnte fast meinen, der Wähler bockt. Er will nicht, wie die Parteien wollen. Er nutzt seine Freiheit zur Verweigerung. Er will einfach nicht wählen, was ihm die Parteien ausgesucht haben. Wo es doch nichts Größeres, Schöneres und Besseres gibt, als frei zu wählen, was einem die Parteien anbieten. Das hat Frau Fahimi nachdenklich werden lassen. Und nun macht sie ein paar Vorschläge, wie man diesem völlig unverständlichen Treiben Einhalt gebieten könnte.

Um mehr Wähler zur Stimmabgabe zu bewegen, möchte Frau Fahimi die Wahllokale länger offen halten. Es soll nicht nur am Wahlsonntag zwischen acht und achtzehn Uhr »gewählt« werden dürfen, sondern über Wochen; und sie möchte prüfen lassen, ob es nicht auch im Supermarkt zwischen Käsetheke und Müsliregal in einer Art »mobilen Wahlkabine« möglich ist, die Stimme abzugeben.

Und da wird frei, gleich und geheim gewählt! Von allen! Also ich versteh die Frau Fahimi. Die Demokratie ist ein Wert an sich. Es ist einfach nicht nachzuvollziehen, warum immer mehr dabei nicht mitmachen wollen. Zefix Halleluja! Jeder hat nur zwei Stimmen! Die kann er doch abgeben. Ist das vielleicht zu viel verlangt? Alle vier Jahre kurz im Supermarkt zwei Kreuzerl machen, und die Sache ist erledigt. Die Politiker haben ihre Legitimation für eine weitere Legislaturperiode, damit es nicht so aussieht, als würden sie die Macht einfach ohne den Wähler ergreifen. Das würde blöd ausschauen. Direkt undemokratisch! Das könnten sie zwar auch, aber das tun sie nicht. Die Hälfte der Abgeordneten steht eh schon fest, bevor einer von uns ein Kreuzerl gemacht hat, weil die Parteien ja vorher bestimmen, wer einen sicheren Listenplatz bekommt. Da stehen Leute drauf, die keine Chance hätten, wenn sie frei gewählt werden müssten. Dieses Verfahren ist 100 % demokratisch! Andere sprechen von einer Parteiendiktatur. Das sind undankbare Subjekte, Politologen und Verfassungsrechtler und Experten. Das sind ja die schlimmsten Nörgler, denen man nichts recht machen kann. Die würden dieses Verhältniswahlrecht am liebsten abschaffen, weil sie darin eine gewisse Wählerverarschung sehen.

Ich muss zugeben, ich neige auch zu dieser Ansicht. Da gibt es Direktkandidaten. Einer gewinnt, und der Verlierer hockt trotzdem im Parlament. Dieses Verhältniswahlrecht begünstigt die Loser. Vor allem bei den Sozis ist die Platzierung auf der Liste der entscheidende Moment in der politischen Karriere. Wenn wir dafür auch noch zuständig wären als Wähler, dann würden wir ja gar nicht mehr fertig werden. Wir würden von einem Gewissenskonflikt in den nächsten gestürzt. Wir müssten uns dauernd mit der Frage beschäftigen, was machen wir mit dem oder der, wenn die nicht auf der Liste abgesichert sind. Beruf haben sie keinen. Es gibt viele, die versorgt werden müssen. Und fürs Handheben kann man sie im Parlament gut gebrauchen, weil sie der Partei zu Dank verpflichtet sind. Das Problem mit den Wahlen ist allerdings, dass die Parteien das erste Jahr nach der Wahl damit beschäftigt sind, sich mit dem Koalitionspartner über die Inhalte der Politik zu einigen. Das zweite Jahr wird darüber gesprochen, wie das Regierungsprogramm umgesetzt werden könnte. Ab dem dritten Jahr ist dann schon wieder Wahlkampf, da wird nicht mehr regiert.

Und der ganze Staatsapparat wird finanziert durch? Steuergelder, und das nicht zu knapp. Etwa die Hälfte der Staatsausgaben betreffen die Kosten des Staates selber. Staatsquote ist der Fachausdruck für dieses Ausgabenverhältnis. Fünfzig Prozent! Die Hälfte der Steuergelder verbraucht der Staat aus Eigeninteresse für sich, um seinen Laden unterhalten zu können. Und nun sagen viele, ja, der Staat, das sind wir doch alle. Das ist natürlich ideologischer Käse, und der kommt meistens von Leuten, die vom Staat leben. Beamte! Also, ehrlich gesagt, wenn ich der Staat wäre, würde ich mich schämen, für mich die Hälfte der Gelder zu beanspruchen, die andere durch ihre Arbeit erwirtschaftet haben. Es gibt in diesem Staat Menschen, die nichts anders zu tun haben, als den Bürgern das Geld wegzunehmen, um es umzuverteilen, und die Hälfte behalten sie für sich, weil sie ja auch von etwas leben müssen.

Versteht jeder. Ohne Beamte, Richter, Lehrer ist kein Staat zu machen. Das ist schon richtig. Aber die Hälfte der Steuern? Obwohl die Steuereinnahmen immer neue Rekordhöhen erreichen, hört man von Politikern immer wieder, dass man über Steuererhöhungen nachdenken müsse, weil die Ansprüche an den Staat zunähmen. Diese Ansprüche sind die Wahlversprechen, die in Wahlkämpfen vor den Wahlen versprochen werden und nach den Wahlen an die Bürger in Form von Steuererhöhungen weitergereicht werden.

Ich schlage deshalb vor, diese demokratischen Wahlen abzuschaffen.

Ich würde, statt alle vier Jahre zur Urne getrieben zu werden, einmal im Jahr über den Haushalt abstimmen wollen. Der wird uns per Post nach Hause geschickt, und da gehen wir Posten für Posten durch. Beispielsweise Verteidigung, da sehen wir konkret, wohin die Gelder fließen. Politisch mündig sollen wir Bürger sein, sagen sie uns immer wieder, also können wir auch entscheiden, wofür das Steuergeld ausgegeben wird.

Und auf diese Weise könnte man die Ausgaben insgesamt kontrollieren und zur Abstimmung stellen. Das setzt voraus, dass wir uns alle damit vertraut machen. Die Zeit haben viele von uns nicht, und deshalb schlage ich vor, Sie stellen mir eine Vollmacht aus, dann mache ich das für Sie. Frau Fahimi, melden Sie sich doch mal bei mir!

Christine und der Dreifachmörder

Ich unterscheide zwischen dumm und blöd. Wenn einer blöd ist, dann kann er nichts dafür. Mein Gott, dann ist das so, Blödheit ist eine Laune der Natur. Solche Menschen verdienen unser Mitgefühl, die müssen wir in den Arm nehmen und streicheln und sagen, du bist blöd, kannst nichts dafür, wir passen auf dich auf. Aber auch der Blöde verdient Respekt, weil auch er ein Mensch ist, der ein Recht auf seine Würde hat.

Im Gegensatz dazu haben wir es bei dummen Menschen mit einer besonderen Form von Intelligenz zu tun. Richtig dumm kann sich einer nur verhalten, wenn er über eine gewisse Intelligenz verfügt. Zur Dummheit gehört das Wissen, etwas Falsches zu tun, es aber trotzdem umzusetzen, weil man davon einen Vorteil hat. Wenn einer das Falsche tut, weil er davon einen Nachteil hat, dann würde ich sagen, den müssen wir bei den Blöden einsortieren.

Und dann gibt es Mischformen, da denkt man, hoppala, da ist einer sehr intelligent vorgegangen, entscheidet sich bewusst für eine dumme Verhaltensweise und spielt uns, als die Sache auffliegt, den Blöden. In so einem Fall können wir dann von einem dummdreisten Verhalten ausgehen, bei dem ein gewisses Quantum an Blödheit nicht ganz auszuschließen ist.

Und das Verhalten der Haderthauers in der sogenannten »Modellautoaffäre« zeigt Züge dieses Spezialfalls. Die beiden Sätze: »Man macht so ein Amt nicht wegen der Bezahlung« und »Finanziell ist das nicht lohnend« kann man als Hinweise dafür werten, dass wir es hier wirklich mit besagtem Spezialfall zu tun haben. Dummdreist und obendrein blöd.

Was ist vorgefallen? Der Landgerichtsarzt, Hubert Haderthauer, Psychiater und Ehemann von Christine Haderthauer, lernt in einer psychiatrischen Einrichtung einen Dreifachmörder kennen, der handwerklich sehr geschickt ist und als Feinmechaniker Modellautos fabrizieren kann, die bei Sammlern sehr gefragt sind und Höchstpreise erzielen. Da wittert der Landgerichtsarzt ein Geschäft. Er gründet eine Firma, zusammen mit seiner Frau und einem Geschäftspartner, die den Zweck hat, hochwertige Modellautos herzustellen und gegen Höchstpreise zu verkaufen. Der Dreifachmörder spielt mit. Was soll er machen: Zum Morden darf er nicht mehr raus, die Langeweile ist tödlich, also bietet ihm der Herr Psychiater eine Chance. Er darf Modellautos bauen. Die Haderthauers richten ihm eine Feinmechaniker-Werkstatt ein, mit allem, was er benötigt. Er wird schlecht bezahlt, was halt so üblich ist in geschlossenen Anstalten. Wir befinden uns im gewerkschaftsfreien Raum. Der behandelnde Landgerichtsarzt deklariert die Tätigkeit seines Patienten, des feinmechanisch begabten Dreifachmörders, als Therapie und gewährt seinem Schützling ein paar Vergünstigungen und Privilegien im psychiatrischen Vollzug. Die Freude ist groß und das Geschäft floriert.

Irgendwann gibt's Probleme mit dem Geschäftspartner. Man einigt sich auf eine Ablösesumme, und die Haderthauers sind froh, den lästigen Partner los zu sein. Der gibt aber keine Ruhe. Er glaubt, dass ihn die Haderthauers über den Tisch gezogen haben, und verklagt die beiden zivilrechtlich. Er will einen Nachschlag. Die Haderthauers zeigen wenig Einsehen. Die Geschichte steht eines Tages in der Zeitung. Christine hat inzwischen in der Politik Karriere gemacht und sitzt beim Vollhorst am Kabinettstisch. Der Hubert »therapiert« nach wie vor den Dreifachmörder, der zuverlässig ein Modellauto nach dem anderen herstellt. Und nun wird die Christine interviewt, immer wieder werden Fragen gestellt, die sie brav beantwortet. Und sie sagt, alles in Ordnung, das wird skandalisiert, der Hubert und sie hätten die Firma nur aus idealistischen Beweggründen ins Leben gerufen, um dem armen Dreifachmörder einen sinnvollen Lebensinhalt zu geben, und überhaupt ist nichts dran an der Geschichte. Gar nichts! Dummerweise liest auch die Staatsanwaltschaft Zeitung und eröffnet ein Ermittlungsverfahren. Immer mehr Details geraten an die Öffentlichkeit. Christines Mutti steckt möglicherweise auch mit drin, es gibt Überweisungen von Geldbeträgen, die auf Christines Konto landen, und kein Mensch weiß, wer warum was überwiesen hat zu welchen Zweck. Der böse Verdacht der Steuerhinterziehung wird geäußert. Und viele fragen sich, warum es ausgerechnet bei den hochangesehenen Haderthauers zu diesen Vorfällen kommt.

Dabei liegen die Gründe offen vor uns. Das Ministeramt wirft zu wenig ab, es reicht hinten und vorne nicht bei den Haderthauers. Und weil sie zu stolz sind, beim Adventskalender der SZ um Unterstützung zu bitten, haben sie nach anderen Möglichkeiten gesucht.

Vergegenwärtigen wir uns einmal die Situation einer Ministerin im Freistaat Bayern. Sie hat einen 24-Stunden-Job. Sie steht rund um die Uhr in der Verantwortung für Bayern. Ihr Leben ist vollkommen beschränkt. Sie muss sich von ihrem Büroleiter und einer Sekretärin die Termine diktieren lassen. Es würde mich nicht wundern, wenn sie diese totale Fremdbestimmung als Folter empfunden hat. Nie darf sie darüber hinaus sagen, was sie will. Das Recht der freien Meinungsäußerung existiert praktisch für sie nicht. Sie muss Reden halten, die sie nicht geschrieben hat. Sie soll sie aber überzeugend vortragen. Sie ist also extrem fremdbestimmt.

Sie darf nicht einmal selbst Auto fahren. Sie muss hinten im Wagen Platz nehmen, weil ein Dienstfahrer am Steuer sitzt, der sie zu allen Terminen fährt, die – wir haben es schon angemerkt – über ihren Kopf hinweg gemacht werden. Sie steht ständig unter Beobachtung der Medien, die sie auf Schritt und Tritt verfolgen. Und dann muss sie sich auch noch vor dem Seehofer verantworten und ihrer Partei, die von ihr verlangt, dass sie sich wieder zur Wahl stellt. Was ist das bloß für ein Scheißleben? Es wird Zeit, dass sich Amnesty International mit der Lage der Volksvertreter in Bayern befasst. Es herrschen menschenunwürdige Zustände!

Skandal macht Spaß

Andreas Scheuer, der Generalsekretär für christlich-soziale Missverständnisse, trat vor die Medien und teilte mit, dass es gar nicht so gemeint war, was seine Partei, die CSU da in einem Leitantrag vorgeschlagen hat, also das mit dem Deutschsprechen zu Hause und anderswo. Das ist ja wirklich was, gell? Eine gute Gelegenheit, sich mal so richtig aufzuregen. Skandal! Skandal ist gar kein Ausdruck. Es ist wirklich bewundernswert, wie die Leute sich empören können. Es macht ja auch Spaß.

Ich muss zugeben, ich hätte es vermutlich versäumt, mich aufzuregen, wenn nicht die Empörung darüber so groß gewesen wäre. Gott sei Dank funktioniert die allgemeine Empörung wie auf Knopfdruck. Darauf kann man sich wirklich verlassen. Sonst hätte ich nicht gemerkt, was da wieder für eine linguale Entgleisung inklusive Verletzung der Menschenwürde geschehen ist. Gott sei Dank haben die Gutmenschen aufgepasst und einen Shitstorm entfacht, der wie ein Tsunami über die CSU gekommen ist, dass sie bis zum christlich-sozialen Hals in der Scheiße stand. Ein ausgewachsener Scheißsturm war's! Der Philosoph Sloterdijk behauptet, wir lebten in einer Erregungsgesellschaft. Immer wieder macht jemand ein Empörungs- oder Erregungsangebot und es kommt zu einer Welle der Empörung.

Wie war das noch mal? »Wer dauerhaft hier leben will, soll dazu angehalten werden, im öffentlichen Raum und in der Familie deutsch zu sprechen.« Es kommt mir beim ersten Mal lesen gar nicht so schlimm vor. Aber das mag daran liegen, dass ich es nicht richtig verstehe. Eben nicht so, wie es gemeint war. Oder der Andreas Scheuer hat es anders gesagt und war dann selber überrascht, wie es gemeint war. Beim Andreas Scheuer kann man sich schon fragen, ob er weiß, was er meint? Möglicherweise war der in Deutsch immer ein bisschen schwach, der Andreas? Dafür spricht er wohl sehr gut Tschechisch, weil er in Prag promoviert hat. Der hat einen Doktor. Einen kleinen zwar nur, aber immerhin ist es ein Doktor. Vielleicht hat man ihn dort in Prag angehalten, Tschechisch zu sprechen. Und wenn einem so was lang genug passiert, könnte ich mir vorstellen, empfindet er Deutsch als Fremdsprache. Das gibt es. Es gibt Deutsche, die Deutsch studieren als Fremdsprache. Als Student der deutschen Fremdsprache fragst du dich zum Beispiel auf Deutsch: Was heißt, »soll angehalten werden«? Heißt *soll*, es wird jemand gezwungen, wenn er soll angehalten werden zu sprechen Deutsch? Im öffentlichen Raum und in Familie? Man muss höllisch aufpassen, was man sagt.

Ich habe gelesen in der SZ, hat geschrieben ein Herr Kreye, hat verstanden, Formulierung in CSU-Leitantrag handelt sich um »Sprachzwangsvorschlag«! Kann aber sein, dass ich habe falsch gelesen? Und Kreye teilt mit: »Realistische Mittel der Durchsetzung von Sprachzwängen gibt es sowieso nicht.«

Möglicherweise liegt aber auch ein Linguizid vor, wenn Menschen angehalten werden, deutsch zu sprechen »im öffentlichen Raum und in der Familie«. Linguizid? Schönes Wort. Hab ich noch nie gehört. Klingt gleich nach Genozid. Linguizid, Genozid, Sprachdefizit!

Wenn man jemandem die Sprache nimmt, meint dieser Sprachforscher, löschst du ihn aus und bringst ihn um. Kann man so sehen. Der erste Schritt ist immer die Vergewaltigung mit der Sprache. Ja, so kann man das auffassen. Wer deutsch spricht mit Menschen, die nicht deutsch sprechen können, der vergewaltigt sie, weil er sie penetriert mit deutschen Worten. Aber ist es nicht so, dass die Menschen, die hier zu uns kommen, um hier dauerhaft zu leben, wissen sollten, dass hier bei uns die linguale Massenpenetrierung mit deutschen Worten üblich ist?

Aber inzwischen wissen wir ja, dass auf unsere Politiker

Verlass ist. Die Kehrtwende, die das führende Personal der CSU sofort vollzogen hat, allen voran Seehofer und Scheuer, indem sie sagten »war nicht so gemeint«, liefert den Beweis, dass sie den klassischen Vollhorsttanz perfekt beherrschen: vor – zurück – Wiegeschritt – cha cha cha.

Dr. Pflege

Jeder möchte uralt werden und bei bester Gesundheit den Lebensabend genießen. Der Lebensabend? Niemand weiß so ganz genau, welchen genauen Verlauf dieser Abend nehmen wird. Man ahnt nur, dass es nicht allzu lustig zugehen könnte. Jeder hofft selbstverständlich, dass »no a bissl wos geht«. So wie bei Loriots Opa Hoppenstedt, der immer wieder fragt: Wo sind die Mädels? Die Mädels sind schon da. Nur der Sex, den du dir vielleicht noch ausmalst, hat kaum etwas mit dem zu tun, was die Mädels mit dir vorhaben. Sie legen dir die Windel an, wenn du selber nicht mehr dazu in der Lage bist, auf das Klo zu gehen. Es gibt inzwischen die 3-Liter-Windel, in der lassen sie dich die ganze Nacht liegen. Und da kannst du noch von Glück reden, dass sie dir keinen Katheter legen. Die Blase ist oft schwach im Alter und schließt nicht mehr hundertprozentig. Und nicht nur die Blase. Auch andere Schließmuskeln versagen immer öfter den Dienst. Du wirst viel Humor brauchen. Wenn nicht, ergibst du dich in dein Schicksal ohne Humor.

Es lässt alles nach. Viel hängt einfach nur noch. Mei, das ist halt so! Ja, schon richtig, aber auch wenn es so ist, ist es nicht so leicht zu akzeptieren. Die Kräfte schwinden allmählich. Und am Ende werden wir wieder wie die kleinen Kinder. Bockig, stur und starr. Man muss uns alles mehrmals sagen, weil wir nicht hören wollen. Auch nicht mehr so hören können. Das ist das Alter.

Der Schriftsteller Philip Roth spricht vom Alter als Massaker. Das muss nicht zwingend so sein. Dennoch, der Lebensabend ist oft eine traurige Party. Wenn du als Kind mal in die Hosen gemacht hast, war das kein Problem. Da wurde gelacht und gestaunt und das Ergebnis begutachtet. Im Greisenalter findet so was niemand mehr komisch. Kein Mensch will sich damit abfinden. Das ganze Leben lang hat man alles selber entschieden, oder sich zumindest eingebildet, alles selber entscheiden zu können, und jetzt kommen wildfremde Menschen und machen mit dir, was sie wollen. Sie gehen mit dir ins Bad, ziehen dich aus, stellen dich in die Dusche, waschen dich, trocknen dich ab, ziehen dich wieder an, alles gegen deinen Willen, setzen dich an einen Tisch und stellen dir ein Essen hin, das du nicht anrührst, weil du es nicht bestellt hast, dann füttern sie dich und zwingen dich, aus einer Schnabeltasse zu trinken. Kein Bier, kein Schnaps, Früchtetee! So geht das tagaus, tagein, bis es eines Tages vorbei ist. Nur: Diese letzte Lebensphase des Lebensabends kann sich hinziehen.

Die wenigsten wollen gepflegt werden. Verständlich, weil Pflege halt immer mit Entmündigung zu tun hat. Wer auf Pflege angewiesen ist, hat die Arschkarte gezogen.

»Pflege ist nichts Banales«, sagt der Erlanger Professor für Pflegewissenschaft von der Evangelischen Hochschule in Nürnberg, Jürgen Härlein, in einem Interview der SZ. Ach was! Da schau her, die Wissenschaft erforscht die Pflege. Und hat auch schon einige Erkenntnisse, die man nicht erwartet hätte. Demenzkranke brauchen Zuwendung und eine vertraute Umgebung, verkündet der Professor Härlein. Und wenn sie aus irgendwelchen Gründen ins Krankenhaus müssen, dann sollte sie eine Vertrauensperson begleiten, sie brauchen viel Kontakt, damit sie nicht allein sind. Das konnte man nicht wissen! Wahnsinn, was diese Pflegewissenschaftler schon alles herausbekommen haben. Man soll die Patienten auch nicht fixieren, um sie vor Stürzen zu bewahren, weil sie das in ihrer Bewegungsfreiheit einschränkt. Das ist für mich ein sehr erhellender Gedanke. Ich möchte auch nicht fixiert werden.

Zunächst habe ich gedacht, ein Studium für Pflegewissenschaft braucht kein Mensch. Ich pflege auch meine Vorurteile. Pflegewissenschaft ist überflüssig, dachte ich naiver Trottel, weil jeder Mensch mit Einfühlungsvermögen weiß, was der alte, pflegebedürftige Mensch braucht. Aber jetzt muss ich Abbitte leisten. Und der Professor sagt auch selber: »Wir brauchen auch besser ausgebildetes Personal, und zwar nicht nur für einen Imagegewinn.« So. Aha. Sondern? – »Leute mit Bachelor-Abschluss haben analytisches Denken gelernt.« Tatsächlich! »Schneller und exakter, als jemand mit einer Ausbildung, erkennen sie, was eine Person braucht.«

Bettflasche! Zum Beispiel. Der akademische Pflegebachelor erkennt mit seinem analytischen Denken den Druck auf der Blase des Patienten schneller und reagiert sofort, wohingegen der gewöhnliche Pfleger erst einmal ans Bett treten muss, den Patienten vielleicht länger betrachtet als nötig, während der Pfleger mit einem Bachelor sofort, schon aus vier Metern Entfernung weiß, ob nicht ein Katheter auf Dauer für alle angenehmer ist.

»Außerdem gibt es international viele Leitlinien und gute Forschung, aber der Transfer in die Praxis funktioniert nur, wenn die Pflegenden die Grundlagen der Wissenschaft verstehen.« Weiß der Professor Härlein.

Das ist ein echter Skandal. Da scheint es Forschungs-
ergebnisse zu geben, die nur Akademiker verstehen und
das Pflegepersonal nicht. Was sind das bloß für Vollpfosten, die sich dermaßen kompliziert ausdrücken müssen,
so dass kein Mensch versteht, was sie meinen. Nur leider
ist das nun mal so. Akademiker können gar nicht anders,
als sich wissenschaftlich exakt auszudrücken. Und das bei
der Pflege. Jetzt schlägt der Professor vor, Übersetzer aus-
zubilden, akademische Pfleger, die den Pflegern, die nicht
studiert haben, erklären, was sie zu tun haben. Das ist vermutlich ein Akt der Nächstenliebe. Doch Nächstenliebe
allein reicht nie und nimmer aus, um eine gute Pflege zu
gewährleisten. Da kann ja so viel falsch gemacht werden.
Schiebe ich die Bettpfanne besser von links oder von
rechts drunter? Nicht ausgebildete Leute, Laien, können
so viel verschlimmern. Man glaubt es nicht.

Da sagt der Professor: »Wenn sie nicht viel über die
Erkrankung (Demenz) wissen, nehmen sie den Menschen
zu viel ab. Statt zu analysieren, welche Fähigkeiten noch
vorhanden sind, und diese zu fördern, machen sie sie von
der Pflege abhängig.« Jessas, Maria und Josef kann man
da nur rufen. Pflegeabhängigkeit bei Demenzkranken, das
ist ein echter Skandal!

»Außerdem nimmt, wer gebildet ist, ethische Fragen
stärker wahr.« Gebildete Menschen nehmen ethische Fragen stärker wahr! Und so, wie's ausschaut, hat der Herr
Professor schon einige ungebildete Deppen in Pflegeberu-
fen erlebt, die von der Ethik nichts verstehen.

»Was tue ich, wenn ein Patient mit den Händen isst,
weil er es mit Gabel und Messer nicht mehr kann?«, fragt
der Akademiker Jürgen Härlein. Da tun sich wirklich
große ethische Dilemmata auf. Diese Gewissensnot! Was
macht da der Pfleger? Wahrscheinlich ist er ratlos und

ruft in seiner Verzweiflung den Pflegebachelor ans Bett und fragt: Was machen wir denn da? Hände auf dem Rücken fixieren? Brauchen wir dazu einen Gerichtsbeschluss? Und der akademische Pfleger wird dann mit seinem analytischen Verstand kühl die Lage erfassen und blitzschnell entscheiden: Das beobachten wir jetzt. Vermutlich wird er dem Demenzkranken zusätzlich ein Kurzreferat über Fragen der Menschenwürde halten, so lange, bis der den ungebildeten Pfleger hilflos anschaut und der ungebildete Pfleger dem Demenzkranken sanft über den Kopf streichelt und ihm sagt: Ich versteh ihn auch nicht, da sind wir zu doof.

Ich habe lange nach einem Beispiel für einen akademischen Vollhorst gesucht, und jetzt habe ich den Eindruck, fündig geworden zu sein.

Fanpost

Warum hab ich den Brief damals nicht abgeschickt? Ich muss einem plötzlichen Anfall von Gelassenheit erlegen sein. Habe meine Meinung geändert. Sieben Seiten umfasst das Antwortschreiben, ich habe damit sicher einen Nachmittag verbracht, meine Unterschrift habe ich auch daruntergesetzt, nur muss dann etwas mit mir passiert sein, was mich daran gehindert hat, den Brief abzusenden. Eine plötzliche Eingebung vielleicht. Ein Anfall von Klugheit? Rosi konnte mich davon überzeugen, dass es klüger sei, den Brief nicht zur Post zu tragen.

Ein katholischer Pfarrer hat mir geschrieben. Nein, ich will bei der Wahrheit bleiben, sein Schreiben war nicht an mich adressiert, sondern an den Intendanten des Bayerischen Rundfunks. An ihn hatte er sich gewandt, um sich über mich und »Die Klugscheißer« zu beschweren. Der Intendant hat den Brief sofort an die Leitung der Unterhaltung mit der Bitte um Stellungnahme weitergeleitet. Und die Unterhaltungsleitung hat das Schreiben wiederum an den zuständigen Redakteur weitergeleitet. Dieser hat den Brief schließlich an mich weitergeleitet.

Es war kein wirklich lustiger Brief. Der geistliche Herr berichtete darin, dass er unsere Sendung »Die Klugscheißer« gesehen habe und vor dem Bildschirm habe weinen müssen, weil wir in unzulässiger Weise den katholischen Glauben verspottet hätten und dabei zu weit gegangen wären, weil es eine Grenze gebe. Mei, hab ich gedacht, wenn es nicht so traurig wäre, könnte man darüber lachen. Die »Klugscheißer« war eine Satiresendung des Bayerischen Rundfunks; und unsere Absicht war; die Zuschauer zum Lachen zu bringen, vielleicht auch nachdenklich zu stimmen, die Menschen zum Weinen anzuregen, lag uns fern. Nun können wir auch nicht für alle Reaktionen der Zuschauer verantwortlich gemacht werden. Wir können nur Lachangebote machen, für die Lacher, oder besser: für die Reaktionen auf unsere satirischen Angebote muss der Zuschauer schon selbst die Verantwortung übernehmen. Das war mein Brief:

Sehr geehrter Herr K.!

Es ist immer schade, wenn Kommunikation nicht gelingt. Die Ursachen dafür sind vielfältig. Sie alle hier im Einzelnen aufzuführen, würde den Rahmen dieses Schreibens sprengen. Ganz allgemein lässt sich aber sagen, dass ein Grund für das Misslingen von Kommunikation im fehlenden Verstehen liegt.

Wir Satiriker gehen allerdings immer davon aus, dass wir von unseren Zuschauern richtig, das heißt, im Sinne unserer satirischen Absichten verstanden werden. Die satirische Kunst sucht das Verständnis. Wir wollen einen Sachverhalt, der die Menschen bewegt (im vorliegenden Fall handelt es sich um die abscheulichen sexuellen Verbrechen von katholischen Priestern an ihnen anvertrauten Kindern und Jugendlichen) und den wir bei unseren Zuschauern als bekannt voraussetzen dürfen, _satirisch_ zuspitzen. Wir übertreiben, wir karikieren, wir überhöhen.

Dabei bedienen wir uns traditioneller satirischer Verfahren, die bereits die alten Griechen und Römer sehr erfolgreich zum Vergnügen ihrer Zeitgenossen benutzten. Schon zu Zeiten Juvenals und Ovids kam es hin und wieder vor, dass sich einer ungerecht behandelt fühlte und beleidigt gerufen hat: Das geht mir aber zu weit! Vielleicht wurde auch damals schon der eine oder andere Beschwerdebrief geschrieben, in dem der Kopf des Satirikers gefordert wurde? Wir wissen es nicht.

Häufig werden diese bitteren Beschwerden vorgetragen, weil dem Beschwerdeführer das Wesen der Satire fremd ist. Besonders komisch wirken diese Briefe, wenn sich der Autor als Kenner, als »Freund« oder »Fan der satirischen Schreibweise« zu erkennen gibt.

Das satirische Formprinzip besteht im Wesentlichen aus Übertreibungen. Satiriker überzeichnen, verzerren, verkürzen, lassen weg, erfinden dazu, sie verformen die Wirklichkeit in einer Weise, die jedem sofort signalisiert: Hier stimmt was nicht! Vorsicht Satire! Am besten _nicht ernst nehmen_! Satire ist immer ein Spielangebot, nämlich gute Miene machen zum bösen Spiel! Es wird aber niemand gezwungen mitzuspielen!

Satire verformt die Zusammenhänge, um daraus Pointen zu schlagen. Jede Pointe fordert vom Adressaten eine Entscheidung: Lache ich darüber oder kann ich darüber nicht lachen? Die Pointe zwingt zu einer Stellungnahme. Satiriker machen Lachangebote. Sie halten ihrem Publikum etwas zum Lachen hin. Das Publikum darf auch ablehnen. Wenn das Publikum lacht, hat es für den Lacher die Verantwortung zu tragen. Das ist das Spiel.

Einige Fragen bleiben: »Da brachte man Kinder zu Jesus, dass er sie berühre.« Warum lachen die Leute darüber? Eigentlich ist das ja nicht komisch, wenn im Neuen Testament der Evangelist Markus berichtet, dass man zu Jesus Kinder brachte, damit er sie berühre. Was ist da passiert, dass dieses Bibelwort heute bei vielen komische Assoziationen hervorruft? Ich glaube, die Leute müssen lachen, weil sich bei ihnen beim Hören dieses Zitats eine andere Assoziation einstellt als die ursprünglich gedachte und beabsichtigte. Wer trägt die Verantwortung dafür, dass Berührungen von Priestern, Geistlichen, Bischöfen und Kardinälen, kurz von »Geweihten«, die ein Keuschheitsgelübde abgelegt haben, in Misskredit gebracht wurden?

Warum »kugeln sich die Leute vor Lachen«, wenn Satiriker vom Talar als »Darkroom to go« sprechen? Ich halte das für eine interessante Frage, auf die ich gerne eine Antwort hätte. Was finden die Leute daran lustig? Würden die Leute auch lachen, wenn der Ruf der Priesterschaft in der Gesellschaft tadellos wäre?

Sicher ist das unfair und ungerecht, dass der Priesterstand pauschal verlacht wird. Es gibt neben den Teufeln im Talar, die kleine Buben in der Sakristei sexuell missbrauchen, auch hervorragende Seelsorger, die sich nie etwas zuschulden kommen haben lassen. Diese integren Priester, die in

*frommer Keuschheit leben, würden verantwortungsvolle
Satiriker nie zur Zielscheibe ihres Spottes machen, und
wenn doch, dann hätten sie sich danebenbenommen!
Keine Frage.*

*Und doch muss ich fragen: Wann benimmt sich einer
daneben und wer stellt das fest? Bei diesem »Daneben-
benehmen«, wer legt hier welchen Maßstab an? Wer
benimmt sich hier daneben? Die missbrauchenden
Priester? Die vertuschenden Bischöfe und Kardinäle?
Das System? Warum fühlt sich ein Priester eigentlich
persönlich beleidigt, wenn Kabarettisten auf einen üblen,
einen bösen Tatbestand, um es in der Sprache der Theo-
logen zu formulieren (und tausendfacher sexueller Miss-
brauch von Kindern durch katholische Priester in aller
Welt kann auch ein Priester nur als böse bezeichnen), in
literarisch-satirischer Form eine Anspielung machen?
Warum ist das für einen erfahrenen Seelsorger schwer
erträglich?*

*Ich kann verstehen, dass man als katholischer Priester
weinen muss, wenn man sich über das Ausmaß der
Verfehlungen der eigenen Leute bewusst wird. Ich könnte
verstehen, dass man in seiner Verzweiflung einen Brief
nach dem anderen schreibt, an den Bischof, den Kardinal,
vielleicht sogar an den Papst, und diesen Brief in Kopie
dem Herrgott weiterleitet, damit er weiß, welches Ausmaß
die Gottlosigkeit in seinem Seelenladen angenommen hat.
Aber dem Kabarettisten verbieten zu wollen, diese Tatsachen satirisch aufzuarbeiten, sollte nicht das Ziel ihrer
Empörung sein.*

*Schließlich frage ich mich, wie der Herrgott wohl auf
einen Brief reagieren würde, in dem ihm einer seiner
besten und vorbildlichsten Priester mitteilt, dass ihm
ein paar Bemerkungen in einer Satiresendung zu weit*

gegangen sind? Ich könnte mir vorstellen, dass er ins Schmunzeln kommt, weil der liebe Gott nämlich Humor hat (was viele seiner Anhänger nicht glauben können und nicht glauben wollen) und er seinerseits den Brief in Kopie gleich weiterleitet zu Papst Johannes XXIII., der sich sofort hinsetzt und dem guten Mann einen kurzen Brief schreibt, in dem steht: Mensch, nimm dich nicht so wichtig!

Die letzte Frage, die sich mir stellt: Was glaubt der barmherzige Seelsorger und Priester eigentlich, was der Intendant mit dem »bösen« Kabarettisten machen soll? Soll er ihn zu sich rufen, ihn tadeln, ihm eine Abmahnung schicken, ihm juristische Schritte androhen? Soll er ihm vielleicht sogar kündigen, ihn rauswerfen, ihn vor die Tür setzen?

Soll der Intendant dem empfindsamen Priester versprechen, in Zukunft alle Satiren nach Rom zu senden, um sie in der Glaubenskongregation auf Sendbarkeit überprüfen zu lassen? Schwierige Fragen sind das. Er wird sich vielleicht vergegenwärtigen, dass die vielen Übertragungen aus Rom, die vielen Live-Gottesdienste und Sondersendungen mit den immer gleichen »Informations- und Spekulationsgehalten«, die gegen null tendieren, in einem ziemlich ungleichen Verhältnis stehen zu zwei bis drei kritischen Bemerkungen von Satirikern.

Vielleicht setzen Sie sich in einer ruhigen Stunde mit einem guten Glas Wein in Ihren Lieblingssessel und schlagen bei Friedrich Schiller nach, in den ästhetischen Schriften »Über naive und sentimentalische Dichtung«. Er schreibt: »Satirisch ist der Dichter, wenn er die Entfernung von der Natur und den Widerspruch der Wirklichkeit mit dem Ideale (in der Wirkung auf das Gemüt kommt beides auf eins hinaus) zu seinem Gegenstande macht. Dies kann

224

*er sowohl ernsthaft und mit Affekt als scherzhaft und mit
Heiterkeit ausführen …«*

*Mit freundlichem Gruß
Bruno Jonas
(bekennender Klugscheißer)*

*P. S. Ich erlaube mir, diesen Brief in Kopie an den Inten-
danten, die Fernsehdirektorin und die Unterhaltungs-
chefin des Bayerischen Rundfunks weiterzuleiten. Außerdem behalte ich mir vor, eine Kopie dieses Briefes an den
Kardinal der Erzdiözese München-Freising, Reinhard
Marx, und den hochwürdigen Erzbischof, seiner Eminenz
Gerhard Müller, den Chef der Glaubenskongregation und
leitenden Missbrauchsverschweiger und Vertuscher zu
senden.
Ich überlege, jeweils eine weitere Kopie an die Organisa-
tion missbrauchter Ministranten und an die heimliche
innerkirchliche Gemeinschaft homosexueller Priester,
Bischöfe und Kardinäle zu schicken.*

Da lacht der Horst

Selbstverständlich hat er Humor. Was haben Sie denn gedacht?! Und was für einen. Er sitzt am Nockherberg in
der ersten Reihe und gehört dort zu den größten Humor-
verfechtern überhaupt. Er lacht über alles und vor allem
auch, wenn es nichts zu lachen gibt, dann nimmt er das
als Herausforderung und läuft auf zur Hochform. Es gibt
keinen größeren Zwerchfellakrobaten als ihn.
  Am liebsten lacht er natürlich über andere. Eh klar, weil

Humor ist, wenn man über andere lachen kann. Dabei regt sich sein Mitgefühl. Empathie zeigen, darauf kommt es an. Der Vollhorst weiß, dass er sich in andere hineinversetzen können muss. Ob er wirklich mitfühlt mit seinen Mitmenschen, wissen wir nicht. Wichtig ist, dass der Vollhorst in der Öffentlichkeit als ein Sorgenmensch rüberkommt, als einer, der bei den Menschen ist, der »den Wähler da abholt, wo er sich gerade befindet, egal ob er sich in tragischen oder in komischen Umständen befindet«.

Wenn einem anderen etwas passiert, etwas zustößt beziehungsweise nicht gelingt, wo man denkt, das müsste doch mit dem Teufel zugehen, wenn dem das gelingt, wenn man also hofft, dass einer scheitert, dann prustet er los, der Vollhorst, dass es eine Freude ist.

Jüdischer Witz: Frau kommt aus dem Schönheitssalon. Hat sich die Augenbrauen zupfen lassen, Peeling, alles, was Frauen halt so machen lassen, um zu gefallen, also Rundumerneuerung. Sieht super aus. Tritt aus dem Laden hinaus auf die Straße, wird von einem Auto erfasst und ist auf der Stelle tot. Kommt im Himmel an und beschwert sich beim lieben Gott: »Warum lässt du mich sterben, ich hab mich schön gemacht für dich und war auf dem Weg in die Synagoge!« – Der liebe Gott antwortet: »Tut mir leid, hab dich nicht erkannt.«

Möchte man selber nicht erleben.

Humor ist, wenn man trotzdem lacht. Sagt man bei uns. Ein blöder Satz. Wieso lachen wir Deutschen, wenn es nichts zu lachen gibt? Ist das wirklich unser Humor? Ich habe den Verdacht, dass wir oft lachen, wenn es nicht komisch ist. Kommt darauf an, werden Sie sagen. Und ich stimme sofort zu. Ich will gar kein Beispiel machen, weil jeder etwas anderes komisch findet. Meine Frau lacht oft über mich und ich habe keine Ahnung, was an mir so komisch sein soll. Ich sitze mit frischem Hemd beim Frühstück. Meine Frau lacht. Ich frag ernst, was ist? Sie deutet auf einen Fleck auf dem Hemd. Habe ich gekleckert? Nein, sagt sie, die Waschmaschine hat ein Fleckenprogramm. Sehr komisch.

Humor ist trotzdem, wenn man trotzdem lacht. Mir gefällt an dem Satz der Trotz nicht. Aus Trotz lache ich nie, und wenn, dann nur weil es nicht komisch ist.

Das kommt mir jetzt sehr deutsch vor. Humor trägt bei uns oft noch Uniform. Wir treten zum Lachen an. Nachdem eine Kommission für Humor und Komik zusammengetreten ist, um die angeblich komische Situation einer eingehenden Prüfung zu unterziehen, verkündet ein Sprecher, dass nach Abarbeitung aller Humorkriterien eine komische Situation vorliegt. Wir empfehlen, mit Lachen zu reagieren. Bisweilen habe ich den Eindruck, es gibt in diesem Land den Zentralrat des deutschen Humors, der unter Berücksichtigung der deutschen Humorrichtlinie Lachempfehlungen herausgibt.

Was verstehe ich denn eigentlich unter Humor? So, Jonas, jetzt bitte mal ein wenig Klugschiss zum Humor an sich. Ich bemühe mich. Also: Humor hat für mich etwas mit Distanz zu tun. Wenn ich aus mir heraustreten kann, in einer bestimmten Situation, und mich betrachten kann wie einen Fremden. Und wenn ich mich dann frage, was ist denn das für einer? Wie benimmt der sich denn grade? Passt das Verhalten zur Situation? Und wenn ich mir dann Sorgen mache um den, der ich selber bin, der mir aber vorkommt wie ein Fremder, dann ist es besser, ich gehe wieder rein in mich.

Aber viele kommen sich zu nah, so dass eine Distanz zu sich, zum eigenen Selbst, kaum möglich ist. Das ist auch der Grund, warum sich Gläubige so schwertun mit dem Humor.

In der Nähe Gottes hat der Humor keinen Platz, sagt wer? Der Sören Kierkegaard. Ein Protestant. Ja, die Evangelischen waren schon immer ein wenig strenger. Der hat sich übrigens auch umgebracht, weil ihm die Distanz zu Gott zu groß war. Der Gläubige strebt größte mögliche Nähe an mit seinem Gott. Er will hin zu ihm, will eins werden mit ihm. Da fehlt die Voraussetzung für den Humor – die Distanz.

Es gibt Gläubige, die können während des Gebets aus sich heraustreten und sich betrachten wie einen Fremden. Sie fragen sich dann vielleicht, ob sie gerade fromm genug sind, oder stellen fest, dass sie einen Grad an Frömmigkeit erreicht haben, der ihnen komisch vorkommt. Solche Gläubige soll es tatsächlich geben.

Es gab sogar schon Päpste mit Humor. Johannes XXIII. soll nach seiner Wahl zum Papst gesagt haben, als man ihn darauf hinwies, er sei unfehlbar, er habe nicht vor, davon Gebrauch zu machen.

Es gibt sogar Religionen, die den Humor in ihre Glaubenspraxis mitaufgenommen haben. Im Judentum scheint der Humor einfach dazuzugehören. Der jüdische Gott lacht offenbar gern.

Einer meiner Lieblingswitze geht so: Ein alter Rabbi liegt im Sterben. Es geht zu Ende. Er bittet seine Frau, einen katholischen Priester zu rufen. No, warum a katholischen Priester? Ich möchte mich taufen lassen! Rabbi, sagt seine Frau, du bist ein Leben lang ein guter Rabbi gewesen und jetzt am Ende deines Lebens willst du werden katholisch? Und der Rabbi antwortet: »Besser einer von denen stirbt als einer von unsere Leut.«

Dieser Humor gefällt mir. Ich habe schon überlegt, ob

ich zum jüdischen Glauben übertreten soll. Aber beschneiden lasse ich mich nicht! Das ist mir zu viel Humor.

Warum tun sich eigentlich die Muslime so schwer mit dem Lachen über ihre Religion? Vermutlich weil ihnen die Distanz zu Allah untersagt ist. Da kann man nichts machen. Eines steht fest: Wer die Wahrheit hat, braucht keinen Humor.

Es gibt aber auch genug Ungläubige, Andersgläubige und Atheisten, denen jeglicher Sinn für Humor fehlt. Der Humorist Robert Gernhardt hat behauptet, es gebe auch humorfreie Zonen ganz unabhängig von der Religion. Er könne sich keinen humorvollen Orgasmus vorstellen.

Stellen Sie sich das mal vor. In der höchsten Ekstase, im Moment der höchsten Lust, treten Sie aus sich heraus und betrachten sich wie einen Fremden. Und wenn Sie dann lachen können, ja, dann haben Sie Humor.

Dämmert's schon?

Jürgen Borchert, ein ehemaliger Vorsitzender Richter am Hessischen Landessozialgericht, hat ein Buch geschrieben. »Sozialstaatsdämmerung.«

Also bitte! Was hat der Mann? Die Leute sind mit nichts zufrieden. Immer nur meckern und mosern! Kaum in Rente, muss er schon wieder recht haben. Rentenversicherung, Kindergeld oder Hartz IV – was der Staat als wohlwollende Gaben verpackt, ist nichts als schöner Schein, sagt Jürgen Borchert. So steht es auf dem Buchumschlag.

Der Vollhorst wird es nicht lesen. Und wenn er es tatsächlich lesen sollte, wird er es naserümpfend zur Seite legen und hoffen, dass es möglichst wenig lesen. Borchert legt das Sozialstaatsgewäsch der Politik unter das Brennglas und es tut weh. Er reibt den Sozialpolitikern aus allen politischen Parteien ihre hohlen Phrasen unter die Nase. Auf diesen Sozialstaat braucht keiner stolz zu sein. Hier einige Kapitelüberschriften: »Beitragsfreie Mitversicherung? Der 21,7 Milliarden Euro Irrtum« – »Kindergeld: Kein Geschenk, sondern Rückgabe von Diebesgut« – »Kapital- oder Kinderinteressen?« Und er kann alles belegen. Das ist unangenehm.

Unser Vollhorst steht immer wieder gern auf der Seite der Schwachen. Als Retter der Witwen und Weisen mischt er sich unters prekäre Volk. Aber als Volkstribun will er es möglichst allen recht machen. Und das ist halt schwer. Einerseits. – Andererseits ist der Vollhorst ein zynischer Politikprofi, der in der Lage ist, Borcherts Analyse für sich nutzbar zu machen. Jetzt hab ich Sie neugierig gemacht, stimmt's?

Nur, wie fange ich an? Damit's nicht zu theoretisch wird oder gar klugschissig. Das würde ich mir übel nehmen. Obwohl ich gerne auch mal meine Belesenheit raushängen lasse. Meine Frau sagt dann immer, lass das weg, das intellektuelle Zeug, das hochtrabende, »das verzopfte Gewäsch«, rede deutsch mit mir, es muss ja nicht immer jeder gleich merken, dass du dein Studium abgebrochen hast. Sie vertritt die These, dass Studienabbrecher immer besonders klug oder, wie wir in Bayern sagen, »gescheid daherreden« müssen, weil sie immer unter dem Rechtfertigungszwang stehen, trotz abgebrochenen Studiums auf dem Niveau von Professoren parlieren zu können. Vielleicht ist da etwas dran. Auf mich trifft das nicht zu. Sage ich. Meine Frau lacht. Ich bin der Einzige in der Familie, der keinen akademischen Abschluss nachweisen kann. Das Einzige, was ich abgeschlossen habe, ist das Abitur.

Sonst habe ich nur den Freischwimmer, den Fahrten-
schwimmer, die bayerische Radlprüfung, die allerdings
mit Auszeichnung und dem Ehrenwimpel, und einige
Siegerurkunden der Bundesjugendspiele. Aber ein Staats-
examen wie meine Frau habe ich nicht abgelegt. Sohn und
Tochter promovieren. Das muss wohl so sein. Nur ich
habe nichts Vergleichbares vorzuweisen. Die Medaille
»München leuchtet« kann ich nicht ins Feld führen. Und
die paar Preise, die ich angenommen habe, zählen auch
nicht. Ich habe keine sehr starke Stellung, wenn es um
höhere Abschlüsse geht. Und jetzt soll ich Staatstragendes
zum Sozialstaat absondern, der angeblich eine Errungenschaft ist.

Jürgen Borchert überschreibt das Kapitel 3 »Die Spie-
gel-Ente vom 200 Milliarden-Irrtum oder wie der Staat
den Familien die Sau vom Hof klaut und drei Koteletts
zurückbringt«. Also der Staat, so seine zugespitzte These,
nimmt den Familien Geld weg, um ihnen einen Bruchteil
davon wieder zukommen zu lassen, wobei er diese Gabe
als großzügige sozialstaatliche Leistung deklariert. Es gibt
für diesen Vorgang auch den schönen deutschen Ausdruck: Beschiss! Aber es ist der Staat, der da bescheißt,
und das kann nicht sein, weil der Staat nicht bescheißt,
oder? Vater Staat sorgt für alle, gell, und lässt jedem zukommen, was ihm nach Recht und Gesetz zusteht. Natürlich hat alles seine Ordnung. Nur diese Gesetze, speziell
jene, die angewendet werden, um soziale Gerechtigkeit
zwischen den Generationen herzustellen, sind halt ungerecht.

Es gab einmal eine Frau, die hatte neun Kinder in die
Welt gesetzt. Neun Kinder aufgezogen, und alle haben sie
einen ordentlichen Beruf erlernt und sind aufgestiegen in
höchste Positionen. Sie haben deshalb auch eine Menge

Geld in die Sozialsysteme eingezahlt. Nur die Mama sieht davon nichts. Sie kriegt eine kümmerliche Rente. Warum? Weil sie ja, während sie die Kinder aufgezogen hat, kein Einkommen hatte. Und darum lebte sie auf Sozialhilfeniveau. 360 Mark Rente. Kinder kriegen und aufziehen ist zwar eine Leistung, aber in diesem Land nichts wert. Dafür gibt es kein Geld vom Sozialstaat. Jedoch von den Beiträgen, die ihre neun Kinder in die Sozialsysteme einzahlen, profitieren Fremde, zum Beispiel auch Leute, die gar keine Kinder haben. Das fand die Frau ungerecht und hat geklagt.

Das Bundesverfassungsgericht gab ihr im Trümmerfrauenurteil von 1992 recht. Doch der Sozialstaat bescheißt nicht nur, sondern er scheißt sich auch nichts um die Urteile. Jürgen Borchert dazu: »Tatsächlich ist es in Deutschland also so, dass Familien riesige Lasten für Kinderlose schultern müssen: deren komplette Altersvorsorge nämlich.«

Oh, da höre ich schon den Aufschrei der Singles. Dieser Borchert schildert die Situation einseitig aus Sicht der Familien und verliert die schwierige Lage der Kinderlosen total aus den Augen, jammern sie.

Kinderlos ist schon eine schwierige Lebenssituation. Aber kinderlos und Single, das ist ein schwerer Schicksalsschlag, der die Solidarität der Gemeinschaft fordert. Singles sind permanent höheren psychischen Belastungen ausgesetzt, weil sie ständig auf der Suche nach Anschluss sind. Während die Famlie abends zusammenkommt, um ein harmonisches familiäres Miteinander zu leben, mit ups and downs, mit Freuden und Traurigkeiten, mit endlosen Streitereien und glücklichen Versöhnungen, hocken kinderlose Singles allein vor der Glotze, stieren vor sich hin, verfallen dem Alkohol, um die Einsamkeit einigermaßen überleben zu können. Ist das traurig! Familien mit Kindern sollten deshalb liebevoll an sie denken und froh sein, dass sie von dieser Singleexistenz verschont geblieben sind. Eine steuerliche Vergünstigung ist daher das Mindeste! Ach was, man müsste kinderlose Singles eigentlich komplett von der Steuer befreien, weil sie aussterben. Man sollte sie auf die Liste bedrohter Arten setzen. Sie haben den besonderen Schutz der Gesellschaft verdient.

Bund, Länder und Gemeinden

Ein Gemeinwesen, das nur auf einem gemeinsamen Nutzen basiere, ohne Bezug auf eine von Gott gegebene Moral, gleiche einer Räuberbande, sagt der Heilige Augustinus. Einer nimmt den anderen aus, jeder nimmt, was er kriegen kann.

Zu seinen Lebzeiten, sagen wir, um 400 nach Christus, scheint es in Nordafrika auf dem Staatensektor recht wild zugegangen zu sein. Die Westgoten, unter Alarich, hatten Rom erobert. Das war ein feindlicher Akt. Wahrscheinlich ging es drunter und drüber. Die Westgoten hatten halt einen immensen Eroberungsdrang. Katholisch waren sie auch nicht, von daher sprach erst einmal nicht viel gegen die Eroberung Roms. Und aufgehalten hat sie niemand. Die UNO, die internationale Staatengemeinschaft, gab es noch nicht, sonst hätten die vielleicht unter Führung der USA für Ordnung gesorgt. Aber unter diesen Umständen sind die einfach in Rom einmarschiert wie die Russen auf der Krim.

Damals steckte der Rechtsstaat noch in den Kinderschuhen. Von einer Demokratie, wie wir sie heute schätzen, konnte keine Rede sein. Es gab keine Grundrechte, keine Menschenrechte, Freiheit konnte sich jeder so viel nehmen, wie er kriegen konnte. Es war nichts geregelt: kein Rauchverbot, null Geschwindigkeitsbegrenzung auf der Autobahn, an die Rechtschreibreform hat kein Mensch gedacht, und vor allem wirkten noch keine Parteien bei der politischen Willensbildung mit, die, das wissen wir heute, die wichtigste Stütze unserer freiheitlichen Demokratie darstellen. Da können wir froh sein. Ich wüsste gar nicht, wo ich mir sonst den politischen Willen bilden lassen sollte.

Im Gottesstaat des Heiligen Augustinus fehlen Parteien zur Gänze, weil es nur einen Willen gibt, und das ist der des lieben Gottes. Darum geht es im Gottesstaat immer extrem gerecht zu, weil vor Gott alle Menschen gleich sind. Hat auch etwas für sich. Vor allem sind alle sterblich und müssen sich vor dem Jüngsten Gericht verantworten. Und Sünder sind sowieso alle von Haus aus. Im Gottesstaat kannst gar nicht anders, als sündig zu werden. Natürlich sollst du nicht, aber wos mechst macha, wenn es nicht anders geht?

Jetzt gibt es Räuberstaaten, wie der Heilige Augustinus sagt, die ihre Bürger ausnehmen. Natürlich nicht bei uns, denn wir erklären uns bei jeder Wahl damit einverstanden, dass uns der Staat nimmt, was er braucht. Aber der Staat ist großzügig und gibt uns das, was er sich genommen hat, wieder zurück. Er behält wirklich nur das, was er für sich braucht, also ungefähr die Hälfte. Da macht er eine Ausnahme, und manche wissen das auch zu schätzen.

Ich kenne Leute, die sind abhängig vom Staat, nicht weil sie sich ausgenommen fühlen, sondern weil sie von ihm leben. Die sind auf ihn angewiesen. Beim Beamten ist die Abhängigkeit normal. Beamte sind Personen, die sich vom Staat kaufen lassen. Ihre Unbestechlichkeit kostet sehr viel Geld. Der Beamte ist der Staat. Es ist richtig, ohne Beamte kommt kein Staat aus. Die Beamten brauchen den Staat und der Staat braucht sie. Man muss sich auf sie verlassen können. Ideal wäre, wenn alle Staatsangehörigen Beamte wären und vom Staat bezahlt würden. Es gab schon Versuche, die in diese Richtung gingen. In Griechenland hat man immer mehr Beamte eingestellt, um ein funktionierendes Staatswesen zu installieren. Es gibt dort Beamte, die für andere Beamte zuständig sind, die wieder andere Beamte kontrollieren und auf diese Weise dafür sorgen, dass alles seine Ordnung hat. Es gibt Beamte, die Korruption verhindern, und Beamte, die sich korrupt verhalten, um zu überprüfen, ob die Korruptionskontrolle funktioniert. In Griechenland wissen alle, dass Korruption auf allen Ebenen normal ist, aber es fehlt der Beamte, der sie verhindert. Wahrscheinlich ist der unbezahlbar.

Da stellt sich irgendwann die Frage, woher das Geld kommen sollte, um alle diese Beamten zu bezahlen. Der reine Beamtenstaat ist nur finanzierbar, so das vorläufige Ergebnis der Ökonomen, wenn das Geld für den Unterhalt des verbeamteten Staatsvolks bei internationalen Banken aufgenommen wird und in Form von »Ewigkeitsanleihen« erst im Jenseits fällig wird. Bis dahin bürgen die Steuerzahler der Europäischen Union für eventuelle Ausfälle. Das ist das Ideal. Die Staatsgewalt geht im reinen Beamtenstaat vom Volk aus, das zu 100 % aus Beamten besteht. Der Wille des Volkes ist heilig. Wenn das Volk beschließt, die Schulden, die es bei anderen Staaten hat, nicht mehr zu bezahlen, ist dieser Wille zu respektieren. Außerdem geht es um Solidarität.

Der Beamte ist ja nicht nur Beamter, er ist auch Mensch und hat ein Anrecht auf Mitgefühl und Beistand. Das gilt nicht nur für griechische Beamte, sondern für Beamte aller Staaten.

Der Beamte ist ein Leben lang Beamter. Auch wenn er pensioniert ist. Dann schreibt er Leserbriefe und kümmert sich um alles Mögliche im Gemeinwesen. Er hat immer etwas zu sagen.

»Der Staat muss und der Staat soll, der Staat kann und muss«, sagen sie, »das ist Aufgabe des Staates«, sagen sie, »der Staat, der Staat, der Staat.«

Der Staat regelt alle Bereiche des Lebens. Von der Wiege bis zur Bahre ist er dabei. Vom Namensrecht bis zur Friedhofsverordnung. Er ist ein Korinthenkacker, der Staat lebt in den Gesetzen und Richtlinien, in Novellen und Urteilen, Landesgerichtsurteilen, Oberlandesgerichtsurteilen, in Verwaltungsgerichtsurteilen und Bundesverwaltungsgerichtsurteilen und in Bundesverfassungsgerichtsurteilen. Der Staat ist die oberste Superbehörde, er unterhält Ämter, Institutionen, Städte, Gemeinden, Länder, Organisationsformen, Verwaltungen, der ganze Mensch wird durch den Staat verwaltet. Damit alles seine Ordnung hat, vom Chlorhuhn über den Laubblattbläser bis zum Fassungsvermögen von Kondomen.

Die Staatsidee übt eine große identitätsstiftende Faszination auf die Menschen aus, darum entstehen immer wieder neue, immer kleinere Staatengebilde, der Trend geht zum Kleinstaat: Im ehemaligen Jugoslawien haben wir eine ganze Reihe eigener Staaten, da haben wir Bosnien, Herzegowina, Montenegro, Serbien, dann haben wir Tschechien und die Slowakei, die Katalanen wollen auch selbstständig werden, die Schotten auch, die wollten raus aus dem United Kingdom, haben erst mal verloren, Belgien, da könnte man auch noch zwei, vielleicht sogar drei Staaten draus machen. Und jetzt kommt's: Wir, die Bayern, wollen auch raus – aus Deutschland. Ich finde das eine super Idee. Bayern wird ein selbstständiger Staat mit Sitz in New York bei der UNO. Und wir bleiben selbstverständlich in der EU.

Ich würde alle Bundesländer verselbstständigen. Die Bundesregierung einsparen. Also die Bundesebene fiele komplett weg. Alle 16 Länder treten geschlossen in die EU ein. Dann ist Berlin die Hauptstadt von Berlin. Berlin ist dann ja auch ein selbstständiger Staat. Bremen erhält den gleichen internationalen Status wie Monaco oder San Marino. Bremen bekommt eine eigene Nationalhymne.

Nur, was machen wir dann mit der Merkel? Die wird Präsidentin von Mecklenburg-Vorpommern. Eigene Flagge und Nationalhymne! Und dann Staatsbesuch in Bayern. Merkel schreitet eine Ehrengarde ab. Zusammen mit Seehofer. Sehr schöne Bilder. Bayern als eigenständiger Staat. Dann hätte sich die Sache mit dem Länderfinanzausgleich gleich erledigt. Dafür müssten wir allerdings Geld nach Brüssel überweisen, anteilsmäßig zu unserer wirtschaftlichen Leistung.

Und wenn uns Brüssel zu sehr ärgert, drohen wir mit dem Austritt, wir vereinigen uns mit Griechenland. Lassen alte Verbindungen wieder aufleben. Wir gründen einen Wirtschaftsraum und heben die Gas- und Ölvorkommen Griechenlands gemeinsam. Wir finanzieren das von Bayern aus und sind natürlich an den Gewinnen beteiligt. Sagen wir, im Verhältnis 80:20. Also 80 für uns, 20 für die Griechen. Wir versorgen die EU mit Öl und Gas, gefördert durch die bayerisch-griechische Öl-Förder-Kooperation. Das Geld streckt die Bayerische Landesbank vor. Bayern wird dadurch wirtschaftlich mit den Emiraten am Golf gleichziehen. Ein Wirtschaftsboom wird das Land heimsuchen, so was hast du noch nicht erlebt. Und alle werden Bayern werden wollen, aber wir nehmen natürlich nicht jeden. Oder? Er muss schon zu uns passen. Dann etablieren wir in Bayern einen Gottesstaat – zumal Bayern sowieso schon die Vorstufe zum Paradies ist. Wahlen werden noch durchgeführt, das Ergebnis steht vorher fest, weil im Paradies ja alles seine gottgefügte Ordnung hat. Es bleibt alles so, wie es ist. Die CSU, die einen exklusiven Zugang zum Baum der Erkenntnis hat, behält auf ewig die absolute Mehrheit, die SPD darf genauso lang in der Opposition sein, das gebietet der Gleichheitsgrundsatz, die Grünen machen nach wie vor die besten Vorschläge, die von der CSU umgesetzt werden, und die Freien Wähler dürfen zusammen mit der FDP und der AFD a bisserl rebellieren. Und so ist alles optimal geordnet, in Ewigkeit – Amen.

Die Veräppelung des Vollhorsts

Irgendetwas stimmt nicht mit mir. Wo bin ich? Wie bin ich hier reingekommen? Ich stehe im Apple-Store in der Rosengasse nahe dem Münchner Marienplatz. So viel weiß ich, dass ich da nicht reingehöre. Ich bin fehl am Platz. Die Umgebung passt nicht zu mir. Ich bin ein Irrläufer. Das passiert mir ab und zu, dass ich mich irgendwo wiederfinde, wo ich gar nicht hinwollte.

Ich bin ganz sicher nicht freiwillig hier. Und wenn doch, dann kann ich es mir nicht erklären. Bin ich am Ende nicht mehr ganz bei Trost? Vielleicht sogar übergeschnappt? Verrückt geworden! Ich? Das bin nicht ich, der

hier geduldig wartet, um einen Verkaufstermin zu bekommen. Es stehen Massen von Kunden und Kaufinteres-
senten in der Apple-World. Daran gibt es keinen Zweifel.
Ich befinde mich in so was Ähnlichem wie einer Religi-
onsgemeinschaft. Alle geben sich cool. Unheimlich cool.

Ja, so geht es da zu. In den Apple-Store geht man nicht
einfach rein, um sich ein Apple-Produkt zu kaufen. Was
heißt hier überhaupt kaufen? Man wird versorgt, be-
schenkt. In jedem Fall muss man dankbar sein, es überhaupt bis in den Store geschafft zu haben. Aber kaufen,
das geht noch lange nicht. Wo kämen wir denn da hin? Da
kann man nicht einfach reingehen und kaufen. Die Zeiten ind längst vorbei. Es gibt Menschen, die betteln darum, das neueste iPhone kaufen zu dürfen. Diese Apple-
fans campieren die ganze Nacht vor dem Laden, bevor das
neue iPhone »rauskommt« und zum Verkauf steht, um
unter den Ersten zu sein, die 700 Euro und mehr dafür
zahlen dürfen. Du kriegst so ohne Weiteres kein Smartphone, man gewährt es dir. Es ist vermutlich eine Gnade.

Und was mache ich im Apple-Store? Ich will mich un-
verbindlich informieren über die neuesten iPhones. Ich
verspüre starke Vernunftimpulse, die mir sagen, lass es,
du brauchst das nicht, was willst du damit, du machst dich
zum Deppen des Apple-Konzerns. Wenn du ein Apple-
Produkt kaufst, hängst du am Konzern, sie haben dich an
der Angel und du kannst nur noch zappeln, sie lassen dich
nicht mehr los, du gehörst ihnen, du wirst von vorne bis
hinten verappelt.

Wie haben sie das geschafft? – Alle Welt ist verrückt
nach Apple. Es werden täglich mehr. Ich sehe nur noch
angebissene Äpfel.

Der angebissene Apfel ist ein starkes Symbol. Und uralt. Vielleicht erinnert sich der eine oder andere: Im Para-

dies ließ sich Eva von der Schlange verführen mit einem Apfel vom Baum der Erkenntnis. Eine teuflisch gute Idee von Apple, auf die Schöpfungsgeschichte Bezug zu nehmen. Damit ist der biblische Anspruch, das Religiöse von Apple manifestiert. Steve Jobs war ja auch ein Gott. Die Schlange sagt: Ihr werdet sein wie Gott, wenn ihr vom Baum der Erkenntnis esst, und werdet unterscheiden können Gut und Böse. Und Apple ist gut. Selbstverständlich. Sogar sehr gut. Wer zur Gemeinschaft der Apple-Gläubigen gehört, der weiß, was sich gehört. Der Glaube an sich und das Produkt verschmelzen zu einer Einheit. Wahrlich, wahrlich, ich sage euch, wer an mich glaubt, der wird äppeln, was nichts anderes heißt als leben. Und Glauben bedeutet, an Apple glauben.

Zum wichtigsten religiösen Ritual gehört das Streicheln. Apple will, dass wir streicheln, weil es guttut. Es ist ein Ding zum Streicheln. Jeder, der so ein Smartphone sein Eigen nennt, streichelt immer und überall sein iPhone. Manche sagen sich, bevor ich meine Frau streichle, streichle ich lieber mein iPhone, da weiß ich wenigstens, was ich hab. Weil das Ich gern streichelt. Darum ist es ein Ich-Phone.

Alle meine Freunde haben eins. Sie streicheln immerzu ihr iPhone. Und ich habe sie neidvoll beobachtet beim Streicheln. Lange hab ich zugeschaut. Es hat auch etwas Intimes. Es handelt sich ohne Zweifel um öffentliche Liebkosungen. Zärtlichkeiten mit einem Teil des Teils, der anfangs alles war? Mit Sicherheit. Denn Kommunikation ist alles.

Auch Gott besitzt ein Smartphone und streichelt ab und zu drüber. Weil es so schön ist. Wer sein iPhone streichelt, streichelt auch immer ein wenig sich selber. Ist so. Der Applemensch ist autonom.

240

Wie gesagt, ich fühlte mich fremd unter all den Apple-Gläubigen. Und doch befand ich mich mitten unter ihnen. Denn wo zwei in meinem Namen versammelt sind, da bin ich mitten unter euch. Was hab ich bloß mit diesen Bibelzitaten am Hut?

Ich will dieses iPhone nicht haben. Ich erinnere mich sehr gut daran, dass ich mir das im Store immer wieder sagte: Ich brauch das nicht, ich will das nicht. Verlasse auf der Stelle diesen Laden! Befahl ich mir. Und doch hinderte mich eine geheimnisvolle Kraft daran. Ist es am Ende die »unsichtbare Hand« des Marktes, die mich fest im Griff hat? Diese ominöse unsichtbare Hand soll es tatsächlich geben. Ein gewisser Adam Smith hat sie im 18. Jahrhundert entdeckt und seitdem geistert sie durch den Markt und regelt Angebot und Nachfrage, und es ist gar nicht mal so unwahrscheinlich, dass sie mich in diesen Laden geschubst hat. Das Angebot an iPhones ist nun mal in der Welt, und ich kann mich dieses Angebots nicht erwehren. Ich kann ja mal schauen, einfach mal nur so zur Information. Damit ich mitreden kann. Es kann wirklich sehr viel, so ein iPhone. Es ist ein kleiner Computer mit sehr vielen Anwendungen. Ich bin mir nicht sicher, ob man noch Anwendungen sagt. Vielleicht sagt man inzwischen Applications. Ja, es gibt Apps, sehr viele Apps. Eine Wetter-App zum Beispiel und eine Fifa-App, eine Quizduell-App, und eine App für neue Apps gibt es wahrscheinlich auch, und ständig kommen Upgrades, und dauernd wird man mit irgendwelchen Signalen darauf hingewiesen, dass etwas angekommen ist, und es gibt eine App, die einem sagt, wo man sich befindet. Das ist sehr wichtig, dass der Mensch weiß, wo er grade steht und geht. Orientierung ist sehr wichtig. Meine Freunde sind alle immer orientiert und informiert. Die Information ist total. Vor allem, wenn es eine neue App gibt, dann informiert einen das iPhone sofort und dann wird sie idealerweise gleich »runtergeladen«, wenn sie kostenlos ist, und wenn nicht, auch. Meistens kostet sie ja nicht viel, nur ein paar Euro.

So ein iPhone fordert den ganzen Menschen. Man ist immer auf Empfang. Ich vermute, weil der Mensch ein soziales Wesen ist. iPhone-Besitzer sind unheimlich sozial, weil sie immer mit allen möglichen anderen iPhone-Menschen in Verbindung stehen. Der moderne Mensch ist online. Es gibt nur noch Onliner und Offliner. Was anderes gibt es gar nicht mehr. Wenn einer weder online noch offline ist, dann ist er tot. Der Mensch wird zur Stand-by-Kreatur. Leben heißt heute »to be online«. Wenn einer offline ist, fragen die Onliner, warum er nicht online ist. Das kommt nicht gut. Sagen sie. Offline ist unhöflich. Das heißt: Ich will meine Ruhe. Sehr egoistisch ist so etwas. Total unsozial. Geht gar nicht!, sagen sie. Deshalb nehmen meine Freunde ihr iPhone immer wieder zur Hand und streicheln darauf rum, um zu checken, ob einer was gemailt, gesendet oder auch nur geliked hat. Man will geliked werden. Dabei geht es um Bestätigung und Anerkennung. Und das braucht jeder. Ein menschliches Grundbedürfnis. Dafür gibt es eine Riesennachfrage. Und das ist der Grund, warum alle ein iPhone haben müssen.

Was soll ich sagen, obwohl ich starke Vernunftimpulse gegen ein iPhone verspürt habe, gehöre ich seit einiger Zeit zur Gemeinde der iPhoner. Ich nehme es immer wieder zur Hand und streichle darauf rum. Und gern lasse ich mich dabei beobachten, wenn »ich ins Internet geh« und der Suchfunktion von Google vertraue. Ich gebe einen Suchbegriff ein. Zum Beispiel »Vernunft«, und dann suche ich mir aus, was zu mir passt. Vernunft muss nicht immer etwas mit Verstand zu tun haben. Ich halte es inzwischen für vernünftig, ein iPhone zu benützen. Weil es eben auch vernünftig sein kann, sich zum Apple-Horst zu machen. Wir leben in einem freien Land. Da stehen jedem alle Möglichkeiten offen. Ein klitzekleines Problem habe ich noch, weil alles zu klein geschrieben ist. Ich muss ständig eine Lesebrille aufsetzen und dann ist immer noch alles sehr klein. Meine Tochter kennt sich mit dem iPhone aus. Sie hat mir die Buchstabengröße eingestellt. Jetzt sehe ich immer nur einen Buchstaben. Aber das sind Kinderkrankheiten, die sicher noch geheilt werden können. Apple arbeitet schon an einer Brillen-App in Zusammenarbeit mit Fielmann.

Ein Horst passt immer

Eine Frau Senf von der Redaktion »Menschen bei Maischberger« spricht mit mir am Telefon. Oder warten Sie mal! Vielleicht verwechsle ich da was? War es nicht die Redaktion »Günther Jauch«? Oder doch eher »Anne Will«? Nein, die war es sicher nicht. Es war eine sehr freundliche Frau, die mich überreden wollte, als Gast an irgendeinem Talk teilzunehmen. Ich fragte, gibt's schon ein Thema? Ja, lachte sie, es soll um den Sozialstaat gehen. Ganz genau stünde das Thema allerdings noch nicht fest. Man bastle noch daran. Vielleicht Sozialstaatsdämmerung oder so. Soziale Themen garantierten immer eine hohe Einschaltquote. Und ich als Kabarettist könnte da mal richtig vom Leder ziehen. Aha, habe ich gedacht, sie suchen noch einen Clown, einer, der die Rolle des »dummen August« übernimmt. Vermutlich war es doch Frau Senf von der Redak-

243

tion …? Letztlich ist es auch völlig egal, welche Redaktion für welche Talkshow versuchte, mich »in die Runde« einzuladen. Sie funktionieren alle nach einer ähnlichen Dramaturgie. Gysi sei angefragt, Stoiber und irgendein evangelischer Pfarrer, eine Frau, die sozial abgestürzt sei und jetzt als Hartz-IV-Empfängerin »gerade mal so über die Runden käme«, und außerdem seien sie noch auf der Suche nach einem Professor, der das Thema Sozialstaat von der wissenschaftlichen Seite her bedienen könne. Da ist die Rollenverteilung schon klar, sagte ich zu Frau Senf. Aber finden Sie nicht drei Clowns problematisch? Sie lachte. Herr Jonas, sagte sie, so mögen wir Sie. Sie können ja für den nötigen Ernst sorgen. Und schon wieder lachte sie.

So eine Talkshow funktioniert nach dem immer gleichen Muster. Besetzt wird die Show wie eine Komödie, manchmal leider wie eine Schmierenkomödie, das liegt daran, dass sie keine versierten Darsteller mehr bekommen. Es geht in einer Talkshow um das Darstellen einer Meinung. In einer Talkshow sagt keiner, was er wirklich denkt, da denkt jeder, was sage ich, damit keiner merkt, was ich wirklich denke. Und doch will jeder authentisch rüberkommen. Es geht aber nicht um Authentizität! Es geht um das überzeugende Darstellen von Authentizität. Die Damen und Herren wollen ja ankommen. Politiker beim Wähler, Wissenschaftler und Künstler beim kaufkräftigen Publikum. Sie bringen zum Teil ihr Publikum sogar ins Studio mit und freuen sich, wenn sie von ihrer Meinungsgemeinschaft mit Applaus unterstützt werden. Es herrscht Meinungsfreiheit! Selbstverständlich gilt auch in der Talkshow Artikel 5 des Grundgesetzes. Aber am liebsten trägt jeder die Meinung vor, von der er annimmt, dafür Beifall zu bekommen. Auf einer solchen

Bühne darf der Vollhorst nicht fehlen. Dort fühlt er sich wohl, da trifft er immer die Richtigen. Deshalb sagt er auch gerne zu, wenn die Einladung in die Talkrunde erfolgt.

Er muss in die Runde passen. Aber ein Horst passt immer.

Das Rollentableau der Commedia dell'arte liefert die Vorlage für das Casting der Talkgäste. Da tauchen immer die gleichen wiedererkennbaren Figuren auf. Clowns überwiegend. Es sitzen in jeder Talkrunde mindestens zwei Clowns. Der 1. August und der 2. August, die beiden Rollen sollten in diesem Fall Gregor Gysi und Edmund Stoiber übernehmen. Ich war vermutlich als satirischer Weißclown vorgesehen. Als Harlekin. Die Rolle der Kolumbine sollte die »sozial abgestürzte Frau« übernehmen. Sie sollte die ganze Kälte des Sozialstaates darstellen. Der protestantische Pastor sollte ihr zur Seite gestellt werden und so etwas wie das personifizierte Gewissen darstellen, im Grund genommen auch ein Clown, und der Professor, irgendein Horst von der sozialwissenschaftlichen Fakultät, war zuständig für Erklärungen, die er mit allerlei Zahlen und Daten untermauern könnte. Und die Talktante in der Mitte der Runde wollte die Fragen von Karteikarten runterlesen, die ihr die Redaktion fein säuberlich aufgeschrieben hatte. Also die schöne Doofe, die bei allem, was sie sagt, zu erkennen gibt, ich habe keine Ahnung. Ihr steht auf die Stirn geschrieben: Ich bin die Frage und die Antwort auf die Frage. Was war noch mal die Frage auf Ihre Antwort?

Warum haben die alle die Karteikarten? Das liegt daran, dass der Talk nach einem festen Plan ablaufen soll. Es gibt ein richtiges Drehbuch, das von der Redaktion abgefasst wird. Man checkt in den Vorgesprächen mit den

Gästen ab, was sie zu einem bestimmten Thema denken und sagen werden. Das wird alles aufgeschrieben. Dann denken sie sich Fragen dazu aus, in der sicheren Erwartung, was der Gast darauf antworten wird. Nun liegen zwischen Gästevorgespräch und Sendung meistens ein paar Tage. Manche wissen einfach nicht mehr, was sie im Vorgespräch erzählt haben. Das ist dann natürlich blöd. Jetzt liest der Moderator die Frage vor und erwartet die passende Antwort dazu. Dem Gast fällt nicht ein, was er dazu im Vorgespräch gesagt hat. Der Moderator merkt, dass der Gast anfängt zu improvisieren. Es wäre viel einfacher, wenn man auch den Gästen Karteikärtchen mit den Antworten in die Hand gäbe, dann wüssten sie wenigstens, was sie sagen müssen. Unser Vollhorst ist da selbstverständlich im Vorteil, weil er sowieso immer das Gleiche in verschiedenen Formulierungen erzählt. Er steht im Dauerbriefing seiner Partei und spult routiniert ab, was ihm seine Referenten zum Thema aufgeschrieben haben. Problematisch wird es, wenn es sich um ein Thema außer der Reihe handelt wie seinerzeit, als der Bär Bruno im bayerischen Voralpenland unterwegs war. Der damalige bayerische Ministerpräsident wollte auch auf dem Feld der Zoologie glänzen und erzählte seinen staunenden Wählern, dass es sich bei Bruno um einen »gemeinen Schadbär handle«, der ein »Problembär« wäre, weil er sich nicht wie ein normaler Schadbär verhalte, sondern wie ein Problembär.

Gut, eine zoologische Kompetenz wird üblicherweise nicht so oft verlangt von amtierenden Ministerpräsidenten, dennoch ist er auf allen Wissensgebieten gefordert. Allerdings weiß er als Gast einer Talkshow, was von ihm erwartet wird, und er hält sich meistens daran. Bei der Frage, ob wir in diesem Land eine »Sozialstaatsdämmerung« zu beklagen haben, würde er alle Register seiner Rhetorik ziehen. »Von einer Dämmerung des Sozialstaats kann keine Rede sein. Im internationalen Vergleich, blabla …, schauen wir doch nach Rumänien, Bulgarien, nach Mazedonien, oder Italien, ich meine, wir müssen schon sehen, wie es woanders ausschaut, bevor wir … blabla …, in einer Studie der OECD … blablabla …, stehen wir, die Bundesrepublik Deutschland, die wir zusätzlich zu allen anderen Kosten … blablabla … die enormen Belastungen der deutschen Einheit geschultert haben … und lassen Sie mich hinzufügen: Wir haben die sozialen Härten gekappt, wir sind an der kalten Progression dran … blablabla …, das bleibt eine Daueraufgabe, der Sozialstaat ist eine Errungenschaft, ein Wert, … blablabla … das christliche Menschenbild … blablablabla …«, und jetzt schaut Anne Will – ich nehme Anne Will, weil ich sie immer besonders bemitleidenswert finde bei ihrem Kärtchenspiel – nervös auf ihre Kärtchen und findet nicht mehr den Anschluss. Die Redaktion freut sich riesig, wenn es ordentlich Streit gibt. Sie hoffen auf einen Eklat. Aber den Gefallen tun ihnen die wenigsten. Denn alle medienerfahrenen Politiker wissen, dass Geschrei nicht gut ankommt beim Wähler. Die meisten Sympathien bekommt immer das Opfer. Deshalb versuchen sich viele Gäste, irgendwie in der Opferrolle zu präsentieren. Und wenn es sich um das beliebte Opfer des Systems handelt. Denn alle haben unter dem System zu leiden. Das System ist die permanente Repression und so weiter …

Ich habe die Erfahrung gemacht, dass der Spaß am größten ist, wenn man die Talkshow ohne Ton genießt. Das Bild ist ohnehin immer stärker als das gesprochene Wort. Wenn einer spricht, muss ich überlegen, wie meint der das, was sagt der da, ist das Ironie? Sprache ist ja so komplex. Was wird in der Oberflächenstruktur transportiert? Und die Botschaft steckt im Subtext! Was gilt? Zuhören und den Sinn von Sätzen richtig zu erfassen, ist für das Hirn richtig Arbeit. Schauen hingegen entspannt. Ich muss nicht verstehen, was einer im Bild sagt, ich muss auch das Bild nicht verstehen, falls es eine Botschaft enthalten sollte. Auch Bilder, die ich nicht verstehe, kann ich anschauen und hinterher sagen, habe ich gesehen, aber nicht verstanden.

Es gibt allerdings auch Bilder, die hätte ich lieber nicht gesehen, aber um entscheiden zu können, ob ich etwas sehen will oder nicht, muss ich das Bild anschauen, wenn ich dann allerdings zu dem Schluss komme, es nicht sehen zu wollen, weil es mir nicht guttut, dann habe ich es schon gesehen. Das ist ein Dilemma. Hinterher ist man eben immer gescheiter. Nur bei der Talkshow ist es anders. Da weiß ich vorher schon, dass ich hinterher nicht gescheiter sein werde.

Im Namen der Vernunft

Der Vollhorst ist immer bestrebt, Konsens herzustellen. Er will sich vereinigen mit seinem Volk. Er sehnt sich nach einer großen Kommunion. Es gibt Themen, bei denen ihm das relativ leichtfällt. Freiheit, Frieden und Gerechtigkeit. Es gibt kaum jemand, der hier widersprechen will. Schwierig wird die Sache, wenn es um das Kleingedruckte geht oder ums Geld.

Eine wirklich abstruse Idee wurde in den letzten Wochen immer mal wieder diskutiert: Nachdem die Zinsen im Keller sind, lassen sich mit Spareinlagen kaum noch

Gewinne erzielen. Es kam die Idee auf, den Leuten auf ihre Spareinlagen Strafzinsen zu berechnen. Wer heute sein Geld auf die Bank trägt, damit die damit »arbeiten« kann, muss dafür zahlen. Auch Bundesanleihen rentieren sich nicht, die Einlagensicherung kostet Gebühren. Was jetzt noch fehlt, ist eine Steuer auf die Strafzinsen. Analog zur Kapitalertragssteuer. Wer seiner Bank Geld leiht, heizt den Investmentmarkt an und trägt so sein Scherflein zur Bildung von Blasen bei. Mit einer negativen Kapitalertragssteuer könnte eine Menge Geld für den Fiskus anfallen. Sicher ist das eine besonders unverschämte Idee, aber der fiskalischen Phantasie sind keine Grenzen gesetzt. Und sicher findet sich auch dafür eine »vernünftige« Rechtfertigung. Vermutlich ist es gerecht. Irgendeiner aus dem linken Parteienspektrum, Frau Kipping oder Herr Gysi, fordert die Strafzinsensteuer, weil alles andere ungerecht ist, Leute, die überhaupt keine Ersparnisse haben, kommen nicht einmal in den Genuss der Strafzinsen, sie können am inflationären Geschehen nicht aktiv teilnehmen, das geht nicht, und es findet sich einer, vermutlich wieder Gysi, der das nach allen Regeln der Kunst begründen kann.

»Jeder vernünftige Mensch wird doch einsehen ...«, das ist einer von Gysis Lieblingssätzen. Ausgerechnet Gysi kommt uns mit solchen Sätzen. Völlig egal, was danach noch kommt, wer nicht zustimmt, ist unvernünftig. Da keiner unvernünftig sein will, ist ihm die Zustimmung sicher. Jeder vernünftige Mensch! Ich habe diesen Satz von ihm mehrmals vernommen. In Talkshows hockt er mit besonders bescheidener Eitelkeit und kann es kaum erwarten, den Mund aufzumachen. Und wenn er dran ist, verliert er nie das Publikum aus den Augen. Er sucht den Konsens. Er macht auf Konsenshorst, wie kaum ein zwei-

249

ter. Immer wieder kommt er mit der Vernunft daher. Jeder vernünftige Mensch … ist schon klar, die Linken sind die Vernünftigen und alle anderen die irregeleiteten Deppen.

Ich muss bei Gysi immer an die führenden Männer der Französischen Revolution denken. Er kommt mir vor wie Robespierre. Der zählte auch zu den Vernünftigsten seinerzeit. Immer auf der richtigen Seite, immer im Namen der Vernunft. Es gab damals diesen allgemeinen Wohlfahrtsausschuss, der auch ziemlich vernünftig handelte. Eigentlich immer. Zu der Zeit gab es nichts anderes als die Vernunft. Man glaubt gar nicht, was damals alles vernünftig war. Ich will hier gar nicht ins Detail gehen. Der Jacques Rousseau hat die Volonté générale entdeckt, das Gemeinwohl. Und Gysi kennt das auch. Weil er einer der wenigen Vernünftigen ist, die schon zu DDR-Zeiten das Vernünftige vom Unvernünftigen trennen konnten. Versteht sich von selbst, dass die DDR vernünftig war. Und ein Rechtsstaat war sie auch. Gregor Gysi kommt mir immer so vor, als säße er noch irgendwo im allgemeinen Wohlfahrtsausschuss. Den gibt es noch, irgendwo in Thüringen oder in Sachsen tagt er und produziert unaufhörlich Vernunft.

Und ich höre eine Tür aufgehen und Gysi kommt rausgestürmt, ein Heer von Reportern erwartet ihn und er tritt vor die Mikrofone und sagt: »Jeder vernünftige Mensch wird einsehen, dass die Guillotine das vernünftigste Gerät ist, um den Kopf vom Körper zu trennen. Det machen wir natürlich nich mehr. Det is nich mehr zeitjemäß. Wenn wir dran kommen in Deutschland, dann werden wir Mittel und Wege finden, um der Vernunft flächendeckend zum Durchbruch zu verhelfen. Det muss keen Umerziehungslager sein, kann et aba! Und wenn wir für die Vernunft eine Mehrheit bekommen, seh ick nich, warum wir dann nich auch entsprechend handeln sollten. Und eine negative Kapitalertragssteuer, um mal wat Vernünftiges zu fordern, ja, wird kommen, det jeht jar nich anders! So, nu muss ick aber wieder in den allgemeinen Wohlfahrtsausschuss, ohne mich und meine vernünftigen Reden geht's nämlich och nich.« Und weg ist er.

Dialog mit Vollpfosten

Jeden Montag demonstrierten die gegen die Islamisierung des Abendlandes. Man muss den Dialog mit ihnen suchen! Gute Idee! Nur, manche gehen seltsame Wege bei der Dialogsuche. Vollpfosten, Arschlöcher, Islamfeinde, Rassisten! Rufen sie. Und es ist schon klar, dass diese Dialogsucher die Guten sind, die mit den Bösen von Pegida auf der anderen Straßenseite auf diese Weise in den Dialog treten. Die fühlen sich angesprochen und schon geht er los – der Dialog!

Sie schweigen.

Vollpfosten, Arschlöcher!, tönt es von der anderen Seite der Straße. Ich finde es schön, dass man wieder miteinander ins Gespräch kommt. Respekt!

Ich hoffe, dass ich jetzt nichts Falsches sage. Ich möchte mich natürlich auch bei den Richtigen einreihen. Ich frage aber lieber noch einmal nach. Ich möchte auf keinen Fall als islamophob gelten. Ich überlege sogar ernsthaft, ob ich nicht Muslim werden soll, um zu beweisen, dass ich keine Angst vor dem Islam habe, weil es eine friedliche Religion ist. Das habe ich jetzt schon öfter gehört und zwar von allen möglichen Leuten. Von deutschen Imamen, von Islamgelehrten, von Gauck und Merkel und vielen anderen klugen Leuten. Im Islam herrscht Meinungsfreiheit, und da könnte ich dann wieder alles sagen! Von der Stellung der Frau im Islam bin ich sowieso begeistert. Sie müssen gar nicht verschleiert gehen, sie dürfen, und es ist ein Zeichen der Emanzipation, wenn Frauen die Burka tragen. Es macht sie freier. Das hat eine verschleierte Frau neulich im Fernsehen gesagt. Das habe ich mit Freude zur Kenntnis genommen. Wenn Frauen studieren wollen, müssen sie ihren Mann fragen. Ja, das ist halt im Islam so geregelt. Wir müssen das zur Kenntnis nehmen, das gebietet der Respekt vor dieser Religion. Und Autofahren ist ihnen auch untersagt. Da könnte man in eine Debatte einsteigen, es gibt sicher gute Gründe, Frauen nicht ans Steuer zu lassen, aus religiösen Gründen.

Und die Scharia ist auch gar nicht mal so ohne. Diese strenge Rechtsprechung im Islam ist verglichen mit unserem Grundgesetz schon ein bisschen schärfer. Da wird geköpft und gesteinigt und die Leute finden das ganz normal. Ja, gut, das ist schon extrem. Das Auspeitschen scheint mit den Menschenrechten nicht ganz im Einklang zu stehen. Aber daran kann man sehen, dass die Menschen nicht überall auf der Welt gleich sind und es in jeder Kultur andere Regeln gibt. Das war doch schon immer so. Claudia Roth hat sich dazu noch nicht geäußert, also von daher schaut's gut aus. Und der Cem Özdemir hat auch nichts dazu gesagt. Gut, der hat jetzt andere Sorgen. Der steht jetzt oft auf seinem Balkon und befasst sich mit der Botanik. Er hat wohl eine Schwäche für Hanfpflanzen. Özdemir hat aber schon alle beruhigt und gesagt, das Problem ist das Gesetz. Tja, Cem, das ist im

Rechtsstaat oft so. Aber schön ist, dass er ein gesundes Rechtsbewusstsein hat.

In Saudi-Arabien ist ein Blogger zu tausend Peitschenhieben verurteilt worden. Nicht auf einmal, nein, das wäre unmenschlich. 20 Wochen lang pro Woche 50 Hiebe. Unter ärztlicher Aufsicht. Es ist also nicht so, dass sich die Richter in Saudi-Arabien nicht um die Härte dieser Strafe Gedanken machen.

Der Steinmeier hat über einen Sprecher mitteilen lassen, sich darum zu kümmern, wenn er im März sowieso im arabischen Raum unterwegs ist. Da wird nicht gehudelt, da wird behutsam vorgegangen. Das ist Diplomatie. Wir pflegen ja mit dem saudischen Königshaus vielfältige Beziehungen. Wir sind mit den Saudis verbündet im Kampf gegen den islamistischen Terror. Und zwanzig Wochen 50 Hiebe, da ist noch Zeit.

Man sollte nur auf die Fraktionsvorsitzende der Grünen im Bayerischen Landtag, die Margarete Bause, ein Auge haben, weil die grüne Gretl unberechenbar ist, wenn es um Menschenrechte geht. Sie war doch in China in offizieller Mission und hat sich unerlaubt von der Delegation entfernt, um sich mit Ai Wei Wei zu treffen. Ich habe Angst, dass die ins Flugzeug steigt, um nach Riad zu fliegen, ohne Ausreisegenehmigung. Ich traue ihr zu, dass sie sich mit dem verurteilten Blogger in Riad trifft und möglicherweise auch ein paar Peitschenhiebe abbekommt. Ich habe den Eindruck, dass man die grüne Gretl vor ihrer eigenen Courage schützen muss.

Aber das alles sind Einzelfälle, die mit dem Islam nichts zu tun haben. Ich bin vor vielen Jahren aus der katholischen Kirche ausgetreten, weil mir die Religion nicht friedlich genug war. Es waren nicht so sehr die Verbrechen der Heiligen Inquisition. Vor allem diese Kreuzzüge haben mich so abgestoßen, dass ich gesagt habe, da will ich nicht mehr dazugehören.

Und was kürzlich der Papst zur Zeugungshäufigkeit seiner Gläubigen gesagt hat, Katholiken müssten nicht immer wie die Karnickel Kinder zeugen –, tja, wer will da noch Katholik sein? Seine Äußerungen zur elterlichen Gewalt gegenüber ihren Kindern waren zwar gut gemeint, aber zumindest unüberlegt. Da hätte ich mir mehr Eindeutigkeit gewünscht. Ein klares Ja zur Züchtigung Schutzbefohlener fehlt von päpstlicher Seite schon lange. Bin ich jetzt katholophob? Kann man eigentlich doppelte Religionszugehörigkeit beantragen?

Je suis Charlie

Sehr unterhaltsam finde ich in diesen Zeiten, dass sich unsere führenden Atheisten so stark für den Islam einsetzen. Der Islam gehört zu Deutschland! Unbedingt! Die Trennung von Kirche und Staat gilt sowieso nur eingeschränkt bei uns. Und der Islam strebt eine Einheit von Religion, Staat und Gesellschaft an. Das ist ja logisch. Gott gehört auch zu Deutschland. Und warum sagt keiner, dass der Staat zum deutschen Islam gehört? Wobei man natürlich nicht von *dem* Islam sprechen kann. Das wissen wir inzwischen. Der Islam ist einfach zu verschieden. Ach was! Und was wir auch wissen, er ist überwiegend friedlich!

Nine Eleven, die Anschläge am elften September, das ist jetzt schon lange her. Damals ist uns das Lachen vergangen. Erinnern Sie sich? Nein. Wie, nein? Flugzeuge fliegen in die Twin Towers in New York, und Sie wissen nicht mehr, wann das war? Also, ich bitte Sie! Das war eine historische Zeitenwende. Eine Zäsur! Wir waren damals alle Amerikaner! Do you remember?

Die Comedy hatte in dieser Zeit Pause gemacht. Keiner wollte mehr lachen. Ich fand das richtig komisch. Ich war immer der Meinung, in der größten Not hilft nur Humor. Und Beten. Ist sowieso das Gleiche. Beten ist im Grunde genommen auch nichts anderes als Humor! Jetzt lassen Sie uns nicht streiten …

Wann war der Anschlag auf die Londoner U-Bahn? Und wann der Anschlag auf den Bahnhof in Madrid? Wie viele Tote gab es? Wie viele Kinder starben in Pakistan, als die Taliban eine Schule stürmten? Wie viele Mädchen hat Boko Haram in Nigeria entführt und hält sie seitdem gefangen? Wie viele Tote hat der Islamische Staat in Syrien auf dem Konto?

Keine Ahnung! Aber das alles hat mit dem Islam nichts zu tun. Sagt unser angehender Imam Sigmar Gabriel. Gut zu wissen, das beruhigt. Und ich frage, warum heißt der Gabriel nicht Horst mit Vornamen, sondern Sigmar? Ist vermutlich synonym zu gebrauchen.

In Paris wurden Karikaturisten ermordet. Waren die Heiligen Drei Könige da? – Nein, es waren drei Islamisten. Die Mörder starben im Kugelhagel der Polizei. Al-Qaida übernahm die Verantwortung. Allah musste gerächt werden, weil ihn die Karikaturisten beleidigt hatten. Die Täter lieferten den offensichtlichen Beweis dafür, dass Gott eine Projektion der inneren Bilder ist, die sich die gläubigen Attentäter aus der Seele schießen mussten. Denn es herrscht Bilderverbot in ihrer Religion. Deshalb bestrafen sie sich selbst für die Bilder, die sie sich von Gott machen. Sich ein Bild von ihm zu machen, ist ihnen verboten. Und das muss mit dem Tode bestraft werden.

Die Mörder stürmten in die Redaktion der Satirezeitschrift »Charlie Hebdo«, riefen die Namen der Journalisten und richteten sie hin. Auf diese Weise ließen 17 Menschen ihr Leben.

Es war ein Angriff auf die Pressefreiheit. Alle solidarisieren sich mit der freien Presse. Auch Putin ist für die Pressefreiheit. Bravo! Eine riesige Menschenmenge kommt in Paris zusammen, um ihr Mitgefühl mit den Angehörigen der Ermordeten zu bekunden. Alle behaupten, Charlie zu sein.

Politiker, Staatsmänner und Staatsfrauen aus aller Welt haken sich in Paris unter, um schweigend ihre Trauer und ihre Standfestigkeit zu demonstrieren. In der Mitte der ersten Reihe, an der Seite des französischen Staatspräsidenten François Hollande trauert trotzig Angela Merkel und macht ein entschlossenes Gesicht. Und alle, alle sind sie Charlie. Sie wollen alle Satiriker sein.

Ich komme die ganze Zeit über schon nicht mehr aus dem Lachen heraus. Jetzt wird es echt komisch. Ebenfalls in der ersten Reihe finden sich die größten Satiriker des Nahen Ostens ein. Rechts von Hollande und Merkel, dem lustigsten Komödienduo seit Mitterand und Kohl, der israelische Ministerpräsident Netanjahu und links davon der Palästinenserchef Abbas. Einer hält den anderen wechselseitig für einen Terroristen. Sehr komisch, meine Herren! Und jetzt betrauern sie in schöner Eintracht den Terroranschlag der Islamisten von Paris. Großartig! Menschlichkeit setzt sich immer durch! Wie konnte das passieren? Was war da los? In der SZ steht, Netanjahu habe sich selbst eingeladen. Ursache war ein akuter Traueranfall? Hollande wollte ihn angeblich nicht dabeihaben. Der Sozialist hat naturgemäß mehr Sympathien für die Palästinenser. Da Netanjahu aber nun gewillt war, in Paris öffentlich zu trauern, rief Hollande Abbas an, um ihn dazuzubitten. Um die Gleichheit des Schreckens zu wahren! Man sollte jedem die Möglichkeit zu trauern geben. Der Kollege Abbas kam und reihte sich ein in die Trauergemeinde der Satiriker aller Länder. Und auch er hatte den großen Tränenkanister für die Krokodilstränen dabei.

Führten nicht erst vor ein paar Monaten die beiden einen erbitterten Krieg bis aufs Blut? Vorsicht, unzulässiger Gedanke! Würde mich nicht wundern, wenn die Hamas auf ihre Raketen, die sie vom Gazastreifen aus auf Israel abschießt, draufschreibt: »Nous sommes Charlie.«

Der deutsche Gedenkhorst

Ja, was denkt der Vollhorst, wenn er gedenkt? Nicht viel. Er denkt, was man halt so denkt in Deutschland, wenn ein Gedenktag ansteht. Wann fängt es an und wann hört es auf? Wo gehen wir nachher hin, gibt es da was zu essen, vielleicht sogar Bier vom Fass? Und haben die da WLAN? Alles in allem ist es doch eine ganze Menge, was so gedacht wird an deutschen Gedenktagen. Es wiederholt sich natürlich auch viel. Immer dasselbe Ritual. Im Grunde genommen schreitet der deutsche Gedenkhorst hinter einem Kranz her, der von Männern in Uniform an einer Gedenkstätte abgelegt wird, und der Horst richtet die Schleifen. Dann Stille. Trauermienen unter gesenkten Häuptern. Das Fernsehen ist selbstverständlich dabei und überträgt live. Der Horst legt sein Feiertagsgedenkgesicht auf. Er ist um Trauer bemüht. Fahnen auf halbmast. Hirn trägt Schwarz. Natürlich sagt er auch was, immer das, was gesagt werden muss, weil man es erwartet. Er kann da gar nicht anders. Er muss sagen, was ein aufrechter Deutscher, wenn er sich erinnert, eben so sagt. »Wir erinnern uns …«, sagt er mit belegter Stimme. Und dann erinnert er an die Verbrechen, die in deutschem Namen begangen wurden. Das Wort von der deutschen Schande fällt, und dann ist wieder gut. Die Nationalhymne wird gesungen und das Lied vom alten Kameraden intoniert, halb so wild. Wie das halt so ist mit der Volkstrauer. Staatlich angeordnet. Fester Ablauf. Haltung und Timing. Novemberstimmung. »Opfer gab es auf allen Seiten.« Ganz wichtig! Nicht nur wir haben Opfer zu beklagen, nein, alle Nationen! Den Gefallenen beider Weltkriege wird gedacht. Diese Sätze gehören unbedingt rein in den Trauertext. Es gibt ein paar Variablen: »Jene dunklen Jahre zwischen 1933 bis 1945«, »die Judenvernichtung in Auschwitz«.

»Es gibt keine deutsche Identität ohne Auschwitz!«, diesen Satz hat der amtierende Gedenkhorst anlässlich des Gedenktages zur Befreiung des Vernichtungslagers Auschwitz vor 70 Jahren neu ins Repertoire aufgenommen. Eine deutsche Identität ohne Auschwitz ist nicht möglich? Deutsche mit Migrationshintergrund könnten damit ein Problem haben. Der deutsche Türke kann, falls er damit Schwierigkeiten haben sollte, noch auf den armenischen Völkermord in seiner Identitätsbildung zurückgreifen. Nur, was macht der Deutsche mit arabischen Wurzeln? Oder ganz allgemein der eingewanderte Deutsche? Wenn der mal Lust hat auf eine deutsche Identität, was nicht auszuschließen ist, dann muss er sich mit Auschwitz identifizieren! Irgendwie wird's schon gehen.

»Von deutschem Boden darf nie wieder Krieg ausgehen.« – Nee, das passiert nicht mehr, dazu fahren wir jetzt woanders hin: »Die Bundeswehr ist weltweit präsent.«

Deutsche Heldengedenktage haben in diesem Land auch immer etwas mit dem Widerstand gegen die Nazis zu tun. 20. Juli 1945 – Attentat auf Hitler. Zunächst dachte man, dass es nur wenige waren, die im deutschen Widerstand aktiv waren. Insgesamt waren es doch mehr, als man annahm. Es gab Zeiten, da konnte man den Eindruck haben, dass der deutsche Widerstand in die Millionen ging. Das sind subjektive Einschätzungen. Klar. Man nimmt an, dass es vielleicht doch vier bis fünfhundert Deutsche waren, die in Deutschland gegen die Nazis gekämpft haben. Der Kreis um die Geschwister Scholl und die Gruppe um Graf Stauffenberg sind hier zu nennen. So was weiß der Vollhorst aus dem Effeff: »... die mit ihren Aktionen versucht haben, den Nazistaat empfindlich zu treffen. Sie haben mit ihrem Leben dafür bezahlt.« Es gibt Sätze und Satzbausteine, die an deutschen Gedenktagen nicht fehlen dürfen, weil sie so wahr sind.

Die Franzosen haben ihren 14. Juli und feiern ihn groß als nationalen Gedenktag. Sturm auf die Bastille. So was haben wir in Deutschland nicht. Wir haben im Herbst öfter ein Sturmtief, aber da sind alle froh, wenn es vorüber ist. Ein Sturm auf ein Gefängnis? Haben wir nicht. Das passt nicht zu uns. Wenn bei uns einer sitzt, dann wird das schon seine Ordnung haben.

Vergangenheit als Sinnressource, als Identitätsquelle wie bei den Franzosen? Nein, das geht nicht bei uns. Der Nationalsozialismus wird selten als sinnstiftend gedeutet. Und wenn, dann mit Sätzen wie: »Wir haben aus der Geschichte gelernt.«

Die oberste Gedenkkompetenz hat in diesem Lande traditionell der Bundespräsident. Nun weiß ich nicht, ob es sich ziemt, den Bundespräsidenten in einem Atemzug mit dem Vollhorst zu nennen, aber ich fürchte, ich kann es nicht vermeiden. 100 Jahre Erster Weltkrieg! Sarajewo! Attentat auf offener Straße, im offenen Wagen wurde das österreichische Thronfolgerpaar erschossen. Von einem serbischen Nationalisten! Dieses historische Ereignis war natürlich 2014 ein Anlass, den unser oberster Gedenker nicht ausgelassen hat. Und wie nicht anders zu erwarten, ging er in die Vollen. Er selber ist gelernter Pfarrer, das hilft an solchen Tagen. Da wird erinnert, was es zu erinnern gibt. Was denn? Alles Mögliche. Es gibt »verschiedene europäische Narrative«. Hab ich in einem großen deutschen Nachrichtenmagazin gelesen. Die Geschichte Europas wird verschieden erzählt, je nachdem, wer grade am Erzählen ist. Ein Franzose erzählt sehr viel vom französischen Heldenepos der Grande Nation, die im Grande Guerre siegreich die Deutschen geschlagen haben. An der Marne und an der Somme. Während hier bei uns immer wieder überlegt wird, wer am 1. Weltkrieg schuld sein könnte. Es ist immer noch nicht ganz raus, wer angefangen hat. Möglicherweise waren es nicht wir. Es gibt Historiker, die sich reinknien und ganz neue Thesen ausbreiten. Es könnten die Deutschen nicht allein schuld sein, hab ich irgendwo aufgeschnappt. Da kommt Freude auf im nationalen Herz. Die allgemeinen Umstände waren im August 1914, sagen wir mal, eher suboptimal. Fette tausend Seiten umfassende Bücher werden geschrieben, von klugen Professoren, Christopher Clark, Herfried Münkler, da legt jeder ein Narrativ vor, das in den Buchhandlungen liegt.

Und alle sind sich irgendwie sicher: Es gab gar keine Sieger in diesem großen Krieg, nur Verlierer. Der Franzose sieht das naturgemäß ein bisschen anders. Aber unser Gauck macht einen versöhnlichen Kompromissvorschlag: Man könnte doch mal überlegen, wie es möglich sein könnte, zu einer gemeinsamen europäischen Erzählung dieser Urkatastrophe des 20. Jahrhunderts zu kommen. Gauck fordert »Respekt vor dem Leid aller, die damals von uns bekämpft wurden«. Natürlich. Schöne Formulierung. »Respekt vor dem Leid aller«, schließt das auch das Leid derer mit ein, die auf deutscher Seite bekämpft wurden? Wir Deutschen haben uns ja, wenn man es genau nimmt, und warum sollten wir das nicht tun, auch selber bekämpft in den Schlachten an der Maginot-Linie. Haben wir nicht auch Verluste erlitten? Floss nicht auch deutsches Blut in die Schützengräben? Haben nicht die Menschen auf allen Seiten gelitten? Wir Europäer haben uns unendliches Leid zugefügt. Da gibt es Zustimmung von allen Fronten. Das ist Horst-Perspektive, wenn er ins Gedenken kommt. Es sind ja immer die Menschen, die leiden, egal ob es Franzosen, Deutsche, Briten, Polen, Österreicher oder Russen sind. Und er bekennt, dass er für Frieden ist. Das überrascht! Unser Gauck ist für Frieden! Und er ist unser höchstes Gut, der Frieden! Ist nicht wahr? War es nicht grade die Freiheit, die unser höchstes Gut ist? Wahrscheinlich beides. Hat er grade mal vergessen. Die fällt ihm aber gleich wieder ein, da bin ich sicher. Ich bin jedenfalls froh, dass mein Präsident für Frieden ist. Aber leider ist der Krieg auch in der Welt. Unser Gauck-Horst ist Realist, er verschließt die Augen nicht vor der Wirklichkeit und deshalb redet er uns ins Gewissen. Krieg ist übel. Da redet er nicht lange rum. Aber haben wir Deutschen nicht zuletzt aufgrund unserer Vergangenheit die Pflicht zur Verantwortung? Ein echter Vollhorst-Klassiker!

Der Frieden ist immer in Gefahr. Doch können wir alle etwas tun, um den Frieden zu erhalten. Durch die Bereitschaft zur Gewalt können wir zur Stabilität des Friedens beitragen. Ohne Krieg kein Frieden! Pure Vollhorst-Logik!

Es gibt einen Friedensdienst, der im Krieg zur Geltung kommt. Der gute Krieg erwächst aus der Verantwortung für den Frieden. »Wir brauchen eine Modifizierung der Haltung der Deutschen zum Einsatz der militärischen Mittel.« – Wem fällt so was aus dem Kopf? Dem Vollhorst im Bundespräsidentenamt.

Und deshalb gauckt der Gauck im Sommerinterview des ZDF: »Ich habe manchmal das Gefühl, dass es in der Bevölkerung so ausschaut, als wäre es genug, dafür zu sorgen, dass in unserem Land alles in Ordnung ist.«

Für solche Aussagen bin ich dankbar. Der Gauck stellt fest, dass bei uns alles in Ordnung ist. Schön. Aber es ist natürlich nicht in Ordnung, dass wir in der Bevölkerung glauben, alles sei in Ordnung.

Was meint der Vollhorst Gauck? Wir sollten auch mal die Unordnung in der Welt betrachten und überlegen, was wir dafür tun können, dass da mal Ordnung geschaffen wird? Meint er die Ukraine? Sollen wir dort mal vorbeischauen, um Ordnung zu schaffen? Oder meint er Syrien? Da hat er natürlich recht. Dort herrscht eine Unordnung, da könnten wir Deutschen sicher für Ordnung sorgen, wenn wir da mit der Bundeswehr vorbeischauen würden. Aber hören wir selber, was der Gauck dazu kundtut:

»Ich habe im Grunde nichts weiter gesagt als dies: Ich möchte nicht noch einmal erleben, dass in Ruanda Hunderttausende von Menschen abgeschlachtet werden und wir nichts tun, um ihnen zu helfen.«

Ach so, Ruanda! Völkermord in Ruanda will er nicht mehr erleben. Wann war das noch mal? Und ich hab schon befürchtet, er schickt die Bundeswehr nach Syrien rein. Mit dem Krieg in Syrien kann der Gauck leben. Der Krieg in Syrien liegt auch nicht so hautnah am Bundespräsidialamt dran wie Ruanda.

»Wir sind keine Insel, und wir haben eine Welt, und in dieser einen Welt ist die Haltung der Verantwortung, die für mich im Zentrum des ganzen politischen Lebens steht, so wichtig.« Und hier kommt der VH wieder voll zur Geltung. Wir haben nur die eine Welt.

Wir, damit meint er alle Guten, alle, die auf der Seite der *einen* Ordnung stehen, die wir in der *einen* Welt einrichten. Und überall, wo Unordnung herrscht, da ist das Böse, das sich im Chaos heimisch fühlt. Das Chaos ist immer böse.

Und da müssen WIR Verantwortung übernehmen.

Hören wir den Gauck noch mal im Originalton:

»So wie wir eine Polizei haben und nicht nur Richter und Lehrer, so brauchen wir international auch Kräfte, die Verbrecher und Despoten, die gegen ihr eigenes Volk oder gegen ein anderes mörderisch vorgehen, stoppen. Und dann ist als letztes Mittel manchmal auch gemeinsam mit anderen eine Abwehr von Aggression erforderlich. Deshalb gehört letztlich als letztes Mittel auch dazu, den Einsatz militärischer Mittel nicht von vornherein zu verwerfen.«

Er redet herum. Er beschönigt. Er sucht nach sanften Worten, und dann hört sich das so verwaschen an. Er hätte einfach auch fragen können: Wollt ihr die totale Verantwortung?

Und wenn wir eines Tages in dieser »einen Welt« Ordnung geschaffen haben werden, dann wird alles gut und es wird kommen ein Gedenkhorst, der erinnern wird an das Blutvergießen auf allen Seiten. In Ewigkeit …

263

Der Eid des Vollhorst

»Ich schwöre, dass ich mein Wohl zum Nutzen des deutschen Volkes mehren werde, das Grundgesetz und die Gesetze des Bundes wahren und verteidigen werde, so lange sie mir nicht schaden, meine Pflichten gewissenhaft erfüllen und Gerechtigkeit üben werde, so wahr es mir meine Nebentätigen erlauben.«

»Die perfekte Vorbereitung auf die Wiesn.«

Süddeutsche Zeitung

Bruno Jonas

Gebrauchsanweisung für das Münchner Oktoberfest

Piper Taschenbuch, 224 Seiten
€ 14,99 [D], € 15,50 [A]*
ISBN 978-3-492-27610-8

Jeden Herbst reisen sechs Millionen Menschen aus aller Welt an, um auf einer betonierten Fläche, der »Wiesn«, auf engstem Raum typisch bayerische Mahlzeiten und Getränke zu überhöhten Preisen einzunehmen, zu feiern, anzubandeln, sich zu prügeln – kurz: ein paar Stunden Fröhlichkeit zu genießen. Bruno Jonas leuchtet die Dimensionen dieser Veranstaltung aus – von der Sitzplatzsuche im Bierzelt, der Prominentenbox und dem Laiendirigieren, vom Trachtenkomplettset bis zum »italienischen Wochenende«.

Leseproben, E-Books und mehr unter www.piper.de

Wo liegt Bayern?

Bruno Jonas
**Gebrauchsanweisung
für Bayern**
Piper Taschenbuch, 192 Seiten
€ 14,99 [D], € 15,50 [A]*
ISBN 978-3-492-27500-2

Franken, Schwaben, Oberpfälzer, Allgäuer, Bayern, Zugereiste: Was hat es mit dem Vielvölkerstaat Bayern, beliebtestes Urlaubsland der Deutschen, auf sich? Stimmt es, dass die Lieblingsbeschäftigungen hier Fingerhakeln, Schuhplatteln und – Granteln sind? Bruno Jonas, scharfzüngiger Kabarettist und Niederbayer, legt seine besondere Beziehung zum Land der Zwiebeltürme und Schweinshax'n, der glitzernden Seen und saftig grünen Buckelwiesen, der Barockklöster und Biergärten dar.

Leseproben, E-Books und mehr unter www.piper.de

»Monika Gruber ist klar und direkt, aber immer komisch.«

Bruno Jonas

Monika Gruber

Man muss das Kind im Dorf lassen

Meine furchtbar schöne Jugend auf dem Land

Piper, 256 Seiten
Mit 22 farbigen Abbildungen
€ 19,99 [D] € 20,60 [A]*
ISBN 978-3-492-05635-9

Was macht eine, die aus einem Ort namens Tittenkofen stammt, aber nicht so ausschaut? Die auf dem Bauernhof aufwächst, aber eigentlich auf die Bühne will? Klar, sie nimmt's mit Humor und wird Komikerin. Monika Gruber erinnert sich in ihrem Buch an ihre Kindheit und Jugend auf dem Land bei Erding. Sie erzählt teils bitterböse, teils rührend-nostalgische Geschichten, in denen sie grantelt, witzelt, schwelgt und auch lästert, aber nie denunziert, denn dazu liebt sie Land und Leute zu sehr.

Leseproben, E-Books und mehr unter www.piper.de